JN447442

깊이 있는 학습을 위한 탐구 기법

조호제
김혜숙 · 박은하 · 박혜수
안은정 · 유현진 · 최은아

에듀브릿지컨설팅

박영story

머리말

미래 사회 인재 양성을 위해서 교육이 어떻게 바뀌어야 하는가에 대한 범지구적 논의와 함께 OECD에서 〈DeSeCo 프로젝트〉, 〈교육 2030 프로젝트〉를 연이어 발표하자, 역량의 중요성이 강조되기 시작하였다. 역량이 무엇이며, 어떻게 역량을 개발할 수 있는지 교육계의 오랜 논의가 있었으나, 역량의 의미와 역량 함양의 방법이 명쾌하게 결론나지는 않았다. 다만 역량이 총체성을 지닌다는 합의점에 도달하였다. 이는 역량이 지식, 기능, 태도의 모든 요소가 필요에 맞게 총체적으로 발현되는 능력이라는 것을 의미한다. 2022 개정 교육과정에서는 국가 교육과정에서 반드시 학습해야 할 내용 요소를 지식 · 이해, 과정 · 기능, 가치 · 태도로 범주화하였는데, 역량 함양을 위해서는 이 세 가지 범주가 모두 필요한 상황에서 전이될 수 있어야 한다.

2022 개정 교육과정에서는 이처럼 학습의 내용이 역량으로 발현될 수 있는 올바른 학습의 상태를 '깊이 있는 학습'으로 명명하며, 학습 전이의 중요성을 특히 강조하고 있다. 교육과정 총론에서는 깊이 있는 학습을 통해 핵심역량 함양을 가능하게 하는 교수 · 학습의 원리로 '탐구'를 제시한다. 학생들이 교과 지식을 단순히 기억하고 암기하는 수준을 넘어, 각 교과의 고유한 탐구 방식을 익혀 핵심 개념과 핵심 아이디어를 통해 세계를 이해하도록 해야 한다는 것이다.

학습자의 깊이 있는 이해를 위한 탐구 학습이 강조되면서, 학교 현장에서는 '핵심 아이디어'와 '탐구 질문'에 대한 관심이 높아지고 있다. 단원의 핵심 아이디어를 도출하고, 이를 바탕으로 탐구 질문을 개발하여 탐구 단원을 설계하는 교사의 전문성 신장을 위한 각종 연수나 장학 자료 개발도 활발히 이루어지고 있다. 이러한 흐름은 교육과정의 철학과도 맞닿아 있으며, 깊이 있는 학습을 통한 역량 함양이라는 교육적 이상을 실현하려는 시도로 볼 수 있다.

그러나 실제 수업 현장에서는 탐구 학습 실행에 여러 한계가 나타나고 있다. 학생들은 탐구가 무엇인지, 탐구 과정이 어떻게 구성되어 있는지, 탐구의 각 과정에서 어떤 전략이나 기능을 활용해야 하는지를 명확히 배우지 못한 채 '탐구'라는 이름의 '활동'에 참여하게 된다. 이는 수업을 설계하는 교사 역시 탐구 학습에 대한 모호한 인식을 지니고 있기 때문이기도 하다.

지금까지 학교 교육은 주로 지식을 다루어 왔으며, 기능의 경우에도 단순한 기술 습득에 그치는 경우가 많았다. 그 결과, 교육과정이 지향하는 '학습 전반에 걸쳐 학습자가 자신의 사고와 전략을 점검하고 성찰하는 탐구 기반의 학습'이 실제 수업으로 이어지지 못하는 문제가 드러나는 것이다.

현재의 교육 현장은 '무엇을 가르칠 것인가'에 대해서는 전이 가능성이 높은 개념과 핵심 아이디어 중심으로 어느 정도 합의에 도달하였으나, '어떻게 가르칠 것인가'에 대한 구체적인 방법과 실천 사례는 여전히 부족한 상황이다. 진정한 의미에서 탐구 학습이 이루어지기 위해서는 학생이 탐구의 전체 과정을 인식하고, 각 과정에서 수행해야 할 기능을 이해하며, 그에 적합한 전략을 적용할 수 있도록 명시적인 기능 학습이 제공되어야 한다. 이러한 관점에서 기능은 지식 이해를 돕는 단순한 보조 요소가 아니라, 탐구 학습을 실현하기 위한 필수적 구성 요소로 재조명되어야 한다.

따라서 이 책에서는 탐구 학습에 대한 담론을 형식적 차원에서 벗어나 교육과정 실행으로 실현하기 위해 탐구에 필요한 기능을 5가지로 유목화하고, 각 기능을 습득하기 위한 탐구 기법을 소개하고자 한다. 이 책에서 소개하는 탐구 기능은 특정 교과에 국한되는 것이 아니며, 교과 학습뿐 아니라 범교과 주제의 탐구에서도 공통적으로 요구되는 기능으로 2022 개정 교육과정의 6가지 핵심역량과도 맞닿아 있다.

1장에서는 개념 기반 교육과정을 이해하기 위한 기초로 교육과정과 수업에 대한 문해력을 먼저 다루었다. 이어 깊이 있는 학습의 필요성과 개념 기반 교육과정의 핵심인 지식과 과정의 구조를 중심으로 수업 설계 방안을 제시하였다. 특히 개념 기반 탐구학습의 단계별 수업 예시를 풍부하게 담고 있어, 교사들이 현장에서 겪는 어려움을 해결할 수 있는 실질적 방안을 제공한 점이 특징이라고 할 수 있다. 2장에서는 깊이 있는 학습을 위한 탐구 기능의 이론적 근거와 함께 5가지 기능과 하위 기능을 소개한다. 또한 학생들이 각 탐구 기능을 활용하여 주도적으로 학습하도록 돕기 위한 교사의 역할에 대해 안내한다. 이는 교사들이 수업 기법의 차원을 넘어 교실 환경과 탐구 문화를 조성하는 데 도움이 될 것이다. 3장에서는 5가지의 탐구 기능 습득을 돕는 실질적인 탐구 기법을 소개한다. 한 가지 탐구 기능당 탐구 기법을 10가지씩 제시하며, 기법에 대한 안내와 함께 교육과정 내에서의 적용 사례를 다양하게 수록하여 현장 교사들에게 실용적인 도움이 되도록 구성하였다.

이 책은 교실에서 깊이 있는 학습을 위한 탐구 수업이 보다 의미 있고 수월하게 실행될 수 있도록 돕기 위해 만들어졌다. 앞으로 이 책이 책장 속에 고이 꽂아 두는 책이 아닌, 항시 책상 위에 펼쳐져 많은 현장 교사들의 수업 설계에 활용되는 가이드북으로 역할하기를 바란다.

2025년 9월

저자 일동

목차

PART 01 • 1

교육과정의 이해 및 개념 기반 교육과정과 수업 설계

PART 02 • 71

깊이 있는 학습을 위한 탐구 기능

PART 03 · 91

깊이 있는 학습으로 이끄는 탐구 기법

탐구 기능과 탐구 기법

시고 기능

조사 및 연구 기능

협력적 소통 기능

표현 기능

성찰 및 관리 기능

PART 01

교육과정의 이해 및 개념 기반 교육과정과 수업 설계

PART 01

교육과정의 이해 및 개념 기반 교육과정과 수업 설계

1 교육과정의 이해와 수업

가. 교육과정 문해력과 교사의 반성적 성찰

'무엇을 가르치고 배울 것인가?'라는 질문은 교육과정 실천에서 가장 근본적인 물음이다. 이 질문은 단지 교육 내용의 나열이 아니라, 현재 교실에서 이루어지는 교육활동에 대한 비판적 성찰을 촉구한다. 교육과정 문해력(curriculum literacy)은 이러한 반성적 사고를 바탕으로 교육과정을 비판적으로 이해하고, 창의적인 대안을 도출해내는 교사의 역량이다. 교육과정 문해력은 교사로 하여금 다음과 같은 질문을 던지게 한다.

- 지금 가르치고 있는 내용 중 반드시 가르쳐야 할 것은 무엇인가?
- 오히려 가르치지 않아도 될 내용은 무엇인가?
- 학생들에게 진정으로 필요한 것, 삶에 유용한 것은 무엇인가?

이와 같은 질문은 교육과정 속에 숨어 있는 당위성을 탐색하게 하며, 교육내용을 재구성하는 능력으로 이어진다. 그러나 현실에서 많은 교사들은 교육과정의 '왜(Why)'와 '무엇(What)'보다는 '어떻게(How)'에 집중하는 경향이 있다. 이는 교육과정과 교과서에 이미 내용이 정해져 있다고 보기 때문이다. 특히 교수·학습 방법은 정해진 방식이 있는 경우가 많아, 이를 숙지하고 적용하는 것만으로도 일정 수준의 수업이 가능하다고 여겨진다. 그러나 교수·학습 방법 자체는 교육과정의 본질적 고민이 아니라, 실행 전략의 일부에 불과하다.

[그림 1]에서 역삼각형 모형에 주목할 필요가 있다. 교사는 무엇보다 '왜 이 내용을 가르쳐야 하는가?'에 분명한 소신이 있어야 한다. '왜'에 대한 교육적 관점이 분명할 때, '무엇을 가르칠 것인가'에 대한 선택은 자연스럽게 정립되며, 이는 '어떻게 가르칠 것인가'로 이어진다. 교육과정 문해력은 이와 같이 목적-내용-방법의 유기적 연결을 가능하게 한다.

이러한 관점에서 보면, 교사는 단지 전달 방식을 고민하는 것이 아니라, 학습 내용의 선정 그 자체에 있다. 이는 교과서에 제시된 단원 그대로를 따르기보다는, 성취기준과 학습자 실태를 연계하여 새롭게 단원을 재구성할 수 있는 능력으로 연결된다. 즉, 교사는 수동적인 교육과정 전달자가 아니라, 능동적인 교육과정 설계자, 개발자, 연구자가 되어야 한다.

이러한 관점은 '만들어 가는 교육과정(emerging curriculum)'과 맞닿아 있다. 학습자의 경험과 필요, 맥락을 반영하여 새로운 교육과정을 구상하고 실천하는 역량이야말로, 교육과정 문해력의 핵심이다. 이는 동시에 2022 개정 교육과정의 배경이 되는 개념 기반 교육과정과 수업 설계의 출발점이기도 하다.

결국 교육과정 문해력은 교사로 하여금 교육 내용을 비판적으로 재조명하고, 교육의 방향과 목적에 대해 주체적으로 사고하며, 학습자에게 필요한 교육을 창의적으로 설계할 수 있는 힘을 제공한다.

| 그림 1 | 교육과정에서 수업 설계의 논리

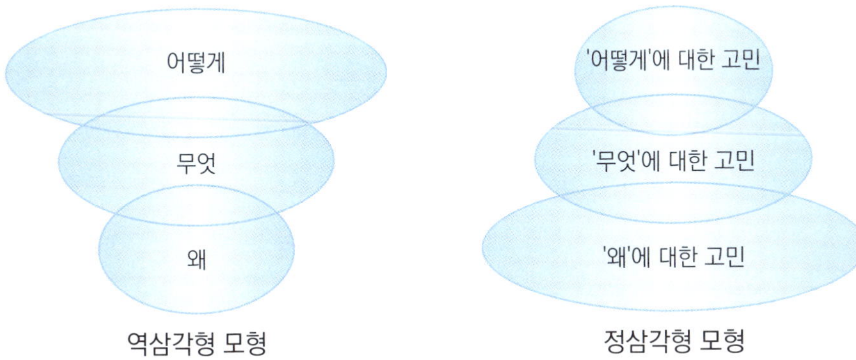

나. 교육과정 총론과 각론의 관계

교육과정은 총론과 각론, 창의적 체험활동으로 구성된다. 총론은 교육의 방향과 관점, 즉 추구하는 인간상과 핵심역량, 학교급별 교육목표 등을 제시하며, 이는 모든 교과와 교육활동의 기반이 된다. 각론은 이러한 총론의 관점과 목표를 실제 수업에서 실현하기 위한 구체적 실행 요소로, 흔히 '교과'라고도 불리며 형식적 교육과정에 해당한다. 창체는 비교과로 과업이 없다.

각론은 과업지향적이다. 여기서 과업(task)은 학생이 성취해야 할 학습의 내용과 활동을 의미하며, 전통적으로 지식(인지적 cognitive domain), 기능(심동적 또는 심체적 psychomotor), 태도(정의적 affective domain) 영역으로 나뉜다. 이는 'Know, Do, Be' 혹은 KSA(Knowledge, Skills, Attitude) 등의 용어로 표현되기도 한다.

2022 개정 교육과정에서는 이러한 과업을 보다 구조화하여 '범주(category)'라는 용어로 제시하고 있으며, 이를 다음과 같이 구분하고 있다.

- 지식 · 이해: 학생이 반드시 알고 이해해야 할 개념과 사실
- 과정 · 기능: 교과 고유의 탐구 과정과 사고 기능
- 가치 · 태도: 교과 활동을 통해 형성되는 태도와 삶의 방식

세 가지 범주는 각 교과의 성취기준 진술에 통합적으로 반영되며, 성취기준은 그 자체로 학습목표, 학습 내용, 평가 기준의 역할을 수행한다. 즉, 수업의 핵심 설계 기준이 되는 것이다. 학교 교육에서 가장 많은 시간과 자원이 투입되는 활동이 바로 각론 교육과정에 기반한 수업이다. 수업은 교사가 성취기준을 바탕으로 학습목표를 설정하고 이를 실현하기 위한 교수 · 학습 과정을 설계 · 실행하는 행위이다.

총론에 제시된 추구하는 인간상과 핵심역량은 각론과 수업을 통해 실현되어야 한다. 이를 위해 초 · 중 · 고 각 학교급에서는 총론과 직접적으로 연계되는 학교급별 교육목표를 설정하며, 이는 총론의 일반목표에 해당된다. 반면, 각 교과가 제시하는 교과 목표 및 교사가 설정하는 수업의 학습목표는 특수목표로 볼 수 있다. 교육목표 간의 관계는 다음과 같이 위계적으로 구성된다. 수업은 멀리는 총론의 일반목표, 가깝게는 학교 교육과정에 제시된 교육목표를 달성하는 행위가 된다.

총론의 일반목표(교육이 추구하는 인간상, 핵심역량) → 학교급별 교육목표(초·중·고 각 수준의 일반목표) → 교과목표(각 교과의 특수목표) → 성취기준(수업에서 다루는 구체적인 성취 요소) → 학습목표(교사가 수업 단위에서 설정하는 세부 목표)

이러한 구조는 교과교육이 단순한 지식 전달을 넘어, 총론에서 지향하는 인간상 구현과 역량 함양이라는 교육의 궁극적 목적에 기여하도록 설계되어 있음을 보여준다. 따라서 교육의 본질적인 목표는 교과 수업을 통해 실현되며, 교사는 성취기준을 해석하고 수업에 적용하는 과정에서 총론의 이상을 구체화하는 역할을 수행하게 된다.

다. 수업 설계 시 총론에서 고려할 요소

학교 교육과정은 단순히 국가 교육과정의 하위 실행 단위가 아니라, 가장 실질적이며 핵심적인 교육과정이다. 각 학교는 고유한 문화와 교육 관점을 바탕으로 교육과정을 조직하고, 이를 통해 타 학교와 차별화된 학습 경험을 학생들에게 제공할 수 있다. 이러한 과정을 통해 구성된 교육과정은 특성이 있는 학교 교육과정이다.

학교 교육활동 중 가장 중심이 되는 것은 단연 수업이다. 수업은 국가 수준의 교육과정이 학교 현장에서 구현되는 최종 지점으로, 수업의 성패는 곧 교육과정의 성패를 의미한다. 그래서 교육과정의 실질적 성과는 교사의 수업 주도성에 달려 있다. 수업은 학교 교육목표를 실현하는 가장 직접적인 수단이며, 이러한 목표는 다시 국가 교육과정 총론의 관점과 방향성과 긴밀히 연계된다. 학교 교육과정–학교 수업–국가 총론 간의 연계는 교육과정 실행의 핵심 구조를 형성한다. 학교는 자율장학을 통해 이러한 점을 분명하게 해야 한다.

그럼에도 교사들은 종종 교육과정의 변화나 개정의 의미를 단순히 시수나 학습 내용의 변화에서만 찾는 경향이 있다. 그러나 이는 교육과정 개정의 본질을 오해한 것이다. 교육과정이 개정되었다는 의미는 단순한 구조적 변화가 아니라, 수업의 방향과 방식의 전환, 즉 교실 수업의 변화를 전제로 한다. 그것이 시대에 맞는 교육을 하는 방법이 된다.

교육과정 총론과 각론에서 제시하는 교육목표가 바뀌었다면, 그에 상응하여 교수·학습 방법과 평가 방식도 변화해야 한다. 이를 통해 새로운 교육목표를 실현하는 방향으로 수업을 재구성하는 노력이 필요하다. 만약 수업의 방식이 이전과 동일하다면, 교육과정 개정의 의도는 무력화되고 만다.

이러한 전환을 위해 가장 중요한 것은 교사의 교육과정 운영 자율성과 수업 실행 전문성이다. 교사는 교육과정 계획과 수업 설계에서 주체적으로 사고하고 실천하는 존재이며, 이를 통해 국가로부터 위임받은 교육의 책무성을 실현하게 된다.

2022 개정 교육과정의 맥락에서 본다면, 이러한 책무성은 교육의 본질적 물음인 '왜 가르치는가?'에 대한 응답이며, 전문성은 '무엇을, 어떻게 깊이 있게 가르칠 것인가?'에 대한 실천이다. '왜'라는 관점에 대한 성찰과 '깊이 있는 학습'이라는 실천적 전문성이 결합될 때, 교육과정 개정의 의미는 온전히 실현될 수 있다.

2 깊이 있는 학습의 의미와 필요성

개념 탐구를 통한 깊이 있는 학습은 일찍이 교육과정 학자인 H. Taba와 J. Bruner에 의해 1960년대에 시도되었다. 이후 1990년대에 들어 Erickson과 Lanning에 의해 사실에 국한된 학습을 극복하고자 개념적 접근을 체계화하여 정립하였다. 그들이 던진 질문은 '어떻게 하면 학생들이 더 높은 수준에서 사고할 수 있는 연결고리를 만드는가?'였다.

가. 깊이 있는 학습의 의미

현대 교육과정 논의는 19세기 H. Spencer의 지 · 덕 · 체 교육론(Education: Intellectual, Moral and Physical)에서 출발한다. 그는 "가장 가치 있는 지식은 무엇인가?(What knowledge is of most worth?)"라는 근본적 질문을 통해 교육의 목적과 방향을 성찰하였다. 이 질문은 오늘날에도 유효하며, 오늘날 학교에서 가르쳐야 할 가장 가치 있는 지식이 무엇인지를 다시 묻게 한다. 이에 대한 오늘날의 대답은 '개념적 이해(conceptual understanding)'라고 할 수 있다. 이는 단순한 사실(facts)이나 기능(skills)을 가르치는 전통적인 2차원적 수업 방식을 넘어, 사실과 기능에 기반하여 개념을 깊이 있게 탐구하고 이를 삶에 연결하는 깊이 있는 3차원적 학습을 의미한다. 곧 개념적 이해(일반화, 핵심아이디어)는 수업이 도달해야 할 최종 목표 지점이라 할 수 있다.

최근 교육현장에서는 이러한 맥락에서 개념 기반 학습에 대한 관심이 고조되고 있으며, 그 핵심은 바로 '깊이 있는 학습'이다. 그렇다면 '깊이 있는 학습'이란 무엇이며, 왜 지금 이 시점에서 강조되어야 하는가?

1990년대 미국의 교육개혁은 교육과정 자체보다는 그것을 전달하는 수업 방식에 대한 성찰에서 출발하였다. Schmidt는 당시의 수업을 "1마일의 넓이에 1인치의 깊이(a mile wide and an inch deep)"라고 비판하였다. 이는 많은 내용을 넓게만 다루면서도 깊이가 부족한 수업을 지적한 것이며, 수업의 질적 문제를 부각시킨 것이다. 이 문제는 한국의 교육 현실에도 그대로 적용된다. 교실 수업은 교과서에 제시된 사실 중심의 설명이나 정보 전달에 머무르는 경우가 많으며, 그 결과 학생들은 많은 정보를 암기하면서도 인지적 발달과 사고력의 확장에는 한계를 느끼고 있다(Erickson, 2017).

이러한 문제를 극복하기 위한 출발점은 개념 탐구이다. '개념'을 단지 정의하거나 암기시키는 것이 아니라, 사실을 통해 개념을 이해하고, 더 나아가 개념과 개념 간의 관계를 진술하며, 이를 통해 개념적 이해(conceptual understanding)에 도달하는 것이 중요하다. 개념적 이해란 특정 단원이나 교과를 넘어서는 보편성을 지닌다. 즉, 세계 어디에서나 통용될 수 있는 일반화된 진술로 이어지는 사고의 구조이다. 그 토대가 되는 것이 바로 '개념'이며, 개념은 사실의 공통된 속성에서 도출된 추상적 범주로서, 학습자 스스로 탐구를 통해 도달해야 한다.

이러한 개념 탐구는 학생의 인지적 · 정서적 · 사회적 역량을 자연스럽게 확장시킨다. 개념을 스스로 깨닫고, 개념들 간의 관계를 통해 통찰을 얻게 되며, 이는 단기적 기억이 아닌 지속 가능한 이해로 연결된다. 이와 같은 수업을 통해 학습자는 주도성, 탐구력, 사고력, 협업력, 전이력 등을 기르고, 이는 결국 핵심역량으로 귀결된다.

정리하자면, 깊이 있는 학습은 단순히 사실을 아는 것을 넘어, 사실을 통해 개념을 이해하고, 그것을 일반화하며, 다양한 상황에 적용할 수 있도록 학습자를 성장시키는 수업이다. 개념적 이해를 중심으로 핵심역량을 기르는 교육의 본질을 실현하는 수업인 것이다.

이러한 흐름은 2022 개정 교육과정에서도 명확히 드러난다. 이번 개정 교육과정은 '무엇을 가르칠 것인가'보다 더 근본적인 질문인 '우리는 어떻게 사고할 것인가(How we think)'를 중심에 두고 있다. 이는 바로 깊이 있는 학습의 필요성을 제기하는 것이며, 교육에서 사고의 질을 개선하는 데 초점을 맞추고자 하는 관점적 전환이다.

이러한 전환은 CBCI(Concept-Based Curriculum and Instruction)라고 불리는 개념 기반 교육과정 이론과 실천 모델을 통해 구체화된다. CBCI는 Erickson, Lanning, French 등에 의해 체계화된 접근으로, 개념과 일반화를 중심으로 수업을 설계하고 실행한다. 이는 국제 바칼로레아(IB)의 교수 · 학습 체계와도 깊은 관련이 있으며, 또한 Wiggins와 McTighe가 제안한 UbD(Understanding by Design) 모델과도 연계된다. 이들 접근은 공통적으로 수업을 통해 학습자가 사고하고 탐구하며, 삶의 문제에 적용할 수 있는 지식 구조를 형성하도록 유도한다.

결론적으로, 오늘날 교육에서 '가장 가치 있는 지식'은 단순한 정보가 아니라, 개념적 이해를 바탕으로 삶을 성찰하고 실천할 수 있는 사고의 틀이다. 깊이 있는 학습은 이러한 관점을 교실 안에서 실현하는 방식이며, 학생이 살아 있는 지식으로 세상을 해석하고 살아갈 수 있도록 돕는 교육의 핵심 방법론이다. 이것이 지금, 그리고 앞으로 우리가 지향해야 할 수업의 방향이다.

나. 깊이 있는 학습이 필요한 이유

오늘날 교실 수업은 흔히 '주입식'이라는 말로 설명된다. 이는 학생이 사고하고 탐구하는 과정을 통해 학습하는 것이 아니라, 교사가 지식을 일방적으로 전달하고 학생은 그것을 수동적으로 받아들이는 구조를 의미한다. 이러한 방식에서는 학습자의 머릿속에 사고력이나 탐구력을 키울 수 있는 여지가 줄어들고, 외부에 존재하는 지식이 기계적으로 주입되는 데 그친다. 이로 인해 학습자는 배운 지식을 단순히 암기하거나 저장하는 데 그치며, 학습 내용에 대한 깊이 있는 이해나 장기적인 기억으로 이어지기 어렵다.

예를 들어 사회과 수업에서 단순히 역사적 사실만을 주입받았다면, 학생은 그 사건의 맥락이나 의미, 자신의 관점 없이 단순한 정보만 기억하게 된다. 이는 학습자 혼자서 자습을 통해 도달할 수 있는 수준과 크게 다르지 않으며, 이러한 수업은 '수업'이라기보다는 '지식 주입'에 가깝다. 따라서 교사는 스스로에게 질문해야 한다. 내가 하는 수업이 과연 학생과 함께 지식을 구성하는 교육적 행위인지, 아니면 학생이 혼자 책을 읽어도 다를 바 없는 전달식 활동은 아닌지 성찰해야 한다.

이러한 문제의식 속에서 주목해야 할 대안은 바로 '깊이 있는 학습'이다. 깊이 있는 학습은 개념적 이해(conceptual understanding)에 도달하게 하는 수업이며, 주입식 방식으로는 결코 도달할 수 없다. 여기에서 교사는 지식의 전달자가 아니라 안내자와 촉진자, 학생은 수동적 수용자가 아닌 탐구자이자 연구자가 된다. 수업의 중심은 자연스럽게 학습자로 이동하며, 학습자는 지식을 단순히 암기하는 것이 아니라 직접 탐구하고 사고하면서 의미를 구성해 가는 과정에 참여하게 된다. 깊이 있는 학습은 다음과 같은 교육적 효과를 통해 그 필요성을 제시할 수 있다.

첫째, 학습 주도성을 기른다. 깊이 있는 학습은 학생이 스스로 자료를 수집하고 탐구하며 개념에 도달하도록 돕는다. 학습의 과정 자체가 학생 중심으로 전개되고 성찰이 필수적으로 따르기 때문에, 학생은 자신의 방식으로 학습을 조직하고 진행하는 능력을 키우게 된다. 이는 결국 학습 방법 자체를 배우는 과정이 되어, 스스로 공부할 수 있는 역량을 갖추는 데 기여한다.

둘째, 탐구력을 향상시킨다. 교사는 탐구할 주제를 제시하고, 학생은 문제 해결을 위해 자료를 수집하고 분석하며 해결 방안을 탐색한다. 이 과정에서 단편적 지식의 암기가 아닌, 다양한 정보를 종합하고 적용하는 능력을 기를 수 있다. 탐구 과정은 문제 해결을 위한 실제적 지식의 연결을 가능하게 하고, 이를 통해 학생은 지식 간의 관계와 구조를 스스로 파악하게 된다.

셋째, 사고력을 촉진한다. 사실과 사실 사이에서 개념을 추출하고, 개념 간의 관계를 진술하는 과정은 복잡한 사고 활동을 요구한다. 학습자는 단원을 마무리하며 하나의 개념적 진술로 내용을 정리할 수 있게 되고, 이 과정에서 다양한 사고 기술과 비판적 사고력이 자연스럽게 발달하게 된다. 단순 지식의 나열이 아닌, 통찰의 수준에 도달하는 것이다.

넷째, 협력하는 태도를 기를 수 있다. 깊이 있는 학습은 개인적 학습보다는 협력적 탐구를 통해 효과적으로 이루어진다. 동료와 함께 의견을 나누고, 사례를 탐구하며 의미를 구성하는 과정은 자연스럽게 소통과 협업의 능력을 함양하게 한다. 이는 공동 문제 해결, 집단 지성의 발현으로 이어지며, 사회적 학습 역량을 신장시킨다.

다섯째, 전이력을 기른다. 탐구를 통해 이해한 개념은 새로운 상황에서도 적용 가능하다. 이는 단원 내 유사 개념의 이해뿐 아니라, 학습 외 상황에서도 지식을 실천적으로 활용할 수 있는 능력으로 이어진다. 개념적 이해는 지식을 단순히 '아는 것'에서 '할 수 있는 것'으로 확장시키며, 학습자는 이론과 실제를 연결하는 통합적 시각을 갖게 된다. 이는 곧 핵심역량의 토대가 된다.

여섯째, 학습 결과가 지속된다. 학습자가 직접 탐구하고 개념에 도달하는 과정은 단순 암기보다 훨씬 오래 기억에 남는다. 이는 마치 몸으로 경험한 일은 쉽게 잊히지 않는 것과 같은 원리이다. 스스로의 탐구와 사고를 통해 도달한 지식은 의미 있게 구조화되어 장기기억으로 전환되며, 이후 다른 학습에도 유용하게 활용된다.

결론적으로, 깊이 있는 학습은 단순한 지식 전달을 넘어서, 학습자의 사고, 탐구, 협업, 전이, 지속성을 종합적으로 발달시키는 교육 방식이다. 이러한 수업은 교사가 왜 필요한 존재인지, 수업이 왜 존재해야 하는지를 되묻는 성찰로부터 출발한다. 진정한 교육은 학생이 지식을 스스로 탐구하고 개념적 통찰에 도달하도록 돕는 과정이며, 깊이 있는 학습이야말로 그 실천적 대안이 될 수 있다.

3 개념 기반 교육과정과 수업의 의의

가. 2022 개정 교육과정과 개념 기반 교육과정

2022 개정 교육과정은 학생들이 미래 사회를 살아가는 데 필요한 핵심역량을 함양할 수 있도록 '깊이 있는 학습(deep learning)'을 강조하고 있다. 깊이 있는 학습이란 학생이 주도적으로 사고하고 탐구하며 학습 내용을 익히고, 이를 새로운 상황에 적용할 수 있도록 핵심 아이디어를 중심으로 깊이 있게 탐구하여 개념적 이해(conceptual understanding)에 도달하는 것을 말한다(교육부, 2023; 조호제, 2024 등). 이는 지식을 단순히 암기하고 기억하는 차원을 넘어, 학습자가 자신이 구성한 지식을 다양한 맥락 속에서 전이하고 활용할 수 있는 능력을 기르는 데 목적이 있다.

이처럼 수업에서 '무엇을' 그리고 '어떻게' 가르칠 것인가에 대한 교사의 관점은 교육과정을 실현하는 데 결정적인 역할을 한다. 그러나 현재까지 우리나라 학교 수업의 특징은 흔히 '주입식 수업'으로 요약된다. 이는 지식 전달 중심의 수업 방식으로, 교사의 지시에 따라 학생이 수동적으로 내용을 수용하고 저장하는 방식이다. 물론 주입식 수업 그 자체가 반드시 잘못된 방식이라고 단정할 수는 없다. 비판의 대상은 지식을 넣어주는 방식이지, 지식 자체가 아니다. 문제는 학교에서 가르치는 지식이 학생들의 삶과 유리되어 있으며, 배움의 이유나 필요성을 느끼지 못한 채 학습이 이루어진다는 데 있다. 이러한 수업 방식으로는 학생이 주도적으로 사고하고 학습의 주체가 되는 깊이 있는 학습이 이루어지기 어렵다.

이러한 문제의식은 개념 기반 교육과정의 필요성을 뒷받침한다. 개념 기반 교육과정은 J. Bruner의 학문중심 교육과정에서 출발한 '지식의 구조(structure of knowledge)'와 '전이(transfer)'의 중요성을 계승하고 있다. 하지만 오늘날 우리가 말하는 개념 기반 교육과정과 수업(CBCI, Concept-Based Curriculum and Instruction)은 H. L. Erickson이 제안한 설계 방식과 C. Marschall과 R. French의 수업 모형에 기초하고 있다.

이러한 수업 패러다임의 전환은 1990년대 미국의 교육개혁과 깊은 관련이 있다. 당시 아버지 부시 행정부 아래에서 시작된 '1990 National Education Goals'와 'The America 2000 법안'(1991)은 교육의 질 향상을 위한 국가 차원의 개혁이었다. 이어서 클린턴 행정부 시기에는 'Goals 2000' 법안이 통과되었고, 이 시기에 성취기준 기반 교육과정이 본격적으로 도입되었다. 이와 함께 Wiggins & McTighe는 성취기준을 기반으로 한 역행설계모형(Backward Design), 즉 UbD(Understanding by Design) 모형을 제안하였다. 이 모형은 '학습자에게 어떤 개념적 이해를 도달하게 할 것인가?'라는 질문에서 출발하여 수업을 설계하는 접근이다.

이러한 국제적 교육 동향은 우리나라 교육과정 개정에도 영향을 미쳤다. 특히 2015 개정 교육과정은 역행설계모형에 의한 개념 중심 교육과정 설계 관점을 이론적 기반으로 삼았으며, 이는 이후 2022 개정 교육과정으로 계승되어 현재의 각론 교육과정을 구성하는 핵심 논리가 되었다. 즉, 2022 개정 교육과정은 CBCI 관점에 기반하여 구성되었으며, 이는 교사와 학생이 중심이 되어 깊이 있는 학습, 개념적 이해, 핵심역량 중심의 교육을 실현할 수 있도록 하는 교육과정의 방향성을 명확히 제시하고 있는 것이다.

나. 왜 개념 기반 교육과정에 의한 수업인가?

여전히 많은 교실에서는 학습이란 지식을 머릿속에 축적하는 과정이라고 이해하는 경향이 강하다. 교사들 또한 성취기준에 따라 교과서의 내용을 빠짐없이 전달해야 한다는 강박 속에서 수업을 구성하고는 한다. 그러나 학습은 단순히 기능을 익히거나 많은 정보를 습득하는 것을 넘어서야 한다. 오늘날의 사회는 단편적 지식만으로는 살아가기 어려운 복잡한 문제상황으로 가득하다. 학습자에게는 그때그때 마주치는 다양한 문제들을 자신의 지력과 통합적 사고를 바탕으로 창의적이고 비판적으로 대응할 수 있는 역량이 요구된다.

특히 인공지능(AI) 시대를 살아 갈 학생들이 미래 사회의 구성원으로서 사회적 책임을 다하며 성장해 나가기 위해서는 단편적인 사실 중심의 지식보다는 개념적 지식의 중요성이 더욱 부각되고 있다. 개념적 지식은 학습자가 특정 상황에서 배운 지식을 단지 '그 상황에서만' 사용하는 것이 아니라, 다양한 맥락과 문제 상황에 전이시켜 사용할 수 있게 한다. 즉, 지식이 단순한 정보에 머무르지 않고, 가치 있고 실천 가능한 형태로 변환되어야 하는 것이다.

개념 기반 교육과정과 수업(CBCI)은 이러한 필요에 응답하는 교육적 대안이다. 이 접근은 지식(knowledge), 기능(skills), 인성(character), 메타 학습(meta-learning)을 포괄하며, 학습자를 수업의 수동적 수용자가 아닌 주도적인 탐구자로 자리매김한다. 그러나 이러한 수업이 실현되기 위해서는 교사가 먼저 학습을 단순 전달이 아닌 개념적 구조에 기반한 사고의 촉진 과정으로 재정의해야 한다.

실제로 교실에서 학생들이 개념적 이해에 몰입하게 되면, 교사 자신도 학생들의 사고력과 일반화 능력에 놀라게 된다. 어린 학생이라 하더라도 짧은 시간 안에 다양한 상황에 전이 가능한 명확한 개념적 진술을 구성해내는 모습을 볼 수 있다. 이는 단지 교사의 설명이나 강의로는 얻기 어려운 학습 효과이며, 학습자가 스스로 의미를 구성하고 이해를 확장하는 과정 속에서 나타나는 결과이다.

따라서 우리는 이제 학생이 단순히 배운 것을 반복하는 수동적인 존재가 아닌, 자신의 학습을 주도하고, 탐구하고, 전이할 수 있는 주체로 성장할 수 있도록 하는 수업을 고민해야 한다. 이것이 바로 2022 개정 교육과정이 강조하는 깊이 있는 학습의 방향이며, 미래 교육이 나아가야 할 본질적 전환의 지점이다.

다. 개념 기반 교육과정과 개념의 전이력

교과 교육과정은 각 교과가 근거하고 있는 모학문(母學問)의 이론과 탐구 방식에 기초하여 구성된다. 이러한 학문적 기반은 교과의 교수 · 학습 방법 속에 자연스럽게 스며들어 있으며, 교사는 이를 바탕으로 학문이 갖는 구조적 특성이나 탐구의 원리를 교육과정 설계와 수업에 반영해야 한다. 개념 기반 교육과정은 바로 이러한 접근을 통해 학습자가 교과의 구조적 특성과 사고 체계를 이해하고, 나아가 지식 간 호환성과 전이 가능성을 스스로 터득할 수 있도록 돕는 교육과정이다.

개념 기반 교육과정은 지식의 가장 낮은 수준인 사실(facts)이나 단순한 이해를 전달하는 데 머물지 않는다. 오히려 이러한 기초를 바탕으로 통합적인 사고, 지식의 전이, 현실 문제 해결에 필요한 실제적 역량까지 학습의 범위를 확장한다. 따라서 이는 개념적 이해, 비판적 내용지식, 고등사고력과 실제 수행능력의 발달을 강조하는 교육과정이라 할 수 있다.

2022 개정 교육과정은 이러한 관점을 바탕으로 개념 기반 교육과정을 정착시켰으며, 단순한 지식 습득을 넘어서 학생들이 삶과 연계된 깊이 있는 학습을 수행할 수 있도록 한다. 특히, 개념적 이해에 기반한 수업은 학생이 실생활에서 활용 가능한 기능을 의미 있게 수행할 수 있도록 유도한다. 따라서 개념에 수반되는 핵심 기능과 그 실제 적용은 개념 기반 수업에서 매우 중요한 요소로 작용한다. 개념 기반 교육과정에서는 개념의 전이력을 강조한다. 그 이유를 살펴보면 다음과 같다.

1) 보편적 의미와 맥락 초월성

개념은 단일 사실이나 특정 지식에 국한되지 않고, 다양한 상황과 맥락에 적용될 수 있는 추상화된 보편적 의미를 지닌다. 예를 들어 '협력'이라는 개념은 체육 시간의 팀워크, 사회 시간의 공동체 활동, 과학 시간의 공동 실험 등 다양한 교과와 상황에서 활용될 수 있다. 이러한 특성은 개념의 전이 가능성을 높이는 토대가 된다.

2) 사고의 틀 제공

개념은 단순한 정보가 아니라, 학습자가 새로운 문제나 상황을 분류, 해석, 분석할 수 있는 사고의 구조를 제공한다. 이는 비판적 사고력이나 창의적 문제 해결력과 같은 고차사고력의 발달과 밀접한 관련이 있으며, 이를 통해 학습자는 다양한 상황에 개념을 적용해볼 수 있게 된다.

3) 지식 구조의 중심축

J. Bruner가 주장한 '지식의 구조'처럼, 개념은 사실, 원리, 이론을 조직하고 연결하는 중심축 역할을 한다. 학습자는 개념을 통해 새로운 지식이나 현상을 기존의 지식 체계 속에 통합하거나 이를 확장함으로써 보다 체계적이고 응용 가능한 이해를 얻게 된다.

4) 일반화된 진술의 도출과 응용

개념 기반 수업에서는 다양한 사례나 활동을 통해 일반화된 진술을 도출하는 과정을 강조한다. 이는 학습자가 구체적인 사례에서 본질을 추출하고, 유사한 다른 상황에 적용해보는 경험을 가능하게 하여 자연스럽게 지식의 전이가 일어나도록 돕는다.

5) 메타인지적 사고 촉진

개념을 탐구하고 적용하는 과정에서 학생은 '이 개념이 다른 곳에서는 어떻게 적용될 수 있을까?'와 같은 질문을 스스로 하게 된다. 이는 자신의 사고 과정을 성찰하는 메타인지적 활동으로 이어지며, 개념적 이해를 다른 교과나 실제 상황으로 확장하는 힘을 제공한다.

정리하면, 개념이 전이력을 갖는 이유는 그 자체가 보편적이고 추상적인 사고의 틀이며, 다양한 맥락에 적용 가능한 해석과 응용의 도구이기 때문이다. 개념은 학습자가 새로운 지식이나 문제 상황을 의미 있게 통합하고 적용할 수 있는 기반을 제공하며, 이를 통해 지식의 유의미한 전이가 가능해진다. 따라서 개념 기반 교육과정은 학생들이 지식의 양적 축적을 넘어서, 지속 가능한 학습 역량과 미래 사회에서 필요한 핵심역량을 길러주는 중요한 교육적 접근이라고 할 수 있다.

라. 개념 기반 교육과정의 주요 용어의 이해

개념 기반 교육과정을 이해하기 위해서는 용어에 대한 이해가 필수적이다. 개념 기반 교육과정의 주요 용어의 의미는 다음과 같다.

단원(Unit): 하나의 관련 개념을 중심으로 성취기준을 통합하여 구성된 학습의 구조로, 약 5~6개의 일반화를 포함한다.

- 예시: "공정한 사회" 단원에서는 '공정성', '책임', '권리' 등의 개념을 중심으로 성취기준을 통합하고, 다양한 사회적 상황을 탐구한다.

개념(Concepts): 공통된 특성을 바탕으로 여러 현상을 분류하기 위해 사용하는 추상적 범주로, 단어나 구로 제시된다.

- 예시: '공정성(fairness)', '시스템(system)', '변화(change)', '상호작용(interaction)'

개념적 렌즈(Conceptual Lens): 단원 전체에서 학습을 통합하고 사고를 촉진하는 중심 개념이나 아이디어로, 학습의 초점을 형성한다.

- 예시: '시스템'과 '책임'을 렌즈로 삼아 사회제도나 생태계를 분석함.

스트랜드(Strand): 단원의 다양한 주제와 개념들을 연결하는 학습의 흐름으로, 개념적 렌즈를 구성하는 하위 지식 요소이다.

- 예시: '정부의 역할', '법의 기능', '시민 참여' 등이 '공정한 사회'라는 렌즈 아래에서 하나의 스트랜드를 이룸.

핵심 질문(Key Questions): 개념 사이의 관계를 탐구하며 일반화를 도출할 수 있도록 이끄는 질문

- 예시: "공정한 사회를 유지하기 위해 필요한 요소는 무엇인가?"

안내 질문(Guiding Questions): 학생의 사고를 구체적으로 지원하며, 세 가지 유형이 있다.

- 사실적 질문: "정부는 어떤 일을 하나요?"
- 개념적 질문: "공정하다는 것은 무엇을 의미하나요?"
- 논쟁적 질문: "모든 사람에게 동일한 규칙이 항상 공정한가요?"

핵심 기능(Key Skills): 학습한 개념을 실제 상황에 적용하고 문제를 해결하는 능력
• 예시: 정보를 분석하고 주장하기, 토론하기, 시각자료 만들기 등

일반화(Generalization): 개념들 간의 관계를 포괄적으로 설명하는 보편적인 진술로, 학습을 통해 도달할 수 있는 깊은 통찰
• 예시: "공정성은 사회 구성원 간의 신뢰를 형성한다.", "시스템은 구성 요소 간의 상호작용을 통해 기능한다."

마. 성취기준 해석과 개념 기반 교육과정 설계의 방향

성취기준은 각 교과에서 학생들이 학습을 통해 성취해야 할 지식 · 이해, 과정 · 기능, 가치 · 태도를 진술한 문장이다. 이 기준은 일반적으로 세 가지 범주 중 둘 또는 셋을 통합하여 기술되어 있으며, 이는 수업 설계의 근거가 된다. 하지만 깊이 있는 학습을 실현하기 위해서는 성취기준의 표면적인 키워드에만 매몰되지 않고, 그 속에 담긴 의도와 학습 방향을 해석하는 노력이 필요하다.

예를 들어 [6사08-01] 민주주의에서 선거의 의미와 역할을 파악하고 시민의 주권 행사를 위해 선거에 참여하는 태도를 기른다. 라는 성취기준에 기반하여 수업을 구성할 경우, '선거의 의미', '역할', '주권 행사', '참여 태도'라는 키워드 중심의 수업이 이루어질 수 있다. 그러나 이러한 접근은 사실 중심의 정보 제공과 기능 훈련에 머물기 쉬우며, 학습의 깊이를 제한하는 2차원적 수업 구조에 그칠 수 있다.

따라서 성취기준이 담고 있는 학습의 본질적 방향을 파악하고, 이를 바탕으로 개념 기반 수업을 설계하는 것이 중요하다. 여기서 핵심은 '개념을 중심에 두고 학습을 조직'하는 것이다. 이때 개념은 교과서나 성취기준에 명시된 단어로부터 찾기보다, 삶과 사회의 실제 현상 속에서 출발하는 것이 바람직하다. 즉, 큰 개념은 교과서나 성취기준에서 찾기보다는 세상의 삶, 일, 현상 등에서 찾는 것이 좋다는 것이다. 교육과정 설계나 수업 설계에서 개념 중심으로 접근할 때, 단순히 문서화된 교육내용에서만 개념을 찾기보다, 현실 세계의 의미 있는 맥락에서 출발해야 한다는 점을 강조하는 말이다. 이 말의 의미를 다음과 같이 해석할 수 있다.

1) 개념은 실제 삶과 밀접한 의미 구조이다

'개념'은 단순한 용어나 정의가 아니라, 삶 속에서 반복적으로 나타나는 본질적인 의미 구조이다. 예를 들어 '협력', '책임', '갈등', '권리', '변화', '시스템' 같은 개념은 교과서에만 존재하는 것이 아니라, 우리가 매일 겪는 사회적 · 정치적 · 문화적 현상 속에 존재한다. 따라서 교사는 개념을 단지 성취기준이나 교과서 안의 단어에서만 찾기보다, 실제 세계에서 관찰되고 경험되는 현상을 통해 개념을 도출하려는 노력이 필요하다.

2) 교과 내용은 삶에서 출발한 구체화된 사례일 뿐이다

교과서는 삶과 사회에서 발견된 중요한 개념과 원리들을 교육적으로 조직한 결과물이다. 즉, 교과서에 등장하는 지식은 현실의 개념을 축약하고 가공한 것이지, 개념의 시작점이 아니다. 그러므로 좋은 수업을 위해서는 교과서에 갇히지 말고, 삶의 맥락 속에서 학생이 개념을 발견하도록 도와야 한다.

3) 개념은 전이를 가능하게 하는 학습의 열쇠이기 때문이다

개념 기반 학습은 한 단원이나 교과에 한정되지 않고, 배운 것을 다른 맥락으로 전이할 수 있게 한다. 예를 들어 '책임'이라는 개념은 도덕 시간뿐 아니라 사회, 과학, 체육, 심지어 가정생활에서도 반복해서 등장한다. 교사가 삶의 맥락 속에서 큰 개념을 잡는다면, 학생들은 배운 내용을 다양한 실제 상황에 적용할 수 있는 힘을 기르게 된다.

| 표 1 | 3차원 수업 설계를 위한 개념 구조 예시

요소	내용
Macro Concept(큰 개념)	민주주의, 참여
Micro Concept(작은 개념)	주권, 시민성, 대표성, 책임
일반화된 이해(핵심 아이디어)	- 민주주의는 시민의 참여를 통해 운영되는 정치체제이다. - 선거는 시민이 주권을 행사하고 대표를 선택하는 방법이다.
탐구 질문	- 민주주의에서 시민의 참여는 왜 중요할까? - 주권은 어떻게 행사될 수 있을까? - 공정한 선거를 위해 우리가 할 수 있는 일은?

성취기준은 교사의 수업 설계의 출발점이지만, 그 자체가 수업의 목표나 방향을 결정하지는 않는다. 성취기준을 해석하고, 이를 바탕으로 세상 속 의미 있는 개념을 중심으로 수업을 재구성할 수 있는 능력이 바로 교사의 교육과정 문해력이며, 개념 기반 수업의 핵심역량이다. 따라서 '큰 개념은 교과서가 아니라 삶과 세상 속에서 찾아야 한다.'

4) 깊이 있는 학습을 위한 설계 방향

개념 기반 교육과정에 의한 깊이 있는 학습을 실현하기 위해서는 수업 설계와 실행 방법, 탐구 기법의 적용에 대한 체계적인 이해가 필요하다. 이 수업은 단순히 지식을 전달하는 데 그치지 않고, 학습자가 개념적 이해에 도달하도록 설계된 수업이다. 그러나 이와 같은 수업 방식은 전통적인 수업에 익숙한 교사나 학습자에게는 낯설게 느껴질 수 있으며, 초기에는 시행착오를 겪기도 한다. 이에 따라 수업의 구조적 준비뿐 아니라 학습자 스스로도 탐구 학습을 수행할 수 있는 학습 역량을 갖추는 것이 필수적이다.

수업 설계는 교과의 특성과 학습 목표에 따라 다양한 구조를 적용할 수 있다. 예를 들어 사회과, 수학과 같이 지식 중심의 학습 활동이 이루어지는 교과에서는 지식의 구조를 적용한 수업 설계가 적합하다. 반면, 음악과, 미술과, 체육과와 같이 주로 기능이나 표현 중심인 교과에서는 과정의 구조에 초점을 맞춘 설계가 효과적이다.

또한, 국어과와 영어과의 읽기 및 쓰기 활동처럼 과정중심의 학습이 중요한 교과에서도 과정의 구조를 강조할 수 있다. 경우에 따라서는 지식과 과정이 결합된 구조가 필요할 수 있는데, 예를 들어 과학과에서는 이론적 지식과 관련된 내용은 지식의 구조, 실험 활동을 해야 하는 경우에는 과정의 구조와 절충된 형태로 수업이 이루어질 수 있다. 이럴 경우에는 단원 전체가 15차시라고 할 경우에 1~3차시는 지식의 구조, 4~8차시는 과정의 구조, 9~11차시는 지식의 구조, 12~14차시는 다시 과정의 구조를 반복할 수 있고 마지막 15차시는 총괄평가를 할 수 있다. 이처럼 교과별 특성과 학습 내용에 따라 지식의 구조, 과정의 구조, 또는 지식의 구조와 과정의 구조를 절충하여 적절히 적용할 수 있다.

4 지식의 구조와 과정의 구조에 의한 수업 설계 방법

가. 지식의 구조

1) 구조의 주요 요소

개념 기반 교육과정에서 수업 설계의 기본 단위는 단원이다. 지식의 구조는 곧 단원이 담고 있는 지식의 구조를 의미한다. 개념 기반 교육과정에서 지식의 구조는 사실이나, 현상, 상황 등에 기초하여 그들의 공통적인 속성에서 개념을 도출하고 개념과 개념을 통하여 핵심 아이디어(일반화)를 학습자가 진술할 수 있도록 하는 수업 방식이다. 이는 마치 학자가 연구하고 탐구하듯이 증거를 모아 개념에 이르게 하고 그 개념과 개념의 관계를 유의미하게 진술하는 과정을 거친다. 이때 주제나 소재는 학습의 맥락성을 연계하는 주요 기준이 된다. 그래서 지식의 구조는 맥락의 구조라고도 할 수 있다. 다시 부언하면 개념 기반 교육과정에서 수업 설계 단위는 단원이 되기 때문에 결국 지식의 구조는 단원이 갖는 지식의 구조라고 할 수 있다. 다음의 [그림 2]는 지식의 구조를 구조화 시켜 놓은 그림이다.

| 그림 2 | 지식의 구조에 의한 수업 설계

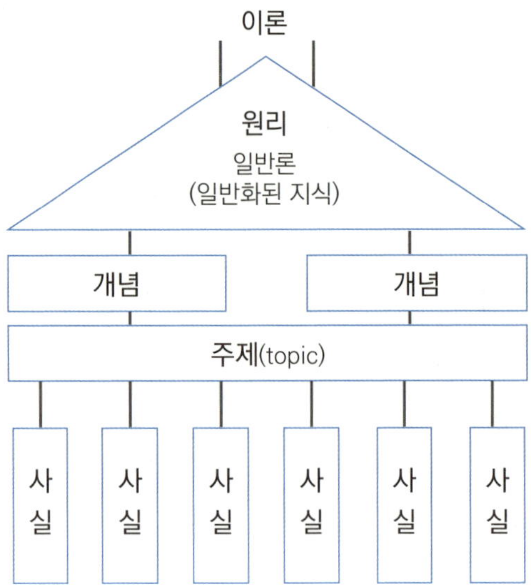

사실이나 사례는 개념 맥락에서 파악해야 하며 개념을 이해했다는 것은 관련된 사실이나 사례를 이해하는 구조이다. 곧 개념과 사실은 상호 밀접한 관련을 맺으며 학습하는 구조이다. 이때 주제나 소재는 맥락의 범위, 즉 학습의 범위를 한정하게 된다. 범위가 한정되지 않은 많은 개념들과 사실 등을 포괄하는 수업은 존재할 수 없다. 결국 소재나 주제는 학습의 범위를 한정하고 소재나 주제라는 맥락에서 사실과 개념을 탐구하게 되는 것이다. 이러한 과정을 거쳐 도출되는 일반화는 Macro concept 또는 Micro concept 등 몇 개의 개념을 포함하게 되기 때문에 핵심 아이디어는 많은 사실들을 품고 있는 문장이 된다. 정리하면 개념 기반 수업은 사실, 개념, 일반화의 맥락의 연계를 이해하는 것으로 지식의 구조는 곧 맥락의 구조이다. 이는 학문의 구조가 교과의 구조와 같은 이치로 구성됨을 구조적으로 이해하는 것을 학습하는 과정이다. 각 단계별 구체적인 의미와 사례들을 살펴보는 것은 개념 기반 교육과정에 의한 수업 설계의 출발점이 된다. 그 의미를 살펴보면 다음과 같다.

사실(Facts)

사실은 관찰되거나 확인 가능한 구체적인 정보나 사건을 의미한다. 학습자는 구체적인 사실을 바탕으로 개념을 이해하고 탐구를 시작한다. 사실을 정확하게 이해하도록 돕기 위해서는 사건, 대상, 사람에 대한 정보가 경험적으로 실증된 서술임을 인식시켜야 한다. 이러한 구체적인 사실들 속에서 공통적인 속성을 도출하면 그것이 바로 '개념'이 된다. 즉, 사실은 구체적인 것이고, 개념은 이를 추상화한 것이다. 또한, 사실의 진술에서는 편견이나 주관이 개입된 가치 판단을 명확하게 구분하는 것이 필요하다. 예를 들어 1km는 멀다, 가깝다 등으로 표현해서 안 된다.

학습자는 사실을 단편적으로 기억하는 것이 아니라, 개념이나 일반화의 맥락(계통적 구조) 속에서 기억하게 된다. 따라서 수업 중에는 기본적인 사실을 자주 활용하며, 이를 통해 개념 형성과 일반화를 돕는 것이 중요하다. 사실을 개념 맥락에서 기억하게 한다는 것은 학습자는 개별적인 사실을 단순 암기하지 않고, 그 사실들이 어떤 개념(공통된 본질) 아래에서 어떻게 연결되고 일반화되는지를 이해하면서 기억한다는 뜻이다. 예를 들어 학생이 단편적인 사실(예: 1876년 전화기 발명)을 그 자체로 암기하는 것이 아니라, '기술의 발전이 인간의 삶에 어떤 영향을 주는가'와 같은 개념의 틀 속에서 이해하고 기억한다는 것이다. 이렇게 하면 지식이 조직화되고, 새로운 상황에도 이전의 학습을 전이하여 적용할 수 있게 된다.

소재나 주제(Context / Topic, Theme)

소재나 주제는 학습의 범위를 한정하고, 사실과 개념이 탐구되는 맥락을 제공한다. 소재는 학생들이 학습할 내용의 범위와 방향을 결정하며, 맥락의 역할을 한다.

◆ 예시

사회과 수업에서는 '고구려 광개토대왕의 업적', 과학과 수업에서는 '물질의 상태 변화'가 각각 소재나 주제가 된다. 이 주제는 관련된 사실과 개념이 모여 탐구의 범위를 형성한다.

개념(Concepts)

개념은 여러 사실에 공통적으로 나타나는 속성이나 원리를 추상화한 것으로, 사고의 틀과 해석의 기반을 제공한다. 개념은 다양한 사실을 통합하고, 사고를 조직하는 역할을 한다. 예를 들어 '왕권 강화'라는 개념은 광개토대왕의 업적과 같은 여러 역사적 사실을 묶어 설명한다. 과학에서는 '상태 변화'라는 개념이 물이 끓고 얼음이 녹는 다양한 사실을 이해하는 틀이 된다.

개념 기반 수업에서 개념을 이해시키는 방식은 그 개념의 성격에 따라 달라져야 한다. 구체적인 개념은 실생활에서 직접 관찰하거나 경험할 수 있는 사물이나 존재를 의미하며, 예를 들어 개, 사람, 가족, 책상, 컴퓨터 등이 이에 해당한다. 이러한 개념들은 공통된 속성을 중심으로 비교하고 분류하는 방식으로 학습하는 것이 효과적이다. 속성(attribute)이란 사물이나 사실을 집단별로 분류하는 기준이다. 예컨대, '개'와 '고양이'를 비교하며 네 발, 털, 반려동물 등의 속성을 파악하게 하는 것이다. 더 구체적으로 보면 '개'라는 개념은 키, 몸무게의 신체적 속성이 있고 후각 발달이나 청각의 예민으로 감각적 속성을 파악할 수 있다. 행동적 속성으로는 사회성, 충성심, 학습 능력, 호기심, 영역성, 의사소통 능력 등이 있으며 생물학적 속성으로는 포유류, 새끼 출산, 수명, 수유 등을 들 수 있다.

반면, 추상적인 개념은 직접 경험하기 어렵고 눈에 보이지 않는 개념들로, 국가, 주권, 국제법, 평화, 혁명 등과 같이 복잡하고 다의적인 성격을 갖는다. 이러한 개념은 여러 다양한 사례나 예시를 중심으로 학습할 때 이해가 수월해진다. 예를 들어 '혁명'이라는 개념은 프랑스혁명, 산업혁명, 정보혁명과 같은 다양한 역사적 사건을 통해 그 공통성과 본질을 파악하도록 유도할 수 있다. 따라서 구체적 개념은 '속성'을 중심으로, 추상적 개념은 '예'를 중심으로 접근하는 것이 학습자의 이해와 개념 형성에 있어 더 효과적인 전략이다.

개념은 상위 개념(예: 문화), 동위 개념(예: 비물질 문화와 물질문화), 하위 개념(예: 제도 문화와 관념문화) 등으로 구분할 수 있다. 여기서 동위 개념은 공통적인 것을 소유하고 있으므로 속성보다는 예를 중심으로 학습하는 것이 효과적이다. 동위개념은 서로 다른 하위 개념들이 공통적인 속성을 공유하고 있지만, 그 차이를 명확히 이해하기 위해서는 속성보다는 다양한 예시를 중심으로 학습하는 것이 효과적이다. 예를 들어 '동물'이라는 동위개념 아래에는 '포유류', '파충류', '조류'와 같은 여러 하위 개념이 존재한다. 이들은 모두 살아 있고, 움직이며, 먹고 자라는 공통 속성을 가지지만, 각 하위 개념의 특성을 비교하고 이해하려면 다양한 동물의 예시를 통해 학습하는 것이 훨씬 더 이해를 돕는다. 따라서 동위개념을 가르칠 때는 공통된 속성을 전제로 하되, 구체적인 예를 통해 개념 간 차이를 비교하고 분별하도록 하는 것이 중요하다.

일반화(Generalization)

2022 개정 교육과정에서는 '핵심 아이디어'로 제시되어 있다. 일반화와 같은 의미이다. 일반화는 개별 사실과 개념을 넘어서 더 넓은 범위나 상황에 적용할 수 있는 보편적 진술이다. 이는 학습자가 핵심 아이디어를 명확하게 표현하고 다른 맥락으로 지식을 전이할 수 있게 한다. 일반화는 두 개 이상의 개념 간 관계를 보편성 있게 설명한 서술을 의미한다. 이는 단순한 사실의 진술을 넘어, 다양한 개별 사례들에 적용될 수 있는 추상적이고 포괄적인 진술이다. 일반화는 개념적 수준이 매우 높아 Macro concept(거시적 개념) + Micro concept(미시적 개념) 사이의 관계일 수도 있고, Micro + Micro, 즉 미시적 개념들 간의 관계로 표현될 수도 있다.

예를 들어 "장마철의 비는 강이 많은 낙동강 유역에 벼농사의 발달을 가져왔다"는 진술은 구체적인 사례 간의 관계를 보여주는 일반화이다. 반면, "환경은 인간의 삶에 중요한 영향을 준다"는 진술은 보다 추상적이고 넓은 범위의 일반화이다. 결과적으로, 하나의 일반화는 다양한 사례를 설명할 수 있어야 하며, 이를 통해 학습자는 새로운 상황에서도 기존에 학습한 일반화를 적용(전이)할 수 있는 능력을 기르게 된다. 이러한 전이 가능성은 개념 기반 수업의 핵심 목표 중 하나이다.

◆ 예시

'강력한 지도자의 통치력은 국가의 발전에 중요한 영향을 미친다'는 역사적 사실과 '왕권 강화' 개념을 바탕으로 한 일반화이다. 과학과에서는 '물질은 온도 변화에 따라 상태가 변화한다.'는 진술이 상태 변화 개념과 관련된 일반화이다.

일반화는 한 단원에서 6개 내외로 진술되도록 구성하는 것이 바람직하다. 이는 학습자가 다양한 개념과 사실들을 깊이 있게 탐구하며, 서로 간의 관계를 통합적으로 이해할 수 있도록 돕기 위한 전략이다. 각 일반화는 단원 내의 주요 개념들을 연결하며, 학습 내용을 구조화하고 사고를 확장시키는 역할을 한다.

특히, 단원의 전체 내용을 아우르는 상위 수준의 일반화(Macro + Micro)는 단원 마무리 단계에서 수행 과제(C-GRASPS)와 연계시켜 실제 행동으로 전이되도록 설계해야 한다. 이를 통해 학습자는 일반화를 단순히 인지하는 수준을 넘어서, 실제 문제 해결 상황이나 창의적 산출물에 적용해 보는 경험을 하게 된다. 결국 일반화는 학습의 심화뿐 아니라, 삶과 연결된 실천적 사고로 이어지는 중요한 매개가 된다. 이는 2022 개정 교육과정의 핵심역량을 실천하는 방법이 된다.

정리하면 개념 기반 수업은 소재나 주제로 한정된 맥락 내에서 다양한 사실을 탐구하고, 이를 바탕으로 개념을 이해하며, 궁극적으로 보편적 일반화를 도출하는 과정을 거친다. 즉, 사실 → 소재/주제(맥락) → 개념 → 일반화의 연계 속에서 지식의 구조를 이해하는 것이다. 이를 통해 학습자는 단편적 정보 습득을 넘어서 깊이 있는 개념적 이해와 지식의 전이를 이룰 수 있다.

2) 지식의 구조에 의한 성취기준 분석

다음의 예시를 살펴보자. 다음의 성취기준으로 단원을 설정했다고 가정했을 때 지식의 구조에 의해 수업이 설계되는 과정을 살펴볼 수 있다.

[4사04-01] 옛날 풍습에 대해 알아보고, 오늘날과 비교하여 변화상을 파악한다.
[4사04-02] 옛날부터 오늘날까지 교통의 변화에 따른 이동과 생활 모습의 변화를 이해한다.
[4사04-03] 옛날부터 오늘날까지 통신수단의 변화에 따른 정보 교류와 의사소통 방식의 변화를 설명한다.

사실(구체적인 사례)의 예시

- 옛날 풍습: 조선시대 혼례 예식, 제사 지내는 방법, 마을 단위 공동체 행사

오늘날 풍습: 현대식 결혼식, 추모 문화, 축제와 기념행사

- 옛날 교통수단: 도보, 말, 가마, 수레, 나룻배

  오늘날 교통수단: 자동차, 버스, 지하철, 고속철도, 비행기

- 옛날 통신수단: 봉화, 전달인, 우편, 전보

  오늘날 통신수단: 전화, 휴대전화, 인터넷, SNS(카카오톡, 페이스북 등)

- 변화 내용: 이동 시간 단축, 통신 속도 증가, 정보 접근성 향상, 생활 편의성 증대

소재나 주제

- 생활과 사회의 변화: 옛날과 오늘날의 사회생활 모습 비교
- 풍습의 변화와 사회 문화: 전통과 현대 풍습의 차이점과 공통점
- 교통수단의 발전과 사회적 영향: 이동성 증대가 사회에 미친 영향
- 통신기술의 진화와 의사소통 방식 변화: 정보 전달 방식과 사회관계의 변화
- 시간과 공간의 변화: 교통과 통신 발전으로 인한 생활 공간과 시간 개념 변화

사실이나 사례에서 추출할 수 있는 개념

- 문화와 풍습: 전통적 생활양식과 그 의미
- 사회 변화: 기술과 환경 변화가 사회에 미치는 영향
- 기술 발전: 과거와 현재의 기술 비교 및 발전 원리
- 교통과 이동성: 사람과 물자의 이동 방법과 의미
- 통신과 정보 교류: 의사소통 방법과 정보 전달 체계
- 생활양식: 일상생활의 형태와 방식
- 변화와 지속성: 변화하는 요소와 지속되는 전통의 관계

매크로 개념과 마이크로 개념 선정

- 변화(Change)
  - 조선시대 혼례 예식, 제사 지내는 방법, 마을 단위 공동체 행사
  - 옛날과 오늘날의 다양한 측면(풍습, 교통, 통신)에서 나타나는 변화의 의미와 양상 이해
  - 변화가 개인과 사회에 미치는 영향 탐구

- 지속성(Continuity)
  - 변화 속에서도 유지되는 전통이나 문화적 요소 이해
  - 변화와 지속성의 관계를 균형 있게 인식
- 사회문화(Socio-Cultural)
  - 사회와 문화가 어떻게 변화하고 발전하는지에 대한 통찰
  - 풍습과 의사소통 방식이 사회문화적 맥락에서 의미를 갖는다는 이해
- 기술과 생활(Technology and Life)
  - 교통과 통신 기술이 생활양식과 사회구조에 미치는 영향
  - 기술 발전과 인간 생활의 상호작용 이해

위의 세 가지 성취기준을 통합해서 수업할 때는 '변화(Change)'와 '사회문화(Socio-Cultural)'를 중심 개념으로 삼고, 부차적으로 '지속성'과 '기술과 생활'을 연계하면 좋다. '변화'는 옛날과 오늘날의 차이, 변화의 의미와 영향에 대한 폭넓은 탐구를 가능하게 하고 '사회문화'는 풍습, 교통, 통신 모두가 사회문화적 맥락 속에서 의미를 갖는다는 점을 강조해 준다.

일반화(핵심 아이디어)

매크로 개념, 마이크로 개념을 포함하여 다음과 같은 일반화를 진술하여 수업 설계의 출발점으로 활용할 수 있다.

- '사회와 기술은 서로 영향을 주고받으며, 기술 발전은 사람들의 생활양식과 사회구조에 근본적인 변화를 가져온다.'
- '과거의 전통과 풍습은 시대의 변화에 따라 적응하거나 유지되며, 이는 사회 구성원들의 정체성과 연계된다.'
- '교통과 통신의 발전은 공간과 시간의 제약을 줄여 사회 구성원 간의 관계를 확장하고, 삶의 질을 향상시킨다.'
- '역사는 단순한 과거 사실의 집합이 아니라, 시대별 변화의 흐름과 그 의미를 이해하는 통합적 관점으로 탐구되어야 한다.'

3) 지식의 구조에 의한 수업 설계 절차

학생이 개념 기반 탐구학습을 하는 절차는 사실에서 일반화로 상향식(Bottom-up) 방식이지만 교사가 수업을 설계하는 절차는 일반화에서 사실까지 하향식(Top-down) 방식으로 설계한다. 수업 설계를 하는 절차에 따라 설명하면 다음과 같다.

일반화

개념 기반 수업에서 일반화(핵심 아이디어)를 만드는 것은 학습의 중심 구조를 설계하는 핵심 과정이다. 일반화는 단순한 결론이 아니라, 개념 간의 관계를 추상화하여 다양한 맥락에 적용할 수 있는 보편적 진술이다. 아래는 일반화를 만드는 구체적인 방법이다.

① 중심 개념과 관련 개념을 명확히 정의한다

일반화를 만들기 위해서는 먼저 수업의 Macro concept(큰 개념, 이하 매크로 개념)과 그것과 연결되는 Micro concept(작은 개념, 이하 마이크로 개념)을 선정해야 한다. 이 개념들은 지식의 구조에서 중심 요소이며, 학습자가 다양한 사실을 통합하고 개념적으로 사고하도록 돕는 도구이다.

◆ 예시

- 매크로 개념: 협력
- 마이크로 개념: 공동의 목표, 책임, 의사소통

② 개념 간의 관계를 문장으로 연결한다

개념을 나열하는 것이 아니라, 이들 사이의 관계를 추상적 문장으로 서술해야 한다. 즉, 개념과 개념 간의 유의미한 관계를 기술하는 것이다. 이것은 학문적 원리에 비추어볼 때 오류가 없어야 한다. 이때 '~은/는 …이다', '~는 …를 통해 …된다', '~은 …에 영향을 준다'와 같은 구조를 활용하여 일반화 문장을 만든다.

◆ 예시

"협력은 공동의 목표를 달성하기 위해 서로 책임을 나누고 소통하는 과정이다."

→ 매크로 개념(협력) + 마이크로 개념(목표, 책임, 소통) 간의 관계 제시

그러나 매크로 개념과 마이크로 개념이 모두 들어가는 일반화를 진술해야만 하는 것은 아니다. 한 단원에 6개 정도의 일반화가 진술되어야 한다고 볼 때 일반화는 매크로 + 마이크로 개념이 연결된 진술문은 1~2개, 마이크로 + 마이크로 개념이 연결된 진술문 3~4개가 별도로 진술될 수 있다.

③ 맥락을 초월하는 보편적 진술이 되도록 만든다

일반화는 특정 사례나 맥락에 국한되지 않고 다양한 상황에서 적용 가능한 보편적인 진술이어야 한다. 즉, 특정 인물, 사건, 장소가 들어간 구체적 문장이 아니라, 다양한 사례에 적용될 수 있는 추상적인 수준의 진술이어야 한다.

◆ 예시

- 부적절: "운동장에서 친구와 함께 줄넘기를 하는 것은 협력이다."
- 적절: "협력은 공동의 목표를 위해 서로 도움을 주고받는 행동이다."

④ 학습자의 사고를 확장시킬 수 있는 진술로 구성한다

일반화는 학생이 기존의 지식을 연결하거나 새로운 상황에 적용하며 사고를 확장할 수 있도록 설계되어야 한다. 따라서 단편적 진술이 아닌, 인과적 · 비교적 · 상호작용적 관계를 담는 문장이어야 한다.

◆ 예시

"갈등은 다양한 관점이 존재할 때 생기며, 존중과 대화를 통해 해결할 수 있다."

→ 개념(갈등, 관점, 존중, 대화) 간의 인과 및 해결 전략 제시

⑤ 사실 또는 사례로 뒷받침될 수 있어야 한다

일반화는 추상적이지만, 반드시 구체적인 사실, 사례, 활동 등으로 입증하거나 탐구할 수 있어야 한다. 이를 통해 학생은 개념을 삶이나 학문적 맥락 속에서 실제로 탐색하고 적용할 수 있다.

◆ 예시

- 일반화: '공정성은 규칙이 모든 사람에게 동일하게 적용될 때 실현된다.'
- 사례 탐색: 다양한 놀이 규칙이 어떻게 적용되는지 조사하고 토론

이때 중요한 것은 개념은 일반화 맥락에서 학습이 이루어져야 한다는 것이다. 개념(concept)이 그 자체로 정의를 외우는 수준에 머물러서는 안 되며, 개념이 다양한 맥락 속에서 어떻게 작용하는지에 대한 일반화된 이해로 확장되어야 한다. 다시 말해, 개념은 다양한 사례나 현상을 관통하는 보편적인 원리나 핵심 아이디어(일반화)를 도출하는 데 활용되어야 하며, 이를 통해 학습자는 개념을 새로운 상황에 적용하고 전이할 수 있는 능력을 기르게 된다.

따라서 효과적인 개념 기반 탐구학습을 위해, 사실은 개념을 드러내기 위한 수단으로, 개념은 일반화된 사고를 확장하는 틀로 다루어져야 하며, 이러한 방식이 지식의 구조에 따라 학습을 심화시키고 사고력을 증진시키는 핵심 전략이라고 할 수 있다.

⑥ 지식의 구조 수업 설계에서 고려할 점

개념 기반 교육과정에 의한 수업 설계를 효과적으로 구현하기 위해서는 몇 가지 핵심 요소를 체계적으로 고려해야 한다.

첫째, 단원에서 다루고자 하는 개념을 도출하기 위해서는 시야를 넓게 갖는 것이 중요하다. 이는 교과서에 제시된 표면적 사례들에 머무르지 않고, 해당 단원의 이론적 배경과 모학문(母學問)을 탐색함으로써 가능하다. 단원의 주제를 바라볼 때는 단지 교과 내부의 지식에 갇히지 않고, 범교과적 관점에서 통합적으로 이해하려는 시도가 필요하다. 예를 들어 '자기소개하기' 단원은 언어 표현의 기술만이 아니

라 의사소통 방식, 정체성, 관계 형성 등 다양한 심리학적 · 사회학적 개념을 포함하며, 이는 언어 관련 교육과 커뮤니케이션 이론이라는 모학문으로 연결된다.

둘째, 교과서에 제시된 사례는 개념을 드러내기 위한 진입점으로 활용되며, 개념 자체는 상위의 이론에서 도출되어야 한다. 즉, 교과서의 내용만으로는 핵심 개념을 찾기에 한계가 있으며, 교사는 관련 이론을 바탕으로 교과서의 사례들을 개념적으로 해석해야 한다. 예컨대, '이름, 취미, 가족' 등은 자기소개 단원의 사례일 뿐, 이를 바탕으로 '정체성'이나 '관계 형성'이라는 상위 개념을 추출해야 한다.

셋째, 일반화는 단원의 학습 방향을 설정하는 핵심적인 틀로 작용한다. 일반화는 개념 간의 관계를 보편성 있게 진술하는 서술로, 단원의 핵심 이해를 통합적으로 표현한다. 수업 설계를 할 때는 먼저 매크로 개념(예: 정체성, 관계, 소통 등)을 설정하고, 이를 구체화하는 마이크로 개념(예: 이름, 감정 표현, 친구 관계 등)을 도출한 후, 이 둘의 연결 속에서 일반화를 형성해야 한다. 예를 들어 "사람들은 자신에 대해 표현함으로써 타인과 관계를 형성한다"는 일반화는 '표현(마이크로)'과 '관계(매크로)'의 연결을 잘 보여준다.

넷째, 이러한 개념과 일반화는 학문적 렌즈를 통해 더욱 깊이 있는 학습 설계를 가능하게 한다. 모학문은 해당 개념이 학문 내부에서 어떻게 다루어지는지를 드러내며, 이를 수업에 반영하면 학생들은 개념을 단편 정보가 아닌 구조화된 지식 체계로 이해하게 된다. 또한, 특정 학문의 탐구 방식, 질문 유형, 분석 관점 등을 수업에 녹여냄으로써 학문적 사고 역량을 기를 수 있으며, 이는 곧 다른 학문 및 교과와의 통합적 사고로 확장될 수 있다.

마지막으로, 개념 기반 수업 설계에서 탐구 질문의 활용은 핵심적인 전략이다. "왜 ~인가?"와 같은 탐구적 질문은 학생들이 단순히 지식을 습득하는 데 그치지 않고, 개념의 본질을 탐색하고 비판적 사고와 전이 능력을 발달시키도록 돕는다. 이러한 질문은 학습자가 교사로부터 정답을 전달받는 수동적 존재가 아닌, 스스로 문제를 정의하고 해결해 가는 능동적 존재로 성장하도록 이끈다.

결국, 개념 기반 교육과정에 의한 수업 설계는 이론과 실천, 개별 사례와 보편적 사고, 학문성과 학생의 발달 수준 사이의 균형을 섬세하게 고려해야 하며, 이는 교사의 교육과정 이해도와 설계 역량을 끊임없이 요구하는 전문적 실천 과정이다.

나. 과정의 구조

1) 구조의 주요 요소

과정의 구조는 지식의 구조와 다르게 단순화되어 있다. 과정의 구조에 적절한 교과, 즉 과학 실험, 예체능 교과 등 기능 중심의 교과가 관련된다. 지식의 구조에서는 한 가지 사실적 예나 개념에서 핵심 아이디어의 도출이 불가능하다. 그러나 과정의 구조에서는 하나의 기능을 발휘하여 핵심 아이디어의 도출이 가능하다. 지식의 구조가 명제적 지식을 도출하는 것이라면 과정의 구조 절차적 지식이 핵심 아이디어로 도출하는 과정이 될 수 있다. 여기에 관련되는 주요 요소는 과정, 전략, 기능 등이 있다. 과정은 학습의 결과를 만들어 내는 행동들이며, 전략은 학습자가 학습 수행을 위해 의식적으로 적용하는 계획이나 방법을 의미한다. 기능은 학습자가 발휘하는 기능에 내재된 행동이다.

| 그림 3 | 과정의 구조에 의한 수업 설계

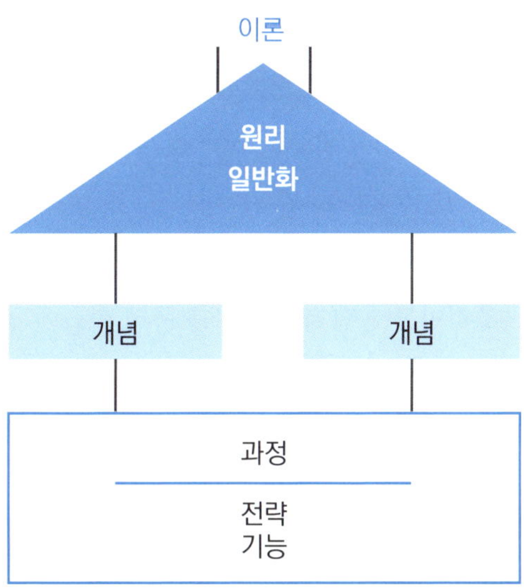

학습 활동을 체계적으로 이해하고 설계하기 위해서는 '과정(process)', '전략(strategy)', '기능(skill)'이라는 개념을 구조적으로 구분하여 살펴볼 필요가 있다. 먼저 '과정'은 학습자가 지식을 구성하고 의미를 만들어내는 일련의 활동을 말한다. 예를 들어 독해라는 학습 상황에서 '중심 문장 파악'과 같은 활동은 특정한 학습 결과를 만들어내는 인지적 과정에 해당한다. 과정은 학습의 흐름을 형성하며, 학습자가 무엇을 하고자 하는지를 보여주는 전반적인 틀이다.

과정을 구체화하기 위해 학습자는 다양한 '전략'을 활용하게 된다. 전략은 과정을 실현하기 위한 의식적이고 계획적인 방법으로, 학습자가 학습 수행을 조절하고 향상시키기 위해 스스로 선택하거나 교사로부터 지도받는 실행 방식이다. 예를 들어 독해 과정을 지원하는 전략으로는 글의 중심 문장을 찾기, 그림이나 소제목을 바탕으로 배경지식을 활성화하기, 글의 방향을 예측하면서 읽기, 핵심 단어에 밑줄 긋기, 내용을 자신의 말로 요약하기, 질문 만들기, 원인과 결과 연결하기 등이 있다. 이러한 전략들은 학습자의 사고를 촉진하고 내용을 깊이 있게 이해하도록 돕는다.

한편, 전략은 다시 '기능'이라는 보다 세부적인 수행 요소로 구성된다. 기능은 전략을 실천하기 위해 학습자가 사용하는 작은 단위의 조작이나 행동을 의미한다. 예를 들어 밑줄 긋기, 마인드맵 작성, 흐름도 그리기, 메모하기, 키워드 정리하기 등은 각 전략에 포함된 구체적 기능이다. 기능은 전략을 실행에 옮기기 위한 실질적인 도구이자 학습자가 직접적으로 수행하는 활동이다.

이와 같이, 학습의 구조를 '과정-전략-기능'의 체계로 구성하면, 학습자들은 단편적인 활동이 아닌 구조적이고 통합적인 사고를 통해 학습에 접근할 수 있다. 특히 과정의 구조에서는 하나의 전략이나 기능을 반복적이고 의도적으로 사용하면서 일반화를 이끌어내는 것이 가능하다. 일반화는 5-6개를 설정하여 학습자가 사고의 틀을 확장할 수 있도록 하는 것이 효과적이다.

정리하면, 과정은 학습의 큰 흐름을 형성하고, 전략은 그것을 실행하기 위한 방법이며, 기능은 전략을 실천하는 구체적 행동 단위이다. 이들 간의 구조적 연계를 고려한 수업 설계는 학생의 사고력을 기르고 자기주도 학습 역량을 신장시키는 데 중요한 역할을 한다. 그 예시는 다음의 표와 같다.

| 표 2 | 과정, 전략, 기능의 의미

구성요소	설명	예시
과정 (어떤 과정)	학습자가 개념을 탐구하고, 이를 확장하며, 실제 상황에 적용하는 일련의 활동과 절차	문학 작품 독해 과정: 작품 읽기 → 주제 분석 → 인물 분석 → 해석하기 등에서 그 대상
전략 (무엇을)	개념을 학습하고 이해하는 데 사용되는 방법과 접근법	문학 작품에서 인물 비교하기, 중심 문장 파악, 인물 특성 파악 등
기능 (어떻게)	학습자가 개념을 탐색하고 해결책을 찾을 수 있도록 돕는 기술이나 능력	인물 특성 비교 표 만들기, 중심 문장 연결하여 요약하기

그러나 앞서 살핀 학습 방법은 일정한 선행 지식을 필요로 한다. 수업 상황에서 수준이 다른 학생들에게 일률적으로 적용하는 데는 한계가 있을 수 있다. 이럴 경우에는 일반화에 포함된 주요 개념에 대한 탐구 질문을 통하여 학습하는 방법을 선택할 수 있다. 이는 개념 기반 탐구학습에서 과정의 구조에 의한 수업을 설계할 때는 '탐구 질문' 중심의 구조화된 탐색 활동을 단계적으로 구성하는 것이 핵심이다. 수업은 다음과 같은 논리적 절차에 따라 진행할 수 있다. 과정의 구조가 다음 그림과 같을 경우를 가정하고 탐구 질문을 활용한 수업 방법을 제시하면 다음과 같다.

| 그림 4 | 과정의 구조에 제시된 개념

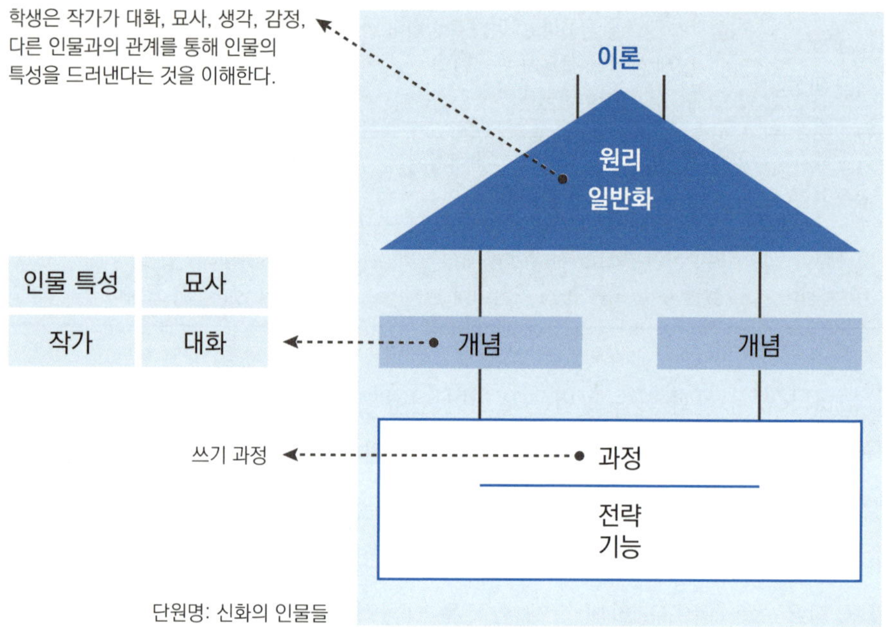

개념 기반 탐구학습은 모두 4단계에 의해 탐구수업이 이루어진다. 수업 단계는 뒤에서 제시되지만 이 부분에서는 과정의 구조에서 단계별로 이루어지는 활동을 소개한다.

① 1단계: 관계 맺기 및 집중하기 – 미시적 탐구 질문 제시(1~2차시)

수업의 시작 단계에서는 학습자가 다룰 주제나 개념에 자연스럽게 몰입할 수 있도록 미시적 탐구 질문(Micro Inquiry Questions)을 제시한다. 이 질문들은 학생이 사실에서 개념으로, 사례에서 일반화로 사고를 확장해 나가는 안내 역할을 한다.

예를 들어 문학 수업에서 '인물'을 다룰 경우 다음과 같은 질문이 사용될 수 있다.

- "인물의 특성은 무엇을 통해 알 수 있을까?"
- "인물의 서로 다름은 어떻게 표현되는가?"
- "작품에서 작가의 생각은 어떻게 드러나는가?"

이러한 질문은 학생의 주의를 집중시키고, 이후 활동의 목적을 분명히 하는 도입 단계이다. 필요에 따라 PPT나 시각 자료로 제시하면 효과가 더욱 높아진다.

② 2단계: 전략 · 기능 중심의 활동 – 탐구 질문 해결 과정(3~4차시)

이 단계에서는 학생들이 앞에서 제기된 탐구 질문을 바탕으로 읽기, 분석, 비교, 정리, 조사 등의 전략을 활용해 본격적인 탐색 활동을 수행한다. 예를 들어 인물의 성격을 파악하기 위해 묘사, 대화, 사건 등을 찾아내고 이를 바탕으로 인물의 특성을 분석한다. 학생들은 탐구 질문에 답하려는 과정 속에서 자연스럽게 개념에 접근하게 되며, 이는 사고의 심화를 유도한다.

③ 3단계: 개념 정리 및 일반화 도출을 위한 중간 정리(5차시)

각 차시별로 탐색한 내용을 정리하며, 개념적 키워드를 추출하고 이를 구조화한다. 예를 들어 '인물 이해'라는 개념 아래 '성격, 외모, 행동, 대화 방식' 등의 세부 요소를 정리한다. 이 단계에서는 학생들이 자신이 다룬 탐구 질문 하나하나에 대해 개념 수준에서 이해하고 정리하게 된다. 이는 곧 일반화 진술로 확장되기 위한 사전 단계이다.

④ 4단계: 일반화 도출 – 탐구의 전이(6차시 이후)

최종적으로, 각 탐구 질문에서 도출된 개념들을 통합하여 단원의 일반화를 구성한다. 일반화는 매크로 + 마이크로 개념을 연결하여 단원의 본질적인 이해를 하나의 문장으로 표현하는 것이다.

◆ 예시

- “사람들은 자신에 대해 표현함으로써 타인과 관계를 형성한다.”
- “인물의 성격은 외모나 행동, 대화를 통해 드러난다.”
- “작품은 작가의 생각과 시대적 배경을 반영한다.”

이러한 일반화는 새로운 상황에서도 지식을 전이 가능하게 하는 사고 틀로 기능하며, 단원을 마무리 짓는 고차 사고의 핵심이 된다. 수업절차의 흐름을 요약하여 제시하면 다음과 같다.

| 표 3 | 과정의 구조에 의한 수업 흐름 예시

단계	활동	목적
1단계	미시적 탐구 질문 제시	학습 방향 설정, 사고 유도
2단계	탐색 및 조사 활동	전략·기능적 접근을 통한 질문 해결
3단계	개념 정리	키워드 도출 및 일반화 준비
4단계	일반화 도출	개념 간 관계 구조화, 전이 촉진

다. 지식의 구조 + 과정의 구조

개념 기반 수업 설계에서는 교과의 성격에 따라 ‘지식의 구조’ 또는 ‘과정의 구조’를 중심으로 수업을 구성할 수 있다. 일반적으로 지식의 구조는 수학과 사회과처럼 체계적인 개념 체계와 사실적 지식을 다루는 교과에서 주로 활용되며, 과정의 구조는 국어과, 과학, 예체능 교과처럼 탐구, 표현, 소통 등 학습자의 수행 과정을 중시하는 교과에서 자주 적용된다. 그러나 실제 수업에서는 이 두 가지 구조를 절충하여 적용하는 경우가 많다. 예를 들어 과학과에서는 개념과 이론을 이해하는 지식 중심의 학습과 더불어, 이를 검증하고 논증하기 위한 실험과 관찰의 과정이 함께 요구된다. 체육과 역시 건강 관련 이론에 대한 학습과 이를 실제 활동을 통해 적용하고 내면화하는 수행 과정이 함께 구성되어야 한다. 이처럼 수업 설계에서 지식과 과정을 절충적으로 활용하더라도, 이는 여전히 체계적인 하나의 설계 방식으로 볼 수 있으며, 학습 목표에 따라 균형 있게 적용하는 것이 중요하다. 이러한 접근은 학습자의 깊은 이해를 이끌어내는 데 효과적이며, 다양한 교과의 특성과 수업 목표에 따라 유연하게 설계될 수 있다.

| 그림 5 | 지식의 구조와 과정의 구조에 의한 수업 설계 비교

<table>
<tr><td colspan="4">교과: 국어
단원명: 전래동화 읽기</td></tr>
<tr><td colspan="2">지식의 구조</td><td colspan="2">과정의 구조</td></tr>
<tr><td rowspan="4">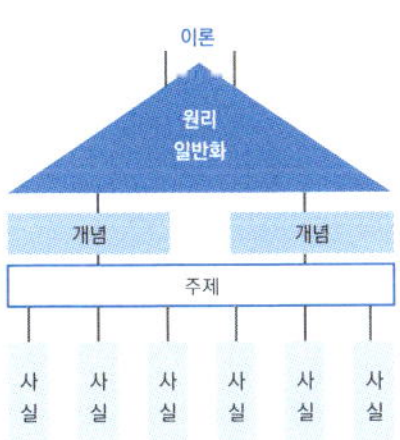
</td><td>일반화: 전래동화에서는 대개 선이 악을 이기는 이야기 구조를 갖는다.</td><td rowspan="4">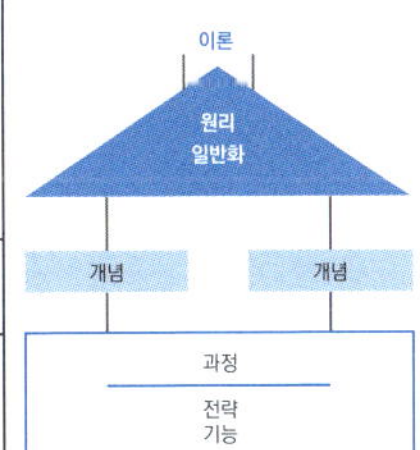
</td><td>일반화: 독자는 인물의 대사와 행동을 통해 인물의 성격과 줄거리를 파악한다.</td></tr>
<tr><td>개념: 인물, 선, 악</td><td>개념: 인물 특징, 줄거리 전개</td></tr>
<tr><td>주제: 전래동화</td><td>과정: 읽기</td></tr>
<tr><td>사실: 1. 흥부와 놀부
2. 콩쥐 팥쥐
3. 장화 홍련</td><td>전략, 기능:
- 소리 내어 읽기
- 주요 대사와 행동에 밑줄을 그으며 읽기
- 인물의 성격을 비교하며 읽기</td></tr>
<tr><td colspan="4">▶ '지식의 구조'와 '과정의 구조'를 아울러 습득 ▶ 역량 함양에 긍정적 작용</td></tr>
</table>

◆ 예시 1: 과학과 - 기체의 성질과 상태 변화

- 지식의 구조 요소: 기체의 부피, 온도, 압력과의 관계, 상태 변화(기화, 응축 등)에 대한 과학적 개념과 법칙
- 과정의 구조 요소: 실험 설계, 관찰, 데이터 기록 및 해석, 결과에 대한 논리적 설명과 발표

→ 이 주제에서는 기체의 특성과 관련된 개념적 지식을 먼저 이해한 후, 다양한 실험을 통해 그 이론을 실제로 확인하고 논증하는 과정이 함께 이루어져야 한다. 따라서 지식과 과정을 절충한 수업 설계가 필요하다.

◆ **예시 2: 체육과 - 건강한 생활을 위한 운동 계획 세우기**

- 지식의 구조 요소: 심폐지구력, 근력, 유연성 등 기초 체력 요소의 개념과 기능, 운동의 효과에 대한 이론
- 과정의 구조 요소: 개인의 체력 수준을 진단하고, 목표를 설정하며, 주간 운동 계획을 수립하고 실천하는 활동

→ 이 수업에서는 건강한 생활을 위한 이론적 배경(지식)을 이해하고, 이를 토대로 자신에게 맞는 운동 계획을 수립하고 실천하는 과정(실행과 반성)이 필수적이다.

◆ **예시 3: 국어과 - 주장과 근거를 활용한 글쓰기**

- 지식의 구조 요소: 주장과 근거의 개념, 타당성과 설득력의 기준 등 논증 글쓰기의 기본 원리
- 과정의 구조 요소: 주장하는 글 쓰기, 주장과 근거 찾기, 독해하기 등

→ 이 수업은 글의 구조와 논리적 구성에 대한 지식을 습득하는 동시에, 실제로 자신의 주장을 글로 표현하고 피드백을 반영해 발전시키는 과정을 포함하므로 두 구조의 절충이 요구된다.

이처럼 교과별 학습 목표에 따라 지식의 구조와 과정의 구조를 통합하는 것이 학습자의 깊이 있는 이해와 실제 적용 능력을 기르는 데 효과적이다.

5 개념 기반 탐구학습 6단계와 순환적 학습 절차

가. 개념 기반 탐구학습 절차

개념 기반 탐구학습은 학습자가 단순한 지식 습득을 넘어, 개념의 본질을 탐색하고 이를 통해 의미 있는 일반화에 도달하도록 돕는 수업 설계이다. 이 수업은 총 6단계로 구성되며, 각 단계는 서로 유기적으로 연결되어 있다. 단계는 일반적으로 순차적으로 진행되지만, 단계 간 상호 순환적인 구조를 지니고 있어 이전 단계로 되돌아가거나 앞으로 도약하면서 학습을 확장할 수 있다. 이는 학습자의 이해도, 흥미, 사고 수준에 따라 유연하게 적용된다. 개념 기반 탐구학습은 단계를 되짚거나 반복하는 순환적 흐름이 자연스럽게 허용된다. 개념 기반 탐구학습 과정에서 강조되는 모든 단계마다 학습 성찰이 이루어진다는 점이다. 학습 성찰은 자기주도학습의 필수조건이 되기 때문에 학생이 연구자, 탐구자로 참여해야 하는 탐구학습 과정에서는 학습을 촉진하는 주요 기제(learning mechanism)가 된다.

◆ 예시

5단계(일반화하기)에서 학생들이 "모든 생물은 환경에 따라 다르게 생겼다"는 일반화를 만들었으나, 6단계(전이하기)에서 '극지방에 사는 북극곰'과 '사막에 사는 낙타'의 사례를 적용하는 데 어려움을 겪는다면?

- 다시 2단계(집중하기)로 돌아가 더 많은 사례를 조사하고,
- 3단계(조사하기)에서 '서식지와 생김새의 관계'를 재정리한 후,
- 보다 정교한 일반화로 발전시킬 수 있다.

개념 기반 탐구학습은 순차적 구조를 지니되, 상호 순환적 전개가 가능한 수업 설계이다. 학습자는 각 단계에서 끊임없이 성찰하며 자신의 사고를 확장한다. 교사는 학습자의 개념 이해 수준에 따라 유연하게 단계 간 이동을 허용해야 하며, 탐구 흐름을 지속적으로 안내하고 조정하는 역할을 맡는다.

| 그림 6 | 개념 기반 탐구학습 절차

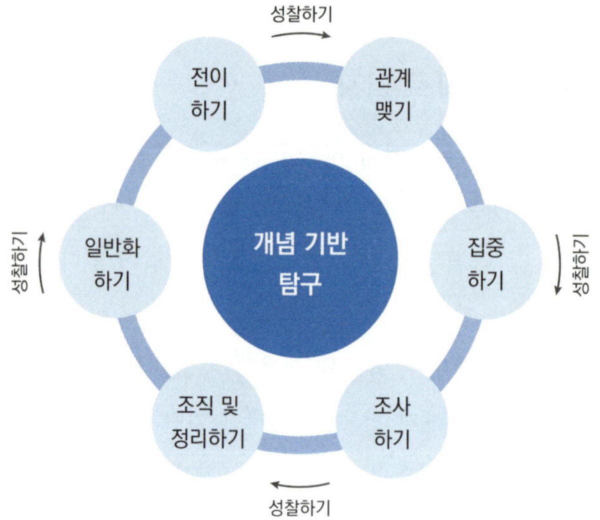

위 그림을 지식의 구조와 연계하여 개념 기반 탐구 학습 과정을 제시하면 다음의 그림과 같다.

| 그림 7 | 지식의 구조와 탐구학습 과정의 연계

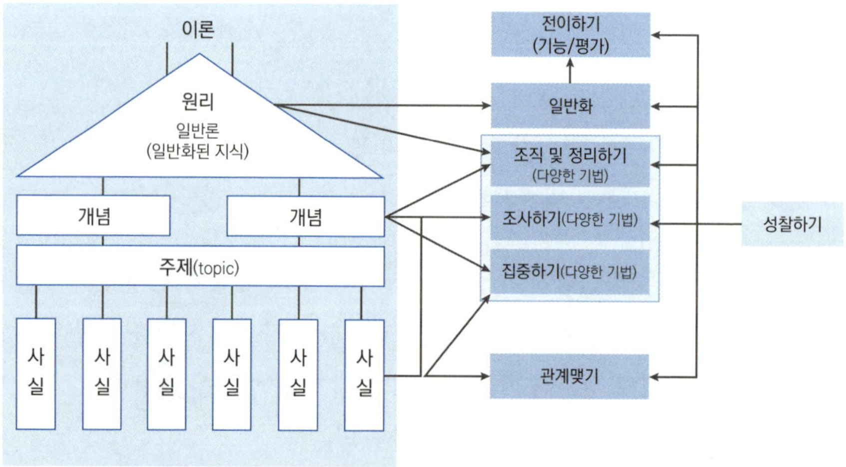

1) 관계맺기

단원 학습의 시작은 단순한 정보 제시가 아니라, 학생들의 정서적 · 지적 참여를 유도하고, 기존의 지식과 새로운 개념 사이의 연결고리를 형성하는 데 초점을 두어야 한다. 이를 위해 다음과 같은 전략들이 필요하다.

정서적 · 지적 참여 유도

단원 시작 시 학생들이 흥미를 느끼고 적극적으로 참여하도록 하는 것이 중요하다. 이를 위해 학생들이 자신의 경험이나 관심과 단원 내용을 연결할 수 있도록 질문하거나, 흥미로운 이야기 및 시각 자료를 활용한다.

◆ 예시

"여러분, 최근에 누군가와 의견이 달라서 설득해본 적 있나요? 그때 어떤 방법을 사용했나요?" → 의사소통과 관련된 단원 도입 시

이처럼 학생의 실제 경험과 연결된 질문은 정서적 공감과 지적 호기심을 동시에 자극한다.

선지식(배경지식) 활성화 및 오개념 점검

학생들이 이미 알고 있는 지식을 이끌어내어 단원의 개념과 연결시키는 과정이 중요하다. 이때 오개념이 있을 경우 이를 확인하고, 이후 활동을 통해 스키마(schema)를 수정할 수 있도록 설계한다.

◆ 예시

"여러분은 '기체'라고 하면 어떤 것이 떠오르나요?"

→ 학생들의 답: '기체는 안 보인다', '가벼운 것', '없다' 등

→ 교사 반응: "기체는 정말 '없는 것'일까요? 오늘 배울 내용을 통해 그 답을 찾아보아요."

이처럼 직접적인 질문과 피드백을 통해 선지식을 확인하고, 오개념이 드러날 경우 이후 학습에서 수정할 수 있는 발판을 마련한다.

학생이 스스로 질문하게 하기

학생이 스스로 질문을 만들도록 유도하는 활동은 학습 동기를 높이고 자기 주도 학습의 기반이 된다. 질문을 만드는 과정에서 학생은 주제에 대해 주의 깊게 사고하게 되며, 이후 수업 전개 방향에 대한 기대감을 갖게 된다.

◆ 예시

"이 단원 제목은 '환경과 에너지'예요. 여러분이 이 주제와 관련해서 알고 싶은 것, 궁금한 것을 종이에 써볼까요?" → 모아진 질문들을 분류하여 단원 학습 흐름과 연결

이때 교사는 학생들이 낸 질문 중 일부를 수업의 중심 질문이나 탐구 활동과 연결하여 활용할 수 있다.

질문의 유형: 사실적 질문과 호기심 촉발 질문 활용

단원 도입 시 사용되는 질문은 다음 두 가지 유형으로 나눌 수 있다.

◆ 예시

- 사실적 질문: 학생의 선지식을 이끌어내고, 단원 주제와 관련된 배경 정보를 확인하는 데 유용하다.

- "지금까지 과학 시간에 어떤 에너지의 종류를 배운 적이 있나요?"

- 호기심 촉발 질문: 학생이 문제의식을 갖고 주도적으로 탐구하고 싶게 만드는 질문이다.

- "사람이 살지 않는 사막에서도 태양에너지를 전기처럼 쓸 수 있을까요?"
- "미래에는 석유가 모두 사라지면, 자동차는 어떻게 움직일까요?"

이러한 질문들은 학생들이 단원의 핵심 개념에 자연스럽게 접근하도록 돕고, 이후 학습의 목적을 명확히 하는 데 기여한다.

단원 도입에서 중요한 것은 학생들이 '왜 이 내용을 배워야 하는지'를 정서적으로 공감하고, 지적으로 이해하도록 하는 것이다. 이를 위해서는 △학습자의 경험을

연결하고, △선지식을 확인 및 정리하며, △학습 주제에 대한 질문을 던지게 하고, △흥미를 끄는 질문을 통해 사고를 자극하는 전략이 필요하다. 이러한 접근은 학생 중심 수업의 기반이 되며, 이후 개념 탐구와 적용의 깊이를 더해 준다.

2) 집중하기

개념 기반 수업에서 단원의 도입은 학생들의 초기 개념 이해를 형성하고, 사실과 개념을 연결하는 사고의 틀을 제공하는 단계이다. 이 단계는 단순한 정보 전달이 아닌, 마이크로 개념에 대한 구조적 이해를 유도하는 데 초점을 둔다.

개념 형성에 초점 맞추기

단원 도입 시 가장 중요한 목표는 학생들이 해당 단원의 핵심 개념을 명확히 인식하고, 그 개념이 의미하는 바를 탐색하도록 유도하는 것이다. 이 과정에서 개념은 단순 정의가 아니라, 사례와 연결되며 점진적으로 형성된다.

◆ 예시(사회과: '공정성' 개념 단원)

- "모두에게 똑같이 나눠주는 것이 정말 공정한 걸까요?"

이처럼 개념에 대한 인지적 갈등을 유발하는 질문은 학습자가 개념을 스스로 재구성하게 만드는 출발점이 된다.

핵심 질문과 하위 질문 만들기

단원의 중심 개념과 관련된 핵심 질문(essential question)과 안내 질문(guiding questions)을 구성하여, 학생들이 학습 과정 전반에서 탐구할 방향을 설정할 수 있도록 돕는다.

- 핵심 개념: 공정성
- 핵심 질문: "공정하게 나누는 방법은 상황에 따라 달라질 수 있을까?"
- 하위 질문: - "공정과 평등은 같은 의미일까?"
  - "게임에서 룰을 바꾸는 것은 공정한가?"
  - "결과가 같으면 공정한 걸까, 과정이 같아야 공정한 걸까?"

이러한 질문은 개념에 대한 초기 이해를 촉진하며, 이후 활동에서 개념의 깊이를 확장하는 안내 역할을 한다.

사실 기반 사례 제시 후 개념 탐구로 연결

학습자에게 사실적 사례를 먼저 제시한 후, 그 사례를 바탕으로 조사와 탐구를 통해 개념을 형성하도록 한다. 이때 사실은 개념을 끌어내기 위한 재료이며, 단순 정보가 아니라 개념의 실천적 맥락으로 활용된다.

◆ 예시(공정성 개념 형성 사례)

- 사례: 한 반에서 과자를 나눌 때, 어떤 학생은 활동을 많이 했다고 더 받았고, 어떤 학생은 같은 양을 받았다.
- 질문: "어떤 방식이 더 공정했다고 느껴졌나요? 왜 그렇게 생각하나요?"

이처럼 사실을 던진 뒤, 개념의 속성을 찾아가는 과정은 학생의 사고 수준을 심화시키는 데 효과적이다.

사실과 개념을 연결하는 사고 촉진 질문 사용

교사는 학생이 단순히 '무슨 일이 있었는가'를 넘어서서 '왜 그것이 중요하고 어떤 개념과 연결되는가'를 생각하도록 유도하는 질문을 사용해야 한다. 이러한 질문은 학생의 추론 능력과 개념적 사고를 자극한다.

◆ 질문 예시

- "이 사례에서 어떤 가치가 충돌하고 있나요?"
- "이 장면은 우리가 말하는 '공정'의 의미와 어떻게 연결되나요?"
- "이러한 일이 실제 사회에서 일어난다면 어떤 결과를 낳을 수 있을까요?"

이처럼 사고를 유도하는 질문은 사실 → 개념 → 일반화로 이어지는 수업의 흐름을 설계하는 핵심 도구다.

이러한 방식의 수업 설계는 개념을 단지 '암기하는 정의'로 보는 것이 아니라, 학습자가 주체적으로 구성하고 응용할 수 있는 의미망(semantic network)으로 발전시키는 데 목적이 있다. 의미망이란, 필자가 독자의 이해를 도모하기 위해 제시하는 용어로 중심 개념을 중심으로 관련된 개념들이 어떻게 서로 연결되고 확장되는지를 시각적으로 표현한 구조도이다. 예를 들어 '공정함'이라는 거시 개념 아래에 '규칙', '기회 균등', '차별 금지' 등 미시 개념이 연결되는 것이다. 이는 학습자가 개념들 간의 관계를 이해하고 조직화하며, 깊이 있는 이해로 나아가도록 돕는 도구이다. 개념 형성 중심 수업은 궁극적으로 학생의 사고력, 추론 능력, 개념적 전이를 향상시키는 핵심 전략이다.

3) 질문 만들기 Tip

수업의 주요 내용과 관련된 다양한 질문을 포괄하기 위해서 7가지 범교과적 개념(IB PYP에서 강조되는 주요 사고의 틀)에 대해 각각 구체적인 예시를 들어 질문을 만들 수 있다. 그 개념은 형태(Form), 기능(Function), 인과관계(Causation), 변화(Change), 관점(Perspective), 연결성(Connection), 책임(Responsibility)으로 이를 질문에 활용한 예시를 보면 다음과 같다.

형태(Form)

- 질문: 그것은 어떻게 생겼는가?
- 설명: 사물이나 아이디어의 생김새, 구조, 특징 등을 살펴본다.

◆ 예시

- 과학: "이 나뭇잎은 어떤 모양과 결을 가지고 있을까?"
- 미술: "이 그림은 어떤 색과 선으로 구성되어 있을까?"
- 수학: "이 도형은 어떤 변과 꼭짓점을 가지고 있을까?"
- 사회: "마을의 구조는 어떻게 생겼을까?"

기능(Function)

- 질문: 그것은 어떻게 작동하는가?
- 설명: 대상이나 시스템이 어떻게 작동하는지, 어떤 역할을 하는지 탐구한다.

◆ 예시

- 과학: “심장은 우리 몸에서 어떤 기능을 할까?”
- 사회: “시장 경제에서 돈은 어떤 역할을 할까?”
- 실과: “자동문은 어떤 원리로 작동할까?”
- 체육: “무릎 관절은 달릴 때 어떤 움직임을 도울까?”

인과관계(Causation)

- 질문: 왜 그런 일이 일어났는가?
- 설명: 사건이나 현상이 발생한 이유를 분석한다.

◆ 예시

- 과학: “왜 비가 내리는 걸까?”
- 사회: “왜 산업혁명이 유럽에서 먼저 일어났을까?”
- 실과: “왜 플라스틱 쓰레기가 해양 오염을 일으킬까?”
- 역사: “왜 임진왜란이 발생했을까?”

변화(Change)

- 질문: 그것은 어떻게 달라지는가?
- 설명: 시간이나 조건에 따라 대상이 어떻게 변화하는지를 살펴본다.

◆ 예시

- 과학: “애벌레가 나비가 되기까지 어떻게 변할까?”
- 사회: “도시는 시간이 지나면서 어떻게 변해왔을까?”
- 과학: “지구의 기온은 어떻게 변해가고 있을까?”
- 도덕: “내가 1학년 때와 지금은 친구에 대한 생각이 어떻게 달라졌을까?”

관점(Perspective)

- 질문: 그것은 누구의 관점인가?
- 설명: 다양한 사람의 입장, 생각, 느낌을 이해하고 비교한다.

◆ 예시

- 국어: "이 이야기에서 주인공과 친구는 같은 상황을 다르게 느꼈을까?"
- 사회: "역사 속 인물들은 같은 사건을 어떻게 다르게 바라보았을까?"
- 도덕: "동물원을 바라보는 사람과 동물의 입장은 어떻게 다를까?"
- 과학: "환경 보호 정책을 지지하는 사람과 반대하는 사람의 입장은 무엇일까?"

연결성(Connection)

- 질문: 그것은 다른 것들과 어떻게 연결되어 있는가?
- 설명: 사람, 사물, 개념 사이의 관계를 탐색한다.

◆ 예시

- 과학: "나무는 공기와 어떻게 연결되어 있을까?"
- 사회: "인터넷은 우리의 삶과 어떤 방식으로 연결되어 있을까?"
- 수학: "분수와 소수는 어떻게 연결되어 있을까?"
- 음악: "음악과 감정은 어떤 관계가 있을까?"

책임(Responsibility)

- 질문: 나는 어떤 책임이 있을까?
- 설명: 자신의 행동이 다른 사람이나 환경에 미치는 영향을 인식하고, 바른 선택을 고민한다.

◆ 예시

- 과학: "지구를 보호하기 위해 내가 할 수 있는 일은 무엇일까?"
- 사회: "학교에서 친구와 갈등이 생겼을 때 나는 어떤 책임이 있을까?"
- 체육: "나의 건강을 지키기 위해 내가 실천해야 할 일은 무엇일까?"
- 도덕: "마을 행사를 준비할 때 내가 맡을 수 있는 역할은 무엇일까?"

위의 7가지 개념은 모든 교과와 학습 상황에 적용 가능한 사고의 틀로, 학생들이 단순한 지식 습득을 넘어서 깊이 있는 탐구와 자기 성찰을 할 수 있도록 이끈다는 점에서 중요하다. 각 개념에 따른 질문은 수업 설계나 활동 개발 시 탐구 방향을 설정하는 데 핵심적인 역할을 한다.

4) 조사하기

단원에서 핵심 개념에 대한 초기 이해가 형성된 후에는, 이를 보다 구체적이고 심화된 탐구로 확장하는 '조사하기(Explore)' 단계가 뒤따른다. 이 단계에서는 학생들이 사례 수집과 사실 탐구를 통해 개념을 명확히 하고, 자신의 사고를 구체화하며 확장해 나간다. 다음은 이 단계에서 활용되는 주요 활동과 그 특징이다.

단원 개념과 관련된 예시 및 사례 수집

탐구 초반에는 학생들이 단원의 매크로 개념과 관련된 사례나 속성들을 조사하도록 한다. 이 과정은 개념을 추상적으로 접근하기보다 현실 세계의 맥락 속에서 이해하도록 돕는다.

◆ 예시(개념: 공정성)

학생들은 다양한 사례를 조사한다.

- 교실에서 일어난 갈등 상황
- 스포츠 경기의 심판 판정 사례
- 사회적 약자에게 제공되는 우선권 정책(예: 장애인 좌석)
  - 질문: "이 사례에서 공정성은 어떤 방식으로 적용되었을까?"

사실적 예를 통해 개념 속성 연결하기

학생들은 사실적 사례나 정보 속에서 중심 개념의 결정적 속성을 식별하고, 이를 바탕으로 개념에 대한 이해를 정교화한다. 이 과정은 단순한 사실 나열이 아니라, 개념과 사실 간의 의미 연결에 초점이 맞춰진다.

◆ 예시(개념: 변화)

- "기후 변화에 따라 어떤 지역의 강수량과 농작물 재배 방식이 어떻게 달라졌는가"

→ 기후 변화 사례를 통해 '시간에 따른 변화', '상호작용', '영향'이라는 속성을 도출함.

사례 탐구 방식의 다양화: 개인, 모둠, 학급 전체 탐색

사례 탐구는 개인 탐구 → 모둠 공유 → 학급 전체 통합으로 확장하는 구조로 설계하면 효과적이다. 개별 탐구를 통해 사고를 개별화하고, 협력적 탐구를 통해 관점을 확장하고, 전체 논의를 통해 개념적 공통 기반을 다질 수 있다.

◆ 예시(개념: 책임)

- 개인 탐구: "나는 최근 환경을 위해 어떤 선택을 했을까?"
- 모둠 토론: "우리 조는 학교에서 어떤 활동을 제안할 수 있을까?"
- 학급 공유: "우리가 함께 실천할 수 있는 '지속 가능한 생활 습관'은?"

→ 이렇게 사례를 중심으로 점차 개념화와 적용을 넓혀간다.

사실적 질문을 중심으로 사고 촉진

이 단계에서는 개념적 질문보다도 사실을 바탕으로 한 구체적인 탐구 질문이 중심이 된다. 이러한 질문은 학생들이 사례를 깊이 있게 바라보도록 이끌며, 결국 개념으로 수렴되는 사고의 발판이 된다.

◆ 사실적 질문 예시

- "이 사례에서 어떤 일이 실제로 일어났는가?"
- "누가 어떤 선택을 했고, 그 결과는 어땠는가?"
- "이 상황에서 어떤 요소들이 서로 연결되어 있었는가?"
- "어떤 사람의 입장에서 보면 이 결정은 어떤 의미일까?"

이러한 질문을 바탕으로 학생들은 사례의 표면적 요소를 넘어서 구조, 관계, 속성 등을 분석하게 되며, 이는 자연스럽게 개념적 이해로 이어진다.

'조사하기' 단계에서는 학생들이 단원의 중심 개념을 심화해 이해할 수 있도록 직접적인 정보 수집, 실험, 관찰, 체험 활동 등을 통해 탐구하는 과정이 이루어진다. 이 단계에서 학생들은 책, 영상, 인터넷 등 다양한 매체를 활용해 정보를 수집하고, 그 결과를 바탕으로 개념을 구조화하는 활동에 참여하게 된다.

예를 들어 생태계 단원에서는 먹이사슬 만들기 활동을 통해 다양한 생물 간의 관계를 조사하고, 생물들 사이의 에너지 흐름을 화살표로 연결하며 시각화할 수 있다. 또한 학교 텃밭이나 인근 숲을 직접 탐방하면서 실제 생물의 서식 환경을 관찰하는 현장 체험 활동을 통해 개념의 실질적인 의미를 체득하게 된다.

이와 함께, 흙, 낙엽, 물, 지렁이를 활용한 간단한 실험(작은 생태계 실험 병 만들기)은 아이들이 생물과 환경의 상호작용을 직접 확인할 수 있는 경험을 제공한다. 학생들은 실험 병 속의 변화 과정을 일정 기간 관찰하며, 변화 관찰 일지를 작성함으로써 시간에 따른 생태계의 변화를 기록하고 분석할 수 있다.

이러한 조사 활동은 모두 학생이 사실적 자료와 경험을 통해 개념의 속성을 스스로 발견하고 구성해 나가는 과정을 중심에 두며, 개념 기반 학습에서 매우 중요한 탐구적 접근을 실현한다.

정리하면 '조사하기' 단계는 학습자가 단원을 능동적으로 탐색하고, 개념을 다양한 상황에 연결하여 재구성하는 과정이다. 또한 이 단계에서의 사례 분석과 사실 탐구는 이후 단계인 '개념 일반화'와 '새로운 적용'으로 자연스럽게 이어진다. 사례 속에서 개념을 발견하게 하는 것, 이것이 개념 기반 수업의 핵심이다.

5) 조직 및 정리하기

개념 기반 수업에서 '조직 및 정리하기' 단계는 학생들이 이전 탐구 활동에서 학습한 내용을 정리하고, 이를 바탕으로 개념적 이해를 명확히 하여 일반화로 나아가는 발판을 마련하는 과정이다. 이 단계는 단순 정리나 복습이 아니라, 학습한 사실과 개념을 시각적으로 구조화하고, 사고의 틀로 조직하는 고차 사고 활동을 포함한다.

먼저, 학생들은 다양한 탐구 활동을 통해 얻은 지식, 사례, 경험 등을 개념 중심으로 재조직한다. 이를 위해 조직자(organizer)나 마인드맵, 개념도(concept map), 분류표, 벤 다이어그램 등과 같은 시각적 도구를 적극 활용한다. 이러한 도구는 학습자가 추상적인 개념을 구체화하고, 내용 간의 관계를 스스로 발견할 수 있도록 도와준다. 예를 들어 생태계 단원에서는 생물의 상호작용을 '먹이사슬'이나 '서로의 역할'이라는 개념으로 묶어 시각화하거나, 다양한 생태계 사례를 조건별로 비교해 보는 표를 작성할 수 있다.

이 과정에서는 사실적 질문과 개념적 질문이 함께 사용된다. 사실적 질문은 학생들이 탐구한 내용을 구체적으로 재확인하는 데 유용하며, 개념적 질문은 그 사실들이 어떤 개념과 관련되는지를 사고하게 만든다.

◆ 예시 질문

- 사실적 질문: "이 생물은 어떤 역할을 했나요?"
- 개념적 질문: "'상호의존'이라는 개념은 이 사례에서 어떻게 나타났나요?"
- 개념적 질문: "여러 사례에 공통적으로 나타나는 개념은 무엇인가요?"

궁극적으로 구조화 단계의 핵심은 학생들이 학습 내용을 자기 언어로 정리하며 일반화된 개념적 이해를 형성하는 것이다. 이는 이후에 새로운 상황에 지식을 적용하고 전이하는 능력을 기르는 데 결정적인 역할을 한다. 따라서 이 단계는 개념 중심 탐구 수업에서 탐구의 결과를 사고의 틀로 고정하는 전환점이자, 비판적이고 조직적인 사고력을 발휘하는 중요한 시기라 할 수 있다.

◆ 예시 활동

먹이사슬 관계를 피라미드 또는 화살표 다이어그램으로 정리하기

학생들은 먼저 조사한 생태계 사례(예: 숲, 연못, 초원 등)를 바탕으로 생산자-소비자-분해자 사이의 에너지 흐름을 피라미드 구조 또는 화살표 다이어그램으로 정리한다. 이 활동을 통해 학생들은 각 생물이 어떤 위치에서 어떤 에너지를 받고, 다음 생물에게 어떻게 전달하는지를 시각적으로 구조화할 수 있다.

◆ 예시 활동

- 화살표 다이어그램: 풀 → 토끼 → 여우 → 독수리
- 생태 피라미드: 아래부터 생산자(풀), 1차 소비자(초식동물), 2차 소비자(육식동물), 3차 소비자(최상위 포식자)로 계층 구조 표현 → 각 위치에 해당하는 생물의 수, 에너지의 양, 역할 등을 메모한다. 이 시각화는 "에너지는 어떻게 이동하는가?"라는 개념적 질문에 대한 이해를 도와주며, 먹이사슬에서의 에너지 흐름과 생물 간 상호작용이라는 개념을 명확히 정리할 수 있게 한다.

• 생산자–소비자–분해자 분류표 작성

학생들은 다양한 생물을 분류표를 통해 세 가지 범주로 나누며, 각 생물의 역할을 명확히 인식하게 된다. 이 분류표는 사실의 조직을 통해 개념의 속성을 도출하는 도구로 활용된다.

| 표 4 | 예시 분류표

역할	예시	하는 일
생산자	풀, 나무, 이끼	햇빛을 이용해 광합성, 에너지 생성
소비자	토끼, 사슴, 여우	다른 생물을 먹으며 에너지 획득
분해자	지렁이, 버섯, 곰팡이	죽은 생물이나 쓰레기를 분해해 영양분으로 환원

학생들은 이 분류표를 통해 "누가 에너지를 만들고, 누가 소비하며, 누가 다시 자연으로 순환시키는가?"라는 구조적 사고를 하게 되며, 생물의 기능(Function)과 연결성(Connection) 개념을 동시에 체화한다.

마인드맵으로 '에너지 이동' 개념 정리하기

학생들은 '생태계 안에서 에너지는 어떻게 이동할까?'라는 개념적 질문을 중심으로 마인드맵을 제작한다. 중심에는 '에너지의 이동'을 놓고, 주변 가지에는 에너지의 시작점(햇빛), 에너지 생산자(식물), 에너지 소비자(초식동물, 육식동물), 에너지의 끝(분해자), 상호작용의 예시 등을 연결한다.

◆ 예시 마인드맵 가지 구성

- 햇빛 → 식물 → 초식동물 → 육식동물 → 분해자
- 에너지의 손실: 열에너지로 손실됨.
- 생물 간 관계: 상호의존, 먹이 그물
- 에너지의 순환과 지속 가능성

이러한 마인드맵 활동은 학생들이 자신이 배운 내용을 시각적으로 재구성하며, 사실을 개념적 틀 속에서 정리하는 효과적인 전략이 된다.

정리하면 '조직하기' 단계에서 학생들은 탐구를 통해 얻은 다양한 정보와 사례를 스스로 재구성하고 시각화함으로써, 개념 간 관계를 명확히 이해하고 일반화를 위한 사고의 구조를 갖추게 된다. 피라미드, 다이어그램, 분류표, 마인드맵 등은 단순한 정리 도구가 아니라, 개념적 이해를 구체화하는 시각적 사고 도구로 작용하며, 이후 '적용하기' 단계에서 새로운 상황에 개념을 전이하는 기반이 된다.

6) 일반화하기

개념 기반 탐구 수업에서 개념 정교화 및 일반화 공유 단계는, 학습자가 개별적 사실과 사례를 개념에 연결하고, 그 개념을 바탕으로 구성한 일반화를 명확히 하며 타인과 공유하는 중요한 사고 확장 과정이다. 이 과정은 학생이 단순한 정보 수용자가 아닌, 개념을 이해하고 재구성하는 주체로 성장하는 데 핵심적인 역할을 한다.

먼저, 학생들은 탐구 과정에서 접한 사실적 예(경험, 사례, 정보 등)를 중심 개념과 연결하며, 해당 개념이 왜 그러한 사실들을 포괄하는지 탐색한다. 예를 들어 '상호의존'이라는 개념을 중심으로 식물–곤충, 곤충–동물 간의 사례를 비교하며, "이 관계는 왜 상호의존이라 부를 수 있을까?"라는 질문을 통해 사실과 개념 간 인지적 다리를 놓는다.

이후 학생들은 자신이 구성한 일반화를 명료하게 표현하고, 그 일반화가 타당한 이유(정당성)를 설명하게 된다. 예를 들어 '생물은 서로 연결되어 있을 때 더 잘 살아갈 수 있다'는 일반화를 제시하면서, 자신이 조사했던 생태계 사례와 그 안의 역할 분담, 에너지 흐름 등을 근거로 정당화할 수 있다. 이 과정에서는 교사의 폐쇄형 질문보다는 학생의 사고를 자극하는 개념적 질문이 핵심 도구로 작용한다.

◆ **개념적 질문 예시**

- "이 사례는 어떤 개념을 보여주고 있나요?"
- "다른 사례와 비교했을 때, 이 개념은 어떻게 공통적으로 작용하나요?"
- "이 개념이 없으면 어떤 문제가 생길까요?"
- "우리가 만든 일반화는 모든 사례에 적용될 수 있을까요?"

마지막으로, 학생들은 자신이 만든 일반화를 친구들과 공유하고 토론함으로써, 개념에 대한 다양한 시각과 적용 가능성을 탐색한다. 이 활동은 개념적 사고를 더욱 깊이 있게 만들고, 개념을 공동 구성하는 과정으로 학습의 질을 높인다.

정리하면 이 단계는 사실을 개념으로 통합하고, 그 개념을 통해 보편적 의미(일반화)를 구성 · 정당화 · 공유하는 탐구의 핵심 단계이다. 학생들은 이 과정을 통해 단순한 정보 이해를 넘어서, 지식을 구조화하고 개념을 사고의 렌즈로 삼는 능력을 기르게 된다. 이는 개념 기반 수업이 지향하는 깊이 있는 이해와 전이 가능한 학습의 완성을 의미한다.

• 개념 정교화 및 일반화 문장 쓰기: 나만의 언어로 개념을 정리하라.

개념 기반 수업에서는 학생들이 배운 개념을 자신의 언어로 정의하거나 핵심 문장으로 표현해 보는 활동이 매우 중요하다. 이는 단순한 낱말 풀이 수준을 넘어서, 사실과 사례에 기반한 개념적 이해를 바탕으로 추상적인 개념을 명료하게 정리해 보는 고차 사고 활동이다.

예를 들어 "생태계란 OOO이다"와 같은 문장 틀을 활용하여, 학생 각자가 탐구 과정에서 이해한 생태계의 본질을 개인적인 통찰과 비유를 담아 정의해 볼 수 있다. 이때 중요한 원칙은, '생물 + 환경'이라는 단어 그대로를 사용하는 것이 아니라, 이들 사이의 관계와 기능을 반영한 비유적 또는 개념적 정의를 만들어야 한다는 점이다.

◆ 학생 정의 예시

• 생태계란 생물과 환경이 서로 기대어 살아가는 하나의 공동체이다.
• 생태계란 수많은 생명이 조화롭게 에너지를 나누는 살아 있는 연결망이다.
• 생태계란 작은 변화도 모두에게 영향을 주는 섬세한 균형 장치이다.

또한, 학생들은 "모든 생물은 ○○○으로 연결되어 있다"와 같은 핵심 문장 쓰기를 통해, 자신이 구성한 일반화를 명료하게 표현할 수 있다. 이는 수업에서 다룬 다양한 사실적 사례(먹이사슬, 생물 간 역할 분담, 분해자 작용 등)를 바탕으로, 개념의 보편성과 타당성을 스스로 구조화하는 과정이다.

◆ 일반화 문장 예시

- 모든 생물은 생존을 위해 서로 기대며 살아 간다.
- 모든 생물은 에너지의 흐름 속에서 연결되어 있다.
- 모든 생물은 사라지면 누군가의 삶에도 영향을 미치는 관계 속에 있다.

이러한 문장 쓰기 활동은 학생 스스로 개념적 사고를 언어화하고, 나아가 친구들과 공유하며 개념의 정당성과 다양성을 토론할 수 있는 기반을 제공한다. 이는 곧 일반화의 내면화 과정이자 사고의 정교화 활동으로, 개념 기반 탐구의 핵심을 실현하는 단계라고 할 수 있다.

정리하면 학생들이 개념을 자신만의 문장으로 정의하거나 일반화 문장을 구성하는 활동은, 단순한 지식 이해를 넘어서 개념적 사고를 구조화하고 표현하는 고차사고 역량을 기르는 데 효과적이다. 이러한 활동은 사실 → 개념 → 일반화로 이어지는 개념 기반 수업의 흐름을 마무리 짓는 동시에, 자기 성찰과 타인과의 공유를 통한 사고 확장으로 이어진다.

7) 전이하기

개념 기반 수업의 마지막 단계인 '전이하기(transfer)'는 학생들이 수업을 통해 구성한 일반화된 개념이나 이해를 새로운 상황에 전이하는 활동이다. 이 단계는 단순한 복습이나 문제풀이를 넘어서, 자신의 사고를 확장하고 새로운 맥락에서도 개념을 유연하게 활용할 수 있도록 돕는다. 핵심은 학습자가 구성한 일반화가 다른 맥락에서도 유효한지를 확인하고, 그 정당성을 설명하며, 이를 실제적인 문제 해결에 적용해보는 데 있다. 이 과정에서 개념은 고정된 지식이 아니라, 사고의 렌즈로서 작동한다.

일반화의 유효성 확인 및 정당화하기

학생들은 자신이 도출한 일반화(예: '모든 생물은 서로 연결되어 있다.')를 바탕으로, 다른 사례에 적용할 수 있는지 확인하고 그 이유를 설명한다. 이는 단지 적용해 보는 것에 그치지 않고, 그 개념이 보편적인 사고의 틀로 타당한지를 검토하는 비판적 사고 활동이다.

◆ **예시**

- 일반화: '모든 생물은 서로 연결되어 있다.'
- 정당화 활동: 사막 생태계 사례를 탐구하며 '극한 환경에서도 생물 간 에너지 흐름이 존재하는지' 분석하고 이를 통해 일반화가 여전히 유효함을 설명함.

새로운 상황에 개념 적용하기: 근전이와 원전이

전이하기 활동은 크게 근전이(near transfer)와 원전이(far transfer)로 구분할 수 있다. 근전이는 유사한 상황이나 맥락에 개념을 적용하는 것으로, 학습자가 개념을 자연스럽게 확장하도록 돕는다.

◆ **예시**

'먹이사슬' 개념을 숲 생태계에서 배운 후, 연못 생태계나 해양 생태계로 확장 적용하기

원전이는 전혀 새로운 상황에 개념을 적용하는 것으로, 고차 사고력이 요구된다.

◆ **예시**

생태계 개념(상호작용, 순환 등)을 인간 사회의 경제 시스템이나 쓰레기 처리 과정에 비유적으로 적용해 보기

이러한 전이는 개념이 삶의 다양한 영역에서 비판적 사고의 렌즈로 활용될 수 있음을 확인하게 해준다.

다양한 질문을 통해 사고 자극하기

전이 단계에서는 학생들이 자신이 구성한 개념을 자율적으로 활용할 수 있도록 다양한 유형의 질문을 활용한다. 특히 사실적 질문, 개념적 질문, 호기심 유발 질문을 균형 있게 제시함으로써 사고의 폭을 넓힌다.

- 사실적 질문: "이 생태계에서 어떤 동물들이 서로 연결되어 있나요?"
- 개념적 질문: "모든 시스템에서 상호작용이 중요한 이유는 무엇인가요?"
- 호기심 유발 질문: "사람이 생태계의 일부라면, 우리는 어떤 역할을 할 수 있을까요?"

→ 이러한 질문은 학생이 개념을 다양한 방향으로 연결하고, 실제 삶 속에서 의미 있게 재구성하도록 자극한다.

정리하면 '전이하기' 단계는 학생들이 단순히 배운 내용을 반복하는 것이 아니라, 개념을 실제 상황에 연결하고 재구성하는 사고의 확장 과정이다. 이 단계에서 이루어지는 일반화의 검토, 새로운 상황에의 전이, 그리고 질문 중심의 사고 자극은 지식의 단순한 습득을 넘어서 사고 능력과 삶의 통찰력을 키우도록 돕는다. 개념 기반 수업이 진정한 의미에서 학생 주도적 학습과 삶의 맥락 속 학습을 가능하게 하는 지점이 바로 이 '전이'의 순간이다.

내 주변의 작은 생태계 관찰 및 발표 활동

학생들은 수업 시간에 배운 생태계의 구조(생산자–소비자–분해자), 생물 간의 상호작용, 에너지 흐름 등에 대한 이해를 바탕으로, 자신이 실제로 접할 수 있는 장소에서 작은 생태계를 관찰하고 분석하는 과제를 수행한다. 관찰 장소는 공원, 아파트 화단, 학교 텃밭, 집 근처 정원 등 실생활 속 익숙한 공간에서 선택하도록 한다.

◆ 활동 안내 예시

- 관찰 대상: 어떤 생물들이 살고 있는가? (식물, 곤충, 조류 등)
- 관계 파악: 그 생물들 사이에는 어떤 관계(먹이, 보호, 공생 등)가 있는가?
- 질문 유도: "이 생물들은 어떻게 서로 연결되어 있을까?", "분해자는 어디에 있을까?"
- 발표 방식: 사진 + 간단한 구조도, 구두 발표, 마인드맵 활용 등

이 활동은 근전이(near transfer) 유형으로, 학생들이 기존 개념을 자신이 사는 실제 세계에 직접 연결해보는 중요한 사고 확장 경험이 된다.

가상 생태계 만들기 활동: 만약 외계 행성에 생태계를 만든다면?

학생들이 상상력과 창의성을 발휘해 자신만의 새로운 생태계를 설계해 보는 활동이다. '만약 화성처럼 생물이 존재하지 않는 외계 행성에 생태계를 만든다면?'이라는 가상의 조건 속에서, 학생들은 배운 개념을 창의적으로 재구성해야 한다.

◆ **활동 구성 요소 예시**

- 어떤 기후 조건(예: 바람이 많음, 비가 없음)이 있는 행성인가?
- 어떤 생산자가 존재할 수 있을까? 햇빛 대신 다른 에너지원은 무엇일까?
- 어떤 소비자가 필요하고, 어떤 관계로 얽힐 수 있을까?
- 분해자는 어떤 모습이며, 어떤 역할을 할까?

생태계 내 먹이사슬 또는 먹이그물 그리기

- 친구들 앞에서 설명 발표 또는 포스터/디지털 작업물 제출

이 활동은 원전이(far transfer) 유형으로, 학생들이 비일상적인 상황에 개념을 적용하며 깊이 있는 사고를 시도하게 한다. 동시에 '상호의존성', '에너지의 흐름', '적응과 생존', '생태계 균형' 같은 개념이 다양한 방식으로 재구성된다.

정리하면 두 활동은 모두 '적용하기' 단계의 목적에 부합하는 강력한 학습 도구이다. 전자는 현실 세계에 개념을 연결하여 학습의 실제성을 높이는 활동, 후자는 창의적 사고와 개념 전이 능력을 기르는 활동으로 각각 중요한 의미를 가진다. 이러한 활동을 통해 학생들은 자신이 구성한 개념을 일상과 상상 모두에서 살아 있는 사고 도구로 활용하게 되며, 이는 진정한 의미의 개념 기반 학습 완성으로 이어진다.

8) 성찰하기

개념 기반 수업의 모든 단계에서 연계되는 것이 바로 '자기 성찰(Reflect)'이다. 이 단계는 학생들이 자신이 학습의 주체임을 인식하고, 학습 과정과 결과를 스스로 점검하며 메타인지적 성장을 도모하는 시간이다. 단순히 '잘했는지'를 평가하는 것을 넘어서, "나는 무엇을 어떻게 배웠는가?", "내가 어떤 전략을 사용했고, 그것이 효과적이었는가?", "다음에 어떻게 개선할 수 있을까?"를 질문하는 고차 사고 과정이다.

학생이 학습의 주체임을 인식하도록 돕기

이 단계의 핵심은 학습의 중심이 교사가 아니라 학생 자신이라는 점을 스스로 인식하게 하는 것이다. 이를 위해 학생에게 자신의 학습 여정을 되돌아볼 수 있는

시간과 도구를 제공한다. 예를 들어 탐구 전·중·후 단계에서 "내가 무엇을 알고 있었고, 무엇을 새롭게 배웠는가?"를 기록하는 학습 저널이나 개인 성찰 기록지를 활용할 수 있다.

학습 계획 및 모니터링 기능 강화

자기 성찰 단계는 단순히 결과 평가가 아니라 과정중심 평가의 의미가 크다. 학생은 자신이 어떤 계획을 세웠고, 탐구 중 어떤 전략(예: 마인드맵, 질문 만들기, 사례 분석 등)을 어떻게 사용했는지 학습 과정 전반을 점검한다. 이러한 활동은 자기 주도적 학습 역량과 문제 해결을 위한 전략 선택 능력을 길러준다.

◆ 예시 질문

- "나는 어떤 전략을 활용했는가? 그 전략은 효과적이었는가?"
- "나는 언제 집중했고, 언제 어려움을 느꼈는가?"
- "다음에는 무엇을 달리해 볼 수 있을까?"

개인 및 협력적 성찰 활동 병행

자기 성찰은 개별적으로 수행되는 활동인 동시에, 학급 친구들과 함께 나누며 협력적으로 되돌아보는 시간도 필요하다. 학생들은 자신의 생각을 정리한 후, 소그룹에서 학습 전략이나 어려움, 배움의 순간을 서로 공유하며 사회적 상호작용이 있는 반성적 사고를 발전시킬 수 있다.

◆ 활동 예시

- 학습 포트폴리오 발표
- '나의 배움 여정' 타임라인 그리기
- 친구의 탐구 발표에 피드백 주기(예: "나는 네가 이 개념을 이렇게 연결한 부분이 인상 깊었어.")

메타인지적 기능의 핵심: 학습에 대한 학습

자기 성찰 단계에서 가장 중요한 것은 메타인지(Metacognition), 즉 '자신의 학습에 대해 생각하기' 능력을 기르는 것이다. 이는 단지 탐구 내용을 암기하는 것이 아니라, '나는 어떻게 배우는 사람인가?'를 자각하게 하는 교육적 경험이다. 이러한 경험은 장기적으로 학생이 스스로 학습을 조절하고 지속적인 성장의 동기를 형성하는 토대가 된다.

정리하면 '자기 성찰(Reflect)' 단계는 단원 수업의 끝이 아니라, 배움의 본질을 성찰하고 다음 학습으로 나아가는 출발점이다. 학생들은 자신이 단지 지식을 받은 존재가 아니라, 학습의 방향을 스스로 설정하고, 탐구하며, 조절하는 주체임을 인식하게 된다. 이는 개념 기반 수업이 지향하는 자기 주도적이고 성찰적인 학습자상을 구현하는 데 핵심적인 역할을 한다.

개념 기반 탐구 수업의 마지막인 '자기 성찰(Reflect)' 단계에서는 학생들이 탐구 과정을 되돌아보며 자신의 배움을 구조화하고, 느낀 점과 변화된 생각을 표현하는 활동이 이루어진다. 이 단계의 목표는 학습자가 무엇을 배웠는지뿐 아니라, 어떻게 배웠고 왜 그것이 중요했는지를 성찰하는 메타인지적 사고 능력을 기르는 데 있다.

가장 대표적인 방법은 학습 저널 쓰기 활동이다. 예를 들어 생태계 단원을 마친 후 학생들에게 '이번 탐구에서 내가 가장 놀랐던 사실은?', '앞으로 내가 지켜야 할 생태계의 약속은?'이라는 질문을 제시하여, 학습 내용을 넘어서 개인적인 통찰과 가치 판단까지 확장된 성찰을 유도할 수 있다. 학생들은 이 질문을 통해 사실의 습득을 넘어, 지속 가능한 삶에 대한 책임감과 자신의 삶 속에서 개념을 실천하는 태도를 돌아보게 된다.

또 다른 효과적인 성찰 도구는 '3-2-1 전략'이다. 이 전략은 학생의 학습 내용을 간결하게 정리하게 해 주며, 개념적 사고를 정돈하고 다음 탐구로의 연결을 가능하게 한다.

◆ 3-2-1 전략 구성 예시

- 3가지 알게 된 점: 생태계에서 생물은 서로 연결되어 있다는 것, 분해자의 역할, 먹이사슬의 에너지 흐름
- 2가지 흥미로웠던 점: 낙엽이 분해되면서 생명이 다시 순환된다는 것, 지렁이가 생태계에 꼭 필요하다는 사실
- 1가지 더 알고 싶은 점: 인간이 만든 인공 생태계는 어떤 방식으로 유지될까?

이러한 전략은 학생 개개인의 인지적 정리와 감정적 반응, 그리고 호기심 기반의 학습 확장 가능성을 동시에 기록하게 하며, 수업을 내면화하는 데 매우 유용하다.

정리하면 '학습 저널 쓰기'와 '3-2-1 다리'는 학생 스스로의 배움을 정리하고 성찰하는 활동으로, 메타인지적 기능을 자연스럽게 강화시켜 준다. 이러한 성찰은 배움의 끝이 아니라, 다음 탐구를 준비하는 출발점이 되며, 학생들이 자기 주도적이고 성찰적인 학습자로 성장해 가는 데 필수적인 과정이다.

6 개념 기반 수업 설계를 위한 참고 사항

가. 저차원에서 고차원으로 가는 시너지 효과란?

개념 기반 교육과정에서 저차원에서 고차원으로 가는 시너지 효과란, 학습자가 단편적인 사실이나 사례와 같은 구체적인 정보(저차원 사고)에서 출발하여, 점차 개념을 이해하고, 이를 바탕으로 일반화나 전이에 이르는 고차원 사고로 나아가는 과정에서 학습 효과가 더욱 커지는 현상을 의미한다.

이러한 과정은 단순히 지식의 양을 늘리는 것이 아니라, 학습자의 사고 수준을 구조적으로 확장시키는 데에 목적이 있다. 예를 들어 글 속 인물의 대사나 행동을 관찰하는 활동은 사실 중심의 저차원 학습이지만, 이를 통해 인물의 성격이나 감정을 파악하고, 나아가 인간의 감정 표현 방식에 대한 보편적 개념으로 연결시키는 활동은 고차원 학습으로 이어진다.

이때 학습자는 구체적인 사실들을 단순히 외우는 것이 아니라, 그러한 사실들에 내재된 공통 속성을 바탕으로 개념을 도출하고, 그 개념 간의 관계를 이해함으로써 학문적 일반화에 접근하게 된다. 이는 학습자 스스로가 지식을 재구성하고 의미 있게 연결할 수 있는 힘을 기르게 하며, 새로운 상황에서도 지식을 적용할 수 있는 전이 능력을 갖추게 해 준다.

결과적으로, 개념 기반 수업은 학습자의 실제 경험이나 사례(저차원)를 출발점으로 하되, 이를 단순한 정보 습득에서 끝내지 않고, 개념과 일반화(고차원)에 도달하도록 돕는 사고의 흐름을 설계하는 것이 핵심이다. 이러한 흐름 속에서 저차원의 경험이 고차원의 사고와 연결되며 이들이 상호작용할 때, 학습자는 단순한 지식이 아닌 깊이 있는 이해를 얻게 된다. 이 과정에서 사고력, 이해력, 전이력 등 다양한 교육적 효과가 상승하게 된다. 이와 같은 복합적 상승 작용을 바로 '시너지 효과'라고 할 수 있다.

나. 개념 기반 교육과정에서 단원이란?

개념 기반 교육과정에 의한 수업 설계는 단원을 만드는 것에서 시작한다. 교과서의 단원을 활용할 수도 있겠지만 여기서 '단원'이라 함은 교사가 설정하는 단원을 의미한다. 내가 이것을 왜 가르쳐야 하는지 '왜'에 대한 응답을 단원을 구체화하는 방법이 된다. 이때 교사는 설계자인 동시에 개발자 역할을 수행한다. 단원을 만드는 방법과 절차는 다음과 같이 설명할 수 있다.

첫째, 단원의 매크로 개념을 명확하게 선정한다. 중심 개념은 해당 단원이 다루고자 하는 핵심 아이디어로, 학생들이 깊이 이해하고 다양한 상황에 적용할 수 있는 보편적인 개념이어야 한다.

둘째, 매크로 개념과 관련된 하위 개념이나 연결 개념들을 함께 탐색하여 단원의 개념 구조를 구성한다. 이를 통해 학생들이 개념 간 관계를 이해하고 통합적으로 사고할 수 있도록 돕는다.

셋째, 매크로 개념과 하위 개념을 바탕으로, 학생들이 탐구할 수 있는 일반화된 핵심 아이디어(일반화 진술)를 작성한다. 이 일반화는 다양한 사례와 맥락에 적용될 수 있는 보편적 진술이어야 한다.

넷째, 단원에서 다룰 소재나 주제, 즉 구체적인 상황이나 사례를 선정하여 학생들이 개념과 일반화를 경험하고 탐구할 수 있는 맥락을 제공한다.

다섯째, 이러한 개념 구조와 소재를 바탕으로 학습 목표와 활동, 평가 방법을 설계하여, 학생들이 매크로 개념을 깊이 이해하고 전이할 수 있도록 단원을 체계적으로 구성한다.

마지막으로, 설계된 단원을 실제 수업에 적용하면서 학생들의 이해 정도와 반응을 관찰하고, 필요에 따라 단원을 보완 · 수정하는 과정을 거친다. 이와 같은 절차를 통해 개념 기반 단원은 학생 중심의 의미 있는 학습 경험을 제공하며, 지식의 전이와 사고력 신장에 효과적으로 기여할 수 있다.

다. 개념 기반 수업을 위한 교수 전략은 무엇인가?

1) 기존 개념과의 연결로 시작하기

수업의 시작 단계에서는 학생들이 과거에 학습한 개념과 현재 배우는 개념 사이의 연결 고리를 형성하도록 돕는다. 예를 들어 '민주주의'라는 개념을 학습하기 전, 이전에 배운 '의사결정 방식' 또는 '협력'의 개념을 떠올리게 하여 새로운 개념에 대한 배경지식을 활성화할 수 있다.

◆ 질문 예시

"여러분, 우리가 반 회의를 할 때 다수결로 결정했던 기억이 있나요? 이런 방식이 사회 전체에서도 쓰인다면 어떤 장점과 단점이 있을까요?"

2) 개념을 구체화하는 예시 제공

다음으로, 학습할 개념에 해당하는 다양한 사례(예)를 교사가 준비하여 논리적 순서로 배열해 제시한다. 예컨대 '민주주의' 개념을 설명하기 위해 아래와 같은 사례를 제시할 수 있다.

- 예 A: 학생 자치회에서 회장을 투표로 선출한 사례
- 예 B: 마을 회의에서 모두의 의견을 듣고 다수의 선택으로 결정을 내린 사례
- 예 C: 정부가 국민의 의견을 반영하여 정책을 수정한 사례

이러한 예들을 통해 학생들은 민주주의의 다양한 양상을 구체적으로 인식할 수 있게 된다.

3) 결정적 속성에 주목하며 토론 활성화

예와 예가 아닌 것의 유사성과 차이점, 즉 결정적 속성을 토론을 통해 탐색하도록 한다. 이를 위해 교사는 방향을 제시하거나 유도 질문을 던진다.

◆ 질문 예시

- "A 사례와 B 사례에서 모두 사람들이 참여했지만, 어떤 방식으로 결정을 내렸나요?"
- "C 사례는 국민의 의견이 반영되었지만, D 사례(권위자가 일방적으로 지시한 사례)는 왜 민주주의가 아닐까요?"

이와 같은 질문은 학생들의 분석적 사고를 촉진하고, 개념의 핵심 속성을 분명히 하는 데 도움이 된다.

4) 제시된 '예'의 비교 및 피드백을 통한 심화

제시된 모든 예를 비교하고, 어떤 예가 가장 대표적이며 왜 그런지 토론하도록 한다. 이를 통해 개념을 단순히 외우는 것이 아니라 깊이 이해하게 된다.

◆ 활동 예시

- "세 가지 사례 중 민주주의를 가장 잘 나타내는 것은 무엇인가요? 이유는요?"
- "그렇다면 나머지 사례는 어떤 측면에서 덜 적절한가요?"

학생들이 서로의 의견에 피드백을 주고받으며 개념의 경계가 정교화된다.

5) 결정적 속성이 모호할 경우 예를 통해 정교화

만약 결정적 속성이 분명히 드러나지 않으면, 가장 적합한 긍정적 예의 특징을 강조하여 개념을 정립한다. 예컨대, '모두가 참여'만으로는 민주주의가 아니라는 점을 짚으며, '다수결', '의견 수렴 과정', '권한 위임' 등의 요소를 함께 살펴보게 한다.

6) 공식 정의와 연결하기

개념에 명확한 정의가 있다면 이를 수업 중간이나 후반부에 제시하여 학생들이 지금까지 논의한 '예' 및 '속성'과 연결해 보도록 한다.

◆ 예시

- 교사의 설명: "민주주의는 '국민이 권력을 가지고 그것을 행사하는 정치 제도'를 말합니다. 우리가 살펴본 예에서 국민이 참여하고, 선택하고, 결정하는 과정이 모두 포함되어 있었죠."

7) 예가 아닌 것을 제시하여 개념 이해 점검

수업 도중 개념에 부합하지 않는 사례를 의도적으로 제시하여 학생들의 이해 상태를 평가하고, 오개념을 수정하는 기회로 활용한다.

◆ 예시

"선생님이 혼자 결정해서 반 활동을 정한 경우, 민주주의라고 할 수 있을까요?"
→ 학생: "아니요, 구성원의 의견이 반영되지 않았기 때문이에요."

8) 새로운 상황에 적용하여 전이 유도

마지막으로 학생들이 학습한 개념을 새로운 상황에 응용하게 하여 전이 효과를 유도한다. 예를 들어 소설 속 상황이나 가상의 사회 문제를 제시하고 민주주의적으로 해결하는 방법을 토론하게 할 수 있다.

◆ 활동 예시

"만약 여러분이 새로운 학교 규칙을 만들어야 한다면, 어떤 방식으로 만들겠습니까? 민주주의적 원칙을 적용해 보세요."

이와 같은 일련의 절차는 학생들이 개념을 단순히 외우는 데 그치지 않고, 다양한 맥락에서 비판적으로 사고하고 응용할 수 있도록 돕는다. 개념의 '속성', '예와 비예', '정의', '전이'를 포함하는 수업은 고차원적 사고를 유도하는 개념 기반 수업의 핵심 방식이다.

라. 개념 기반 탐구 질문은 어떻게 하는가?

개념 기반 탐구학습에서 탐구 질문은 학습자의 사고 수준을 확장시키고 개념적 이해를 심화시키는 핵심 도구이다. 이때 질문은 단순한 사실 확인이나 암기형 질문이 아니라, 매크로 개념과 마이크로 개념을 연결하여 학습자가 지식과 개념 사이의 관계를 탐색하도록 구성해야 한다. 매크로 개념은 '시스템', '관계', '변화', '구조'와 같이 단원 전체를 이끄는 중심 개념으로, 학습의 방향성과 사고의 틀을 제시한다. 반면 마이크로 개념은 '기후 변화', '물의 순환', '생물의 적응'처럼 구체적인 내용 요소로, 각 차시나 활동에서 실제로 다루는 지식 단위이다. 탐구 질문 틀을 활용할 때, 교사는 이 두 개념 수준을 고려하여 학생들이 단편적 사실에 머물지 않고, 일반화된 이해와 개념적 사고로 나아가도록 유도해야 한다. 이러한 질문은 학생들에게 비판적 사고, 문제 해결력, 창의적 사고의 기회를 제공하며, 학습의 깊이를 더하는 데 효과적이다.

다음의 표는 질문의 틀에 매크로 개념과 마이크로 개념을 연결한 탐구 질문의 예시이다.

| 표 5 | 질문의 틀에 따른 탐구 질문 예시

질문의 틀	매크로 개념 (예: 시스템, 변화, 관계 등)	마이크로 개념 (예: 생물의 적응, 물의 순환 등)	탐구 질문 예시
~을 하기 위해서 ~을 어떻게 사용할 것인가?	문제 해결	쓰레기 분리배출	환경을 보호하기 위해 쓰레기 분리수거를 어떻게 사용할 것인가?
~의 예는 무엇인가?	관계	~생물과 환경의 상호작용	생물과 환경의 상호작용의 예는 무엇인가?
~이 왜 그런지 설명하시오.	원인과 결과	기후 변화	지구의 온도가 점점 높아지는 이유는 왜 그런지 설명하시오.
만약 ~라면 어떻게 될까?	시스템	식물의 광합성	만약 식물이 광합성을 하지 않는다면 어떻게 될까?
~와 ~의 차이점은 무엇인가?	비교	포유류와 파충류	포유류와 파충류의 차이점은 무엇인가?

질문의 틀	매크로 개념 (예: 시스템, 변화, 관계 등)	마이크로 개념 (예: 생물의 적응, 물의 순환 등)	탐구 질문 예시
~와 ~은 어떻게 비슷한가?	유사성	수증기와 안개	수증기와 안개는 어떻게 비슷한가?
~을 해결하기 위해 어떻게 해야 하는가?	갈등 해결	물 부족 문제	물 부족 문제를 해결하기 위해 어떻게 해야 하는가?
~로부터 어떠한 결론을 이끌어 낼 수 있는가?	추론	식물의 성장 조건 실험	식물의 성장 조건 실험으로부터 어떤 결론을 이끌어 낼 수 있는가?
~에 어떻게 영향을 미치는가?	영향	산성비와 식물	산성비는 식물에 어떻게 영향을 미치는가?
~의 장점과 단점은 무엇인가?	의사결정	태양광 에너지	태양광 에너지의 장점과 단점은 무엇인가?
이 진술에 동의하는가, 동의하지 않는가? 그 이유는 무엇인가?	관점	'모든 동물은 인간보다 열등하다'	'모든 동물은 인간보다 열등하다'는 진술에 동의하는가? 그 이유는 무엇인가?
~은 우리가 이전에 학습한 내용과 어떠한 관련이 있는가?	연결성	운동과 심장박동	운동과 심장박동은 우리가 이전에 배운 '순환계' 내용과 어떤 관련이 있는가?
어떤 방법이 가장 좋다고 생각하는가? 그렇게 생각하는 이유는 무엇인가?	의사결정	교통수단의 선택	통학 시 어떤 교통수단이 가장 좋다고 생각하는가? 그 이유는 무엇인가?
~은 왜 중요한가?	중요성	산소의 역할	산소는 왜 중요한가?
~이 의미하는 것은 무엇인가?	의미	생태계의 균형	생태계의 균형이 의미하는 것은 무엇인가?
~을 자신의 말로 설명하시오	이해	중력	중력을 자신의 말로 설명하시오.
~이 어떻게 그러한지 설명하시오.	과정	증산작용	식물이 증산작용을 하는 방식이 어떻게 그러한지 설명하시오.

참고문헌

강현석 외(2022). 생각하는 교육과정과 수업을 위한 개념 기반 탐구학습의 실천. (번역서) 서울: 학지사.

김대석 외(2022). 쉽게 풀어 쓴 교육과정과 수업의 이해와 실천. 서울: 피와이메이트.

온정덕 외(2019). 생각하는 교사를 위한 개념 기반 교육과정 및 수업(번역서). 서울: 학지사.

조호제 외(2024). 개념 기반 수업 이렇게 한다. 서울: 피와이메이트.

조호제 외(2025). 개념 기반 교육과정과 수업 설계의 이론과 실제. 서울: 피와이메이트.

조호제 외(2025). 개념 기반 수업 설계의 이해와 실천. 서울: 피와이메이트.

PART 02

깊이 있는 학습을 위한 탐구 기능

PART 02

깊이 있는 학습을 위한 탐구 기능

현대 사회는 변동성(Volatility), 불확실성(Uncertainty), 복잡성(Complexity), 모호성(Ambiguity)의 특성을 지니며, 이전과는 다른 양상의 문제들과 마주하고 있다. 이처럼 미래를 예측하기 어려운 사회에서 요구되는 역량은 단순한 지식의 습득을 넘어, 변화에 능동적으로 대응하고 새로운 문제를 스스로 탐구하고 해결해 나갈 수 있는 자기주도적인 학습 능력이다. 이에 따라 현대 교육은 '무엇을 아는가'보다 '어떻게 배우는가'에 대한 성찰과 실천에 주목하고 있으며, 학습하는 방법에 대한 학습, 즉 '학습을 위한 학습(learning how to learn)'이 핵심적인 교육 과제로 부상하고 있다.

이러한 흐름 속에서, 2022 개정 교육과정은 '깊이 있는 학습'을 중요한 방향으로 제시하는 한편, '깊이 있는 이해'에 도달하기 위한 여정으로 '탐구' 학습을 강조하고 있다. 깊이 있는 학습을 위해서는 학습자가 주변 세계를 능동적으로 탐색하고, 스스로 의미를 구성해 나가는 탐구 과정이 필요하며, 이를 위해 다양한 탐구 기능이 활용되고 계발되어야 하는 것이다.

본 책에서는 깊이 있는 학습을 위한 탐구 기능으로서 '사고 기능, 조사 및 연구 기능, 협력적 소통 기능, 표현 기능, 성찰 및 관리 기능'의 5가지 기능에 주목하고자 한다. 각 기능은 상호작용하며 탐구의 전(全) 과정을 이끄는 핵심 요소들이다. 이하에서는 이러한 탐구 기능을 이론적으로 뒷받침하는 구성주의와 학습자 주도성, IB PYP의 학습 접근 방법인 ATL(Approaches to Learning)을 고찰하고, 각 탐구 기능의 의미와 하위 기능, 이를 함양하기 위한 교사의 역할을 살펴보도록 하겠다.

1 구성주의

구성주의(Constructivism)는 지식을 '학습자가 기존의 지식과 사회적 경험을 바탕으로 지속적으로 구성해 나가는 것'으로 본다. 구성주의 관점에서 학습은 감각기관을 통해 받아들인 정보를 의미 있는 체계로 변환하는 능동적인 과정이며, 학습자가 자신의 기존 개념을 확장하고 세계에 대한 개인적 해석을 바탕으로 의미를 형성해 가는 활동이다. 이처럼 '지식은 구성된다'는 전제하에, 구성주의는 지식 구성의 주된 요인이 개인의 인지적 작용에 있는지 또는 사회적 상호작용에 있는지에 따라 크게 인지적 구성주의와 사회적 구성주의로 구분된다(방신욱, 2005).

인지적 구성주의(Cognitive Constructivism)의 대표 학자인 J. Piaget는 학습자가 고유한 인지 구조인 스키마(schema)를 가지고 있으며, 기존 스키마로 받아들이기 어려운 정보를 접했을 때 인지적 불균형을 경험하게 된다고 보았다. 새로운 것을 접했을 때, 기존의 스키마에 동화(assimilation)되거나, 기존 스키마를 조절(ccommodation)하여 새로운 스키마를 형성하고 균형을 회복함으로써, 인지적 균형을 회복하고, 이 과정에서 학습이 이루어진다는 것이다.

한편, 사회적 구성주의(Social Constructivism)를 대표하는 L. Vygotsky는 인간의 인지 발달과 기능이 사회적 상호작용의 내면화를 통해 이루어진다고 보았다. 그는 학습이 실제적 과제를 해결하는 과정에서 학습자와 학습자, 교사와 학습자 사이의 상호작용, 특히 언어를 매개로 한 소통을 통해 이루어지며, 이와 같은 상호 작용의 과정을 통해 지식이 구성된다는 것을 강조하였다.

비고츠키 이론의 핵심 개념 중 하나는 근접 발달 영역(Zone of Proximal Development, ZPD)이다. 이는 학습자가 혼자서는 해결할 수 없지만, 적절한 도움을 받으면 수행 가능한 영역을 뜻한다. 이때 비계(scaffolding)는 근접 발달 영역 내에서 이루어지는 구체적인 교수·학습 전략으로, 학습자가 과제를 수행할 수 있도록 제공하는 지원 구조를 의미한다. 이러한 도움은 조언과 협력의 형태로 제공되며, 교사나 동료의 개입은 학습자의 역량에 따라 점진적으로 줄여 나가는 방식으로 이루어진다.

궁극적으로 구성주의 학습의 목적은 학습자가 학습의 모든 과정을 주도할 수 있도록 돕는 것에 있다. 이러한 측면에서 사회적 구성주의는 탐구 기능을 이론적으로 뒷받침한다. 학습자는 사회적 상호작용 속에서 질문을 생성하고, 문제를 탐색하며, 의미를 공동으로 구성하는 경험을 통해 탐구 능력을 자연스럽게 발달시킬 수 있다. 이 과정에서 교사는 다양한 비계 전략을 활용하여 학습자의 사고를 자극하고 탐구의 방향을 안내하는 촉진자(facilitator)의 역할을 한다. 이러한 교수·학습 구조는 학생의 주도성, 협력적 소통, 비판적 사고를 강조하는 탐구 학습의 핵심 원리와 밀접하게 연계된다.

2 학습자 주도성과 메타인지

2022 개정 교육과정과 OECD「Learning Compass 2030」보고서에 나타난 바와 같이, 학습자 주도성(learner agency)은 미래 교육의 핵심 가치로 강조되고 있다. Leadbeater(2017)에 따르면, 학습자 주도성은 학습의 목표를 설정하고 달성하는 과정에서 학습자가 목적의식을 갖고, 반성적이며 책임 있는 행위자로서 수업에 참여하는 능력을 의미한다. 주도적인 학습자는 무엇을, 왜, 어떻게 배울 것인지에 대해 스스로 결정하고, 필요에 따라 학습의 방향을 조정하며, 학습의 의미를 적극적으로 구성할 수 있어야 한다. 이는 복잡하고 불확실한 미래 사회 속에서 자신의 책임과 선택을 능숙하게 감당하고 실천할 수 있는 삶의 태도를 뜻하는 것이다(김태호, 105).

학습자 주도성을 실현하는 데 있어 핵심이 되는 요소 중 하나는 메타인지(metacognition)이다. 메타인지는 '자신의 사고에 대해 사고하는 능력'을 의미하며, 자신의 인지 과정을 의식적으로 인식하고 조절하는 능력(계획, 점검, 평가 등)을 포함한다. 메타인지는 인지에 대한 인지이다. 자신이 무엇을 알고 무엇을 모르는지에 대해 아는 것, 모르는 부분을 보완하기 위한 계획을 세우고 전략을 선택하여 실행하는 모든 과정에서 메타인지가 작용한다(방경민, 2022).

메타인지는 일반적으로 메타인지적 지식, 메타인지적 경험, 메타인지적 조절로 구성된다(송주연, 박지은, 2017). 메타인지적 지식은 자신의 사고와 학습 방식에 대한 이해를, 메타인지적 경험은 인지적 과제를 수행하는 과정에서 발생할 수 있는 인지적 또는 감정적 경험을, 메타인지적 조절은 학습을 계획하고 모니터링하며 평가하는 실행 능력을 의미한다. 이러한 능력을 갖춘 학습자는 단순히 무엇을 배우는지를 아는 것을 넘어, 어떻게 배우는지를 인식하고 통제할 수 있어 자율적이고 성찰적인 학습자로 성장할 수 있다.

무엇보다 메타인지는 탐구 기능의 동력이라 할 수 있다. 탐구는 학습자가 스스로 질문을 던지고, 정보를 수집하며, 분석과 해석을 통해 새로운 의미를 구성하는 과정이며, 이 과정 전반에 걸쳐 학습자는 메타인지적 조절 능력을 발휘해서 자신의 사고와 전략을 지속적으로 점검하고 조절할 수 있다. 즉, 탐구 기능은 메타인지를 전제로 하며, 메타인지 능력이 뛰어난 학습자는 더 깊이 있고 주도적인 탐구 활동을 수행할 수 있는 것이다.

3 IB의 교수 접근 방법과 학습 접근 방법

IB PYP(Primary Years Programme)는 탐구 중심의 학습을 통해 개념적 이해(conceptual understanding)에 도달하는 것을 주요 목표로 하며, 교수·학습 과정에서 학생을 지식의 구성자, 교사는 학습의 촉진자로 여긴다. 이러한 맥락에서 IB가 제시하고 있는 교수 접근 방법(Approaches to Teaching, ATT)과 학습 접근 방법(Approaches to Learning, ATL)의 핵심 내용은 [표 1]과 같다.

| 표 1 | IB의 교수-학습에 대한 접근 방법

교수 접근 방법 (Approaches to Teaching)	학습 접근 방법 (Approaches to Learning)
• 탐구 기반 • 개념적 이해에 초점 • 지역적·세계적 맥락 고려 • 효과적 팀워크와 협력 강조 • 개별화에 중점 • 평가 활용	• 사고 기능 • 조사 기능 • 의사소통 기능 • 자기관리 기능 • 대인관계 기능

가. 교수 접근 방법

교수 접근 방법은 기본적으로 교사들이 특정 맥락과 학생들의 요구를 고려하여 특정 전략을 선택할 수 있도록 유연성을 제공하고 있는데, 이들의 공통된 특징은 다음과 같다(IBO, 2019).

첫째, 탐구에 기반한다. 탐구란 학생이나 교사의 배움이 시작되는 지점이자 현재 수준의 이해에서 새롭고 깊이 있는 수준으로 나아가는 과정이다. 교사는 학생이 필요한 정보와 지식을 발견하고, 이를 바탕으로 자신의 이해를 구성할 수 있도록 촉진하는 역할을 한다.

둘째, 개념적 이해에 초점을 맞춘다. 개념은 교과의 심층적 이해 및 초학문적 주제를 중심으로 교과의 연계가 이루어지도록 하며, 학생들이 학습한 것을 새로운 맥락에 연결하고 전이하는 것을 가능하게 한다.

셋째, 지역과 세계적 맥락을 고려한다. 지역적 · 세계적으로 다양한 이슈와 관심사에 대한 탐구는 학생들의 '국제적인 소양'을 함양하는 데 기여할 뿐 아니라 학습자가 배움의 의미와 이유를 깨우치는 데 도움이 된다.

넷째, 효과적인 팀워크와 협력을 강조한다. IB는 학습자 개인의 능동적 학습뿐 아니라 다른 사람과의 협업과 이를 통한 배움을 장려하며, 여기에는 학생과 학생뿐 아니라 교사와 학생의 협력 관계도 포함된다.

다섯째, 개별화에 중점을 둔다. IB는 포괄성과 다양성을 중요하게 여기며, 학생들의 정체성을 확고히 하고, 모든 학생이 자신의 수준과 특성, 재능과 흥미 등에 맞추어 개인적 목표를 개발하고 추구할 수 있는 학습 기회를 만들어주는 것을 목표로 한다.

여섯째, 총괄평가와 형성평가를 균형 있게 활용한다. IB는 평가의 역할이 학습 수준의 확인뿐만 아니라 학습의 지원, 즉 효과적인 피드백을 제공하는 것에 있음을 강조한다.

나. 학습 접근 방법

IB는 '학습하는 방법을 배우는 것'이 학습 과정에서 가장 근본적인 역할을 한다고 보고, 학습 접근 방법인 ATL을 교육의 핵심적인 부분으로 여긴다. ATL은 학생들이 다양한 맥락 속에서 자기 주도적으로 학습을 조절하고 성장시킬 수 있도록 돕는 역량 기반의 학습 접근 방식으로, 사고 기능, 조사 기능, 의사소통 기능, 대인관계 기능, 자기관리 기능과 그 하위 기능들로 구성되어 있다. 이 기능들은 학생이 "좋은 질문을 하고, 효과적인 목표를 세우며, 결단력을 가지고 꿈을 실현해 나가는 자기조절 학습자로 성장할 수 있도록"(IBO, 2020) 돕는다. 즉, ATL은 학생이 스스로 학습하는 방법을 익히고, 학습한 것을 삶과 연결하여 지속적으로 실천할 수 있도록 하는 학습의 토대이자 목표라 할 수 있다.

IB에서의 학습 접근 방법은 교수 접근 방법과 마찬가지로 모든 IB 프로그램에 공통적으로 적용된다. ATL 기능은 인지적 기능뿐 아니라 정서적 · 메타인지적 기능을 포함하며, 각 기능은 상호 중첩되고 연결된 것으로 학습의 전 과정에서 통합적으로 활용될 수 있고, 다음과 같은 학습의 흐름 속에서 구체적으로 작동한다.

- 무엇을 배우고 싶은지 질문하기
- 어떻게 배울지 탐구 전략 선택하기
- 학습 과정을 추적하고 조율하기
- 결과를 다양한 방식으로 표현하고 공유하기
- 다음 학습을 위해 성찰하기

4 탐구 기능

가. 사고 기능

무엇보다도 2022 개정 교육과정의 기초가 되는 개념 기반 교육과정은 정보를 연결하고, 패턴을 인식하며, 이를 바탕으로 의미를 구성하는 과정에서 사고력을 계발하는 것을 핵심 목표로 삼는다(Erickson & Lanning, 2017). 개념은 탐구를 통해 형성되며, 이를 통해 개념적 학습이 가능해지고 지속적으로 심화·확장될 수 있다. 2022 개정 교육과정에서 추구하는 깊이 있는 학습은 학습자가 구체적인 사례와 추상적인 개념을 자유롭게 오가며 사고하는 능력을 기를 수 있도록 설계되어야 하며, 각 학생의 탐구와 성찰을 지원하는 학습 과정이 되어야 하는 것이다.

이러한 맥락에서 볼 때, 탐구 학습의 중심축이 사고 기능이라고 해도 과언이 아닐 것이다. 사고 기능은 문제 상황에 대한 정보를 수집·분석하고, 문제 해결을 위한 아이디어를 생성하며, 다양한 관점에서 사고하고, 이를 새로운 상황에 적용하는 고차원적 인지 능력이다. 이러한 기능은 학습 내용을 단순히 기억하고 이해하는 수준을 넘어, 실제 삶에 적용할 수 있도록 이끄는 과정에서 핵심적인 역할을 한다. 사고 기능의 하위 기능은 다음과 같다.

비판적 사고: 정보를 분석하고, 타당성과 신뢰성을 평가하며, 근거 있는 판단을 내리는 기능이다. 학습자가 다양한 관점에서 문제를 바라보고, 편견 없이 사고하며 논리적으로 결론을 도출할 수 있도록 지원한다.

문제 해결: 문제의 원인을 파악하고, 해결 방안을 탐색하며, 적절한 전략을 적용하여 문제를 해결하는 기능이다. 문제 해결 기능은 실생활 문제나 학습 과제를 주도적으로 해결해 나갈 수 있도록 돕는다.

창의성: 새롭고 독창적인 아이디어를 생성하고, 유연하게 사고하며, 기존의 지식을 새로운 방식으로 재구성하는 기능이다. 창의성이 있을 때 고정된 틀에서 벗어나 다양한 가능성을 탐색할 수 있다.

전이: 습득한 지식이나 개념, 전략을 다른 맥락이나 새로운 상황에 적용하는 기능이다. 학습자는 배운 내용을 실제 생활이나 다른 교과에 연결하여 전이하는 것은 사고 기능의 최종 지향점이라 하겠다.

사고 기능 함양을 위한 교사의 역할

개방형 질문을 한다

교사는 사고를 촉진하는 개방형 질문을 통해 학생이 스스로 사고하고 탐색하도록 유도해야 한다. 단순하게 정답을 묻는 질문이 아니라, 다양한 관점에서의 사고를 촉진하는 질문, 생각의 근거를 묻는 질문 등을 통해 비판적 사고와 창의성을 함양할 수 있다.

다양한 사고 기능을 활용할 수 있는 학습 환경을 조성한다

수업 중 문제 해결, 창의적 아이디어 제안, 전이 상황 적용 등 다양한 사고 기능이 요구되는 활동을 교과와 주제에 적절히 배치함으로써, 학생들이 실제 맥락 속에서 사고 기능을 경험하고 적용할 수 있도록 한다.

생각할 시간을 충분히 제공한다

모든 학습의 단계(탐구 전, 중, 후)에서 성찰할 시간을 제공하고, 학습자가 충분히 생각할 수 있도록 기다려주는 것이 필요하다. 질문에 즉각적으로 반응하기보다는 잠시 멈추어 사고의 흐름을 정리하고, 자신의 생각을 조직하고, 다양한 가능성을 탐색할 수 있는 시간을 가질 때, 사고 기능은 더욱 풍부하고 정교하게 발달할 수 있다.

다양한 '가시적 사고' 기법을 도입한다

교사는 사고의 흐름을 언어화하거나 시각화하는 전략을 활용하여 학생들이 자신의 사고 과정을 인식하고 성찰할 수 있도록 도와야 한다. 2005년 하버드 프로젝트 제로(Havard Project Zero)의 연구 결과인 사고 루틴(Thinking Routines)은 교사들이 사고 기능 함양을 위해 개발된 간단한 비계 전략으로 '가시적 사고' 기법을 잘 제시하고 있어, 좋은 참조가 된다.

사고 과정을 언어화하고, 생각하는 방식을 보여준다

교사는 수업 속에서 사고 기능을 암묵적으로 기대하는 데 그치지 않고, 사고 기능의 개념, 하위 요소, 활용 방법 등을 명확히 설명하고, 이를 언어화하면서 시범을 보여준다. 이러한 과정을 통해 학생은 교사의 사고 과정을 따라가며 사고 기능이 어떻게 작동하는지 인식하고, 자신의 학습과정에 이를 의식적으로 적용할 수 있다.

나. 조사 및 연구 기능

탐구 기반 학습에서 조사 및 연구 기능은 학습자가 탐구 주제와 관련된 정보를 찾고, 조직하고, 분석하여 의미 있는 지식으로 구성하는 데 핵심적인 역할을 한다. 이 기능은 단순히 정보를 수집하는 데 그치지 않고, 탐구에 필요한 정보를 결정하고, 조사 계획을 수립하며, 조사 내용을 기록 · 분석 · 해석하는 전 과정을 포괄한다. 즉, 학습자가 문제를 해결하거나 개념을 구성해 가는 탐구의 실행을 위해 요구되는 필수적인 기능인 것이다. 이는 2022 개정 교육과정 총론에서 제시한 '지식정보처리 역량', 즉 문제를 합리적으로 해결하기 위해 다양한 영역의 지식과 정보를 깊이 있게 이해하고 비판적으로 탐구하며 활용할 수 있는 역량(교육부, 2022)을 함양하는 데 필수적인 기능이다. 조사 및 연구 기능의 하위 기능은 다음과 같다.

정보 수집: 탐구의 목적과 내용을 설정하고, 어떤 유형의 자료를 어떠한 방법으로 수집할지, 어떤 출처를 활용할지 등을 계획하고 실행하는 기능이다. 이 과정에서 학습자는 탐구 주제와 관련된 핵심 질문을 바탕으로 정보의 방향성과 범위를 설정하며, 다양한 자료를 선별하고 비판적으로 수집하는 능력을 기르게 된다.

정보 기록: 수집한 자료를 주제, 유형, 기준 등에 따라 분류하고 체계적으로 정리하여 구조화된 틀을 형성하는 기능이다. 학습자는 이 과정에서 수집된 정보를 단순히 나열하는 데 그치지 않고, 의미 있는 방식으로 조직하여 이후의 분석과 해석에 활용할 수 있는 기반을 마련한다.

정보 분석 및 해석: 기록된 자료를 바탕으로 그 안에 담긴 관점과 의미를 파악하고, 정보 간의 관계나 패턴을 발견하여 통합된 이해를 도출하는 기능이다. 이 과정을 통해 학습자는 수집한 자료를 바탕으로 정보를 분석하고, 자신의 해석에 따라 결론에 다다를 수 있다.

조사 및 연구 기능 함양을 위한 교사의 역할

탐구 중심의 질문과 주제를 제시한다
교사는 학생이 의미 있는 탐구를 수행할 수 있도록 흥미롭고 도전적인 질문이나 주제를 제시해야 한다. 이러한 질문은 정보 수집의 방향을 제시하고, 학습자가 스스로 조사 계획을 세우고 자료를 찾도록 유도하는 탐구의 출발점이 된다.

조사 계획 수립 과정을 안내한다
처음에는 학생들이 조사 계획을 세우는 데 익숙하지 않기 때문에, 교사는 조사 절차, 정보 출처의 종류, 조사 도구의 활용법 등을 안내하고 조사 계획 수립 과정의 예시를 보여줄 필요가 있다.

신뢰할 수 있는 정보의 선별과 활용을 지원한다
정보가 넘쳐나는 환경 속에서, 교사는 학생들이 출처의 신뢰성과 타당성을 평가하고, 필요한 정보를 선별할 수 있도록 도와야 한다. 이를 통해 학생들은 비판적으로 정보를 수집하고 활용하는 능력을 기를 수 있다.

정보 기록과 분류 방법을 안내한다
수집한 정보를 효과적으로 정리할 수 있도록 분류 기준 설정, 표·도표 활용, 시각적 정리 방법 등을 안내하고, 다양한 분석 도구(트리맵, 육각형 사고, 정보그물 등)를 제공하여, 조사 과정의 단계들이 잘 정리되고 기록되도록 한다.

조사 과정 전반에 걸쳐 피드백을 제공한다
교사는 학생의 조사 과정 전반을 관찰하고, 각 단계에서 적절한 피드백과 질문을 통해 학생이 스스로의 과정을 점검하고 수정하도록 도와야 한다. 무엇보다 조사 활동 후에는 학생이 자신의 조사 계획, 정보 수집 방식, 분석 관점 등을 성찰하도록 이끄는 것이 필요하다.

다. 협력적 소통 기능

2022 개정 교육과정은 핵심역량의 하나로 '협력적 소통 역량'을 제시하면서, '다른 사람의 관점을 존중하고 경청하는 가운데 자신의 생각과 감정을 효과적으로 표현하며 상호협력적인 관계에서 공동의 목적을 구현하는 역량'이라고 설명하고 있다(교육부, 2022). 이는 '공동의 목표를 향한 협업'에 강조점을 두면서, 2015 개정 교육과정의 '의사소통 역량'을 수정하여 제시한 것으로, '의사소통 역량'이 자신의 생각이나 정보를 표현하고, 타인의 말을 듣고 이해하는 기초적인 상호작용 능력에 초

점을 맞춘 것이라면, '협력적 소통 역량'은 공동의 목표를 위해 타인과 적극적으로 소통하고 협력하며 함께 의미를 만들어가는 것에 강조점을 둔 것이라 하겠다.

이러한 맥락에서, 탐구 기능의 하나로 제시된 '협력적 소통 기능'은 탐구의 과정에서 학습자의 사고를 확장하고, 공동의 이해를 형성하며, 결과를 함께 만들어가기 위해 필요한 기능이다. 탐구 과정 중 탐색 단계에서는 서로의 질문과 생각을 나누고 피드백을 주고받으며 사고의 폭을 넓히게 되고, 이해를 구성하는 과정에서는 비판적 피드백을 통해 서로의 관점을 비교하고 조율하며 더 깊은 의미에 도달하게 된다. 결과물을 제작할 때에는 의견을 조정하고 역할을 분담하여 공동의 목표를 향해 나아가며, 탐구 결과를 공유하고 성찰하는 과정에서도 피드백을 통해 학습의 의미를 재구성하고 다음 탐구로 나아갈 기반을 마련하게 된다. 이처럼 협력적 소통 기능은 탐구의 모든 단계에서 학습을 풍부하게 하고 공동의 성장을 가능하게 하는 것이다. 협력적 소통 기능의 하위 기능은 다음과 같다.

경청과 상호작용: 타인의 말을 주의 깊게 듣고, 그 의미를 정확히 이해하며, 적절한 반응과 공감을 통해 긍정적인 관계를 형성하는 기능이다. 단순히 듣는 것이 아니라, 적극적으로 반응하며 상대방의 감정과 의도를 파악하려는 태도가 포함된다.

질문과 피드백: 주어진 주제나 타인의 의견에 대해 분석적이고 비판적인 질문을 던지고, 구체적이고 건설적인 피드백을 주고받는 기능이다. 이는 상호 이해를 심화하고 사고를 확장하기 위한 상호작용으로, 상대의 의견에 대해 이유를 묻거나, 다른 가능성을 제기하는 질문, 피드백을 받을 때 방어하지 않고 수용하고 반영하는 태도 등이 포함된다.

협력적 문제 해결: 다양한 의견을 조율하고, 역할을 분담하여 공동의 목표를 달성하기 위한 실천적 협력 기능이다. 이를 위해 공동의 목표 확인 및 의견 나누기, 역할 분담과 책임 공유하기, 의견 차이 조율을 위하여 타협하고 양보하기, 공동 계획 수립하고 실행하기 등이 필요하다.

탐구 활동에서 협력적 소통 기능은 무엇보다 공동의 목표를 위한 적극적 상호작용과 문제 해결의 과정에서 중심적인 역할을 한다. 이는 학습 공동체 안에서 타인과 더불어 살아 가는 방법을 배우기 위해 필요한 것이자 그 과정을 통해 함양될 수 있는 기능으로, 오늘날의 교육이 지향하는 세계 시민성과 평생학습 역량의 핵심이기도 하다.

협력적 소통 기능 함양을 위한 교사의 역할

심리적으로 편안한 학습 분위기를 조성한다

격식에 얽매이지 않는 대화를 나누면서 학생들이 자신의 의견을 자유롭게 표현하고, 실수나 비판에 위축되지 않을 수 있도록 심리적으로 안정된 분위기를 만든다.

협력적 소통 기능을 연습하고 적용할 수 있도록 수업 구조를 설계한다

짝 활동, 소그룹 협력 과제, 동료 피드백 활동 등 협력을 전제로 한 수업 구조를 계획하고, 역할 분담, 책임 공유, 공동 목표 설정 등을 통해 자연스러운 협력의 장(場)을 마련한다.

개방형 질문과 피드백의 모범을 예시한다

"나는 이런 생각도 해 봤는데, 너는 어떻게 생각해?" 등 교사 스스로가 열린 질문을 던지고, 학생의 의견에 건설적 피드백을 제공하며 협력적 소통의 모범을 보여준다. 또한 학생 간의 질문과 피드백이 원활하게 일어날 수 있도록 문장 등을 예시해 준다.

학생이 다양한 관점과 양식을 탐색하도록 격려한다

협력적 소통 기능은 의견을 주고받는 수준을 넘어서, 타인의 생각을 존중하며, 자신의 생각을 명확하게 표현하는 능력을 포함한다. 이를 위해 교사는 학생들이 하나의 정답이나 시각에 갇히지 않고, 다양한 관점에서 생각해 보고 표현해 보도록 이끄는 역할을 해야 한다.

경청과 공감의 태도를 교육한다

다양한 수업의 장면에서 타인의 말에 주의 깊게 귀 기울이고 공감하도록 이끈다. 고개 끄덕이기, 눈 맞추기 등 비언어적 의사소통의 중요성을 강조하면서 일상적으로 연습이 이루어지고, 자연스럽게 경청하고 공감하는 문화가 형성되도록 한다.

자기 점검 및 성찰 기회를 제공한다

자신의 소통 태도와 협력 방식을 자기 평가 체크리스트나 성찰 저널을 통해 점검하게 한다. 활동 이후, "내가 협력적으로 소통하기 위해 노력한 점은?", "다음에는 무엇을 더 잘할 수 있을까?" 등의 성찰 질문을 제공한다.

라. 표현 기능

표현 기능은 탐구를 통해 얻은 생각, 감정, 이해, 지식 등을 언어적 · 비언어적 방식으로 드러내고 구성하는 능력으로, 학습자가 자신의 사고 과정을 정리하고, 새로운 방식으로 의미를 구성하며, 타인과의 공유를 통해 학습을 심화시키는 과정에서 요구된다. 즉, '어떻게 구성하고 소통할 것인가'와 관련된 기능으로, 다양한 방식을 통해 탐구 결과를 형상화하도록 이끄는 것이 필요하다.

표현은 학습 내용을 재현하는 것을 넘어, 자신에게 의미 있는 배움으로 재구성하는 과정이다. 이러한 관점에서 표현 기능은 타인과 자신의 생각을 나누고 피드백을 주고받는 과정에서의 사고 확장과 교정, 공동 탐구와 협력 학습의 촉진을 지원한다. 표현 기능의 하위 기능은 다음과 같다.

생각 정리 및 조직: 탐구를 통해 얻은 정보와 생각을 주제별로 정리하고, 핵심 개념을 중심으로 논리적인 구조로 조직화하는 기능이다. 개념도, Y 차트 등의 도구를 활용하여 생각을 시각화하고 연결함으로써 표현의 토대를 마련할 수 있다. 이러한 과정은 표현의 질을 높이고, 탐구 내용을 깊이 있게 이해하고 정리하는 것을 지원한다.

다양한 매체를 통한 표현: 자신의 흥미와 강점에 따라 다양한 표현 방식(말하기, 쓰기, 그림, 움직임, 음악, 연극, 디지털 테크놀로지 등)을 선택하여 탐구 결과를 창의적으로 표현하는 기능이다. 언어적·비언어적 매체를 활용함으로써 탐구의 의미를 개성 있게 구성하고 공유할 수 있다. 이는 표현의 다양성과 창의성을 신장시키는 데 중요한 역할을 한다.

설득력 있는 전달: 표현 내용을 청중의 관점에서 이해할 수 있도록 논리적으로 구성하고, 전달하고자 하는 메시지를 설득력 있게 표현하는 기능이다. 이를 위해서는 감정, 의도, 표현 방식의 선택이 중요하며, 발표, 프레젠테이션, 토론 등의 상황에서 적절하게 활용될 수 있다.

표현 기능 함양을 위한 교사의 역할

다양한 표현 방식이 가능한 환경을 조성한다

학생들은 각자의 흥미와 강점을 고려하여 표현 매체를 스스로 선택하고 다양한 방식으로 표현할 수 있어야 하며, 교사는 이를 존중하고 격려해야 한다.

생각을 정리하고 조직할 수 있는 틀을 제공한다

학생들이 자신의 생각을 정리하고 논리적으로 구성할 수 있도록, PREP, Y 차트, 시각적 정리 도구 등 사고를 구조화할 수 있는 틀을 제공한다. 이는 표현의 질을 높이고, 탐구 내용을 효과적으로 조직화하는 것을 지원한다.

표현의 목적과 대상을 확인한다
학생들이 단순히 표현하는 데 그치지 않고, '누구를 위해, 어떤 메시지를 전달할 것인지' 표현의 목적과 대상을 분명하게 인식하게 함으로써, 의미 있고 즐거운 표현 경험이 이루어질 수 있도록 이끈다.

표현 과정 및 결과에 대한 피드백을 제공한다
학생의 표현에 대해 진정성, 논리성, 창의성, 표현력의 성장 과정을 중심으로 피드백을 제공하고, 자기 평가 및 동료 평가를 통해 표현을 수정·보완할 수 있는 기회를 마련하여, 표현 과정과 결과를 성찰하고 개선할 수 있도록 한다.

마. 성찰 및 관리 기능

성찰 및 관리 기능은 학습자가 학습 과정을 돌아보는 것으로부터 시작하여 자신의 학습을 조절하는 것, 학습의 목표를 설정하고 계획하는 것, 실행하고 평가하는 것 등을 포괄하는 기능이다. 2022 개정 교육과정 총론에서는 이와 연관된 '자기관리 역량'을 '자아 정체성과 자신감을 가지고 자신의 삶과 진로를 스스로 설계하며 이에 필요한 기초 능력과 자질을 갖추고 자기 주도적으로 살아가는 역량'(교육부, 2022)이라고 정의하고 있다.

무엇보다 이 기능은 학습자가 인지적 · 기능적 · 정서적 측면을 되돌아보며 자기 자신을 성찰하는 메타인지적 활동과 밀접하게 관련된다. 앞서 언급했듯이, 메타인지는 사고, 이해, 학습 전략에 대한 인식과 조절 능력으로서 '학습하는 방법을 학습하는 것'을 가능하게 하는 기반이다. 성찰 및 관리 기능은 이러한 메타인지 능력을 바탕으로, 학습자가 자기 주도적 태도로 탐구에 능동적으로 참여하도록 돕는 것이다.

탐구는 끊임없이 질문을 던지면서 길을 찾아가는 유동적인 여정이다. 학습자는 이 과정에서 지속적으로 탐구 진행 상황을 점검하고, 계획을 수정하며, 전략을 조절하고, 자신의 성장을 성찰해야 한다. 즉, 성찰 및 관리 기능은 탐구의 시작부터 끝까지 모든 과정에 걸쳐 요구되는 핵심 기능이며, 이 기능을 함양함으로써 학습자는 점차 자기 주도적이고 책임감 있는 탐구자로 성장할 수 있다. 성찰 및 관리 기능의 하위 기능은 다음과 같다.

학습 동기와 목표 성찰: 학습자가 왜 탐구를 하는지, 학습의 의미와 목적을 인식하고 점검하는 기능이다. "나는 왜 이 주제를 탐구를 하는가?", "탐구를 통해 무엇을 이루고자 하는가?"와 같은 질문을 스스로에게 던지며, 자신의 동기를 돌아보고 학습의 방향을 주도적으로 설정하고 조율하도록 돕는 것으로, 자기주도적 탐구의 출발점이 되는 기능이라 할 수 있다.

학습 계획 수립과 실행 성찰: 학습 목표에 도달하기 위한 탐구 학습 계획을 수립하고, 그 실행 과정을 조절하는 기능이다. 일정 관리, 우선순위 설정, 적절한 학습 전략 선택 등을 포함하며, 계획을 실행하면서 필요에 따라 전략을 조절하도록 지원한다.

학습 활동과 결과 성찰: 학습 활동 이후, 자신이 수행한 학습 활동을 되돌아보고, 잘한 점과 개선할 점을 분석하는 기능이다. "접근 방법이 효과적이었는가?", "다음에 더 나아지기 위해 어떻게 해야 할까?"와 같은 질문을 통해 자신을 평가하는 한편 개선 전략을 도출한다.

시간 및 정서 관리: 학습 시간과 휴식의 균형을 조절하고, 자신의 감정 상태를 인식하여 집중력을 조절할 수 있는 기능이다. 스트레스나 불안감, 피로 등을 인지하고 스스로 관리함으로써 학습 지속성과 효율성을 높일 뿐 아니라, 회복탄력성을 제고할 수 있다.

성찰 및 관리 기능 함양을 위한 교사의 역할

메타인지적 질문을 일상화한다

학습 과정 중 "무엇을 알고 있는가?", "왜 이 활동을 하는가?", "지금 내가 잘하고 있는가?" 등과 같은 성찰 중심의 질문을 자주 던지고, 다양한 탐구 활동의 전, 중, 후에 스스로 사고를 점검할 수 있도록 질문한다.

성찰 활동을 수업 안에 포함시킨다

활동지, 성찰 노트, 자기평가 체크리스트 등 구체적인 도구를 활용하여 학습자가 자신의 학습 과정을 되돌아보고, 자신이 도출한 개선점이나 전략을 다음 활동에 적용할 수 있도록 안내한다. 특히, 수업의 마무리 시간에 자기 성찰 시간을 정기적으로 배치하여, 성찰하는 습관이 학습자의 내면에 자리잡도록 한다.

자기조절 학습 전략을 지도한다

시간 관리, 계획 수립, 목표 설정 등 학습을 스스로 조절하는 전략을 직접 가르치고, 그 과정을 구체적으로 시범을 보이며, 연습하는 기회를 제공한다. 예를 들어 나의 하루 관리 기법을 통해 자신의 생활에서 반복되는 패턴 분석하고 개선하기, 해야 할 일을 계획하고 실천하며 확인하기 등으로 학생의 생활과 감정을 성찰하고 자기를 조절할 수 있도록 한다.

감정을 잘 인식하고 조절할 수 있도록 한다

학습자가 자신의 감정 상태를 인식하고 관리할 수 있도록 돕는 활동을 설계한다. 감정 일기 쓰기, 감정 스티커 활용, 정서 표현 시간 등을 도입할 수 있다.

성찰을 존중하는 수업 문화 조성하기

잘한 점뿐 아니라 실수나 어려움에 대해 말하는 것을 긍정적으로 인정해 주는 수업 분위기를 만든다. 학생이 학습을 점진적인 발전 과정으로 보는 분위기를 조성하고, 학생들이 솔직하게 성찰하고 공유할 수 있도록 심리적 안전감을 보장한다.

참고문헌

교육부(2022). 2022 개정 교육과정 총론 [교육부 고시 제2022-33호].

김태호(2022). 학습자 주도성 신장을 위한 초등학교 국어과 교과서 개발 방향. 한국초등국어교육, 74, 101-122.

박보경 · 권지우 · 노태일 · 김대권(2023). 고등학생의 메타인지, 자기주도성, 학습전략 간 관계. 학습자중심교과교육연구, 23(17), 713-725.

방경민(2022). 자기 주도성을 기르는 열쇠, 메타인지. 브레인, 16-19.

방신욱(2005). 인지적 구성주의와 사회적 구성주의에 대한 비교고찰. 한국사회과학연구, 27(3), 181-198.

송주연 · 박지은(2017). 메타인지 강화 전략이 창의적 문제 해결력 신장에 미치는 효과. 디지털융복합연구, 15(7), 1-12.

황규호(2022). 2022 교육과정 개정의 주요 과제와 쟁점 분석. 2022년도 한국교육과정학회 특별포럼 자료집, 45-56.

Erickson, H. L. & Lanning, L. A. & French, R (2017). Concept-based Curriculum and Instruction for the Thinking Classroom. CA: Corwin. 온정덕 · 윤지영 共譯(2019). 생각하는 교실을 위한 개념 기반 교육과정 및 수업. 학지사.

IBO(2020). IB 교육이란 무엇인가.

OECD(2019). Future of Education and Skills 2030, Concept note: Student Agency for 2030.

PART 03

깊이 있는 학습으로 이끄는 탐구 기법

PART 03

깊이 있는 학습으로 이끄는 탐구 기법

• 탐구 기능과 탐구 기법 •

1 깊이 있는 학습을 위한 기능과 탐구 기법 활용

깊이 있는 학습을 위해서는 학생의 사고 기능을 중심으로 탐구 활동을 설계하고, 이를 다양한 방식으로 활용하는 것이 중요하다. 사고 기능은 문제를 분석하고 비판적으로 사고하며 창의적으로 해결책을 모색하는 데 활용할 수 있다. 협력적 소통 기능은 학습자 간의 상호작용을 촉진하고, 집단지성을 통해 더 깊은 이해에 도달하도록 활용할 수 있다. 조사 및 연구 기능은 주제에 대한 호기심을 바탕으로 자료를 수집하고 분석하며, 근거 중심의 탐구를 이끄는 데 활용된다. 표현 기능은 학습 결과를 다양한 방식으로 구조화하여 타인과 공유함으로써 사고를 정교화하고 확장하는 데 활용할 수 있다. 성찰 및 관리 기능은 학습 과정을 돌아보고 자신을 조절하며 목표를 조정하는 데 효과적으로 활용된다.

탐구 기법은 질문하기, 관찰하기, 실험하기, 비교하기, 분류하기 등을 포함하며, 각 기능과 연계되어 깊이 있는 사고를 유도한다. 예를 들어 질문하기 기법은 사고 기능을 자극하고, 실험하기는 조사 기능을 강화할 수 있다. 이처럼 기능과 기법은 상호보완적으로 작용하여 학생의 자기 주도적 학습을 촉진한다. 궁극적으로 이러한 기능과 탐구 기법의 통합적 활용은 학생의 전인적 성장을 이끄는 핵심 요소이다.

활용 시 유의점

학습자의 수준과 맥락을 고려하여 적용하기: 각 기능이나 탐구 기법은 학생의 인지 발달 수준과 배경 지식, 수업의 목적에 따라 적절히 조정되어야 한다.
기능 간 균형 있는 통합: 5가지 기능이 균형 있게 활용될 수 있도록 수업을 설계해야 한다.
자기 주도성 및 메타인지를 촉진하기: 학생이 자신의 사고 과정을 인식하고 조절하도록 유도하는 방식으로 운영되도록, 교사의 지속적인 피드백과 성찰 기회의 제공이 필요하다.

2 기능 및 탐구 기법 개요

기능	하위 기능	탐구 기법	
사고 기능	• 비판적 사고 • 문제해결 • 창의성 • 전이	관점의 원(Circle of Viewpoints)	왜 그렇게 생각하나요? (What Makes you say that?)
		주장-근거-질문(Claim-Support-Question)	보기-생각하기-궁금해하기 (See-Think-Wonder)
		3-2-1 다리 (3-2-1 Bridge)	의사결정 매트릭스 (Decision Making Matrix)
		질문 열기(Question Starts)	사례 비교(Case Comparison)
		연꽃 기법 (Lotus Blossom)	나침반 침 (Compass Points)
조사 및 연구 기능	• 정보 수집 • 정보 기록 • 정보 분석 및 해석	3Q 조사틀	4요소 분석법(OPVL)
		트리맵(Tree Map)	육각형 사고 (Hexagon Thinking)
		정보그물(Info Web)	써클맵(Circle Map)
		이야기 피라미드	비교 렌즈
		3 Why 질문법	개념지도(Concept Mapping)

기능	하위 기능	탐구 기법	
협력적 소통 기능	• 경청과 상호작용 • 질문과 피드백 • 협력적 문제해결	듣고 수행하기	TPS (Think-Pair-Share)
		회전 인터뷰 (Carousel Interview)	T.A.G. Peer Feedback
		피드백 사다리 (Ladder of Feedback)	분필 대화(Chalk Talk)
		어항 토의(Fish Bowl)	직소(Jigsaw)
		공청회 역할극 (Public Meetings)	디지털 협업 프로젝트 (패들렛)
표현 기능	• 생각 정리 및 조직 • 다양한 매체를 통한 표현 • 설득력 있는 전달	Y차트	11시강통키
		CSI	말하는 조각상
		핫시팅(Hot Seat)	RAFT 역할극
		4C	바르손눈미
		PREP 말하기	연결-확장-도전
성찰 및 관리 기능	• 학습 동기와 목표 성찰 • 학습 계획과 실행 성찰 • 학습 활동과 결과 성찰 • 시간 및 정서 관리	자기평가 (Self-assessment)	동료평가(Group Member Evaluation)
		출구 티켓 (Exit Ticket, Exit Slips)	예전에는, 지금은 (I Used to Think, Now I Think)
		별 둘 소원 하나 (2 Stars & 1 Wish)	탐색 과정 자기 성찰(I Search Process Reflection)
		하이쿠 성찰 (Haiku Reflective)	장미와 가시 (Rose & Thorn)
		나의 하루 관리 (Daily Planner)	자기 성찰 빙고 (Self Reflection Bingo)

PART 03

깊이 있는 학습으로 이끄는 탐구 기법

• 사고 기능 •

의미

사고 기능은 학습자가 문제에 대한 정보를 수집, 분석하고, 문제해결을 위한 아이디어를 창출하여, 다양한 관점에서 문제를 보고 새로운 상황에 적용하거나 문제를 해결할 수 있도록 돕는 인지적 능력을 말한다. 사고 기능은 단순한 지식을 넘어 깊이 있는 이해와 탐구, 생활 속에서 전이를 가능하게 한다.

하위 기능

복잡한 사고 기능은 비판적 사고력, 문제해결, 창의성, 전이 등의 하위 기능이 있다. 이런 하위 기능은 자기주도 탐구 능력을 강화하여 깊이 있는 학습을 가능하게 하며 창의성 발현과 협력을 통해 문제를 해결하며 비판적 사고력을 향상시킨다. 문제해결을 위한 다학문간 통합으로 모든 교과와 학습 주제에 연결할 수 있으며 탐구 기법은 상호 보완적으로 작용한다.

관련 탐구 기법

사고 기능을 함양하기 위한 10가지 기법은 관찰을 통해 사실 연결, 추론, 탐구 질문을 생성하며 비판적 사고를 통해 문제해결을 하고 균형 잡힌 사고를 통해 정보를 요약하고 핵심을 파악하여 전이가 가능하도록 선정하였다.
이 외에 사고 기능 향상을 위한 다양한 기법이 있으며 교과, 수업 주제, 학생 수준, 사고 기능 목표에 따라 달리 적용하는 것이 필요하다.

관점의 원 (Circle of Viewpoints)	무엇 때문에 그렇게 말하나요? (What makes you say that?)	주장-근거-질문 (Claim-Support-Question)	보기-생각하기-궁금해 하기 (See-Think-Wonder)	3-2-1 다리 (3-2-1 Bridge)
의사결정 표 (Decision Making Matrix)	질문 시작하기 (Question Starts)	사례비교 (Case Comparison)	연꽃 기법 (Lotus Blossom)	나침반 침 (Compass Points)

기대되는 효과 및 유의점

사고 기능을 함양하기 위한 탐구 기법의 사용은 학생들이 단순한 지식 습득을 넘어 스스로 사고하여 문제를 분석하며 창의적이고 비판적인 방법을 사용하여 문제를 해결하고 생활 속에서 전이가 가능하게 된다. 사고 기능 함양을 위해 학생의 역량이 발휘될 수 있도록 단원 설계 시 정교한 사전 준비가 필요하다.

1 관점의 원(Circle of Viewpoints)[1]

관점의 원은 여러 인물이나 사물, 집단의 입장 등에서 특정 주제나 상황에 대해 가정하고 그 입장에서 보고 생각하고 질문을 해보는 활동이다. '나는 ~의 처지나 입장에서 말하고 있다/내가 보는 입장에서 중요한 것은 ~이다/내가 궁금한 것은 ~이다'와 같이 학생은 한 가지 관점이 아닌 다양한 시각에서 문제를 분석하여 비판적 사고력과 공감 능력을 기를 수 있다. 자신이 선택한 관점에서 보고 생각하고 질문할 때 감정에 치우치기보다는 사고의 전환에 주의를 기울이고 의견 공유 시 찬반 토론이 되지 않도록 한다.

가. 사고 기능을 기르는 방법

자신과 다른 시각이나 입장에서 생각해 보고, 그 입장에 따른 생각, 감정, 관심사, 질문 등을 구성해 보는 경험과 연습이 필요하다.

1) 관점의 원은 하버드 교육대학원 Project Zero의 PZ Connect 프로젝트의 일환으로 개발되었음.

학생이 하나의 주제나 사건을 접하게 되었을 때 교사는 '이 상황을 바라보는 여러 사람이 누구일까?'라는 질문을 통해 다양한 시선을 찾아보게 한다. 학생은 그중 하나의 역할을 선택하고 그 입장에 서서 주제를 보고 자신의 견해를 정리해 본다.

나. 탐구를 촉진하는 방법

학생은 하나의 주제를 여러 관점에서 바라보는 연습을 통해 자기중심적인 시각에서 벗어나 인지적 확장을 도모할 수 있다. 여러 관점에서의 사고는 서로 다른 입장에 대한 비교와 대조, 관심, 가치를 수반하여 학생들 사이에서 질문과 토론을 유도하며 '왜, 어떻게' 등의 질문을 통해 탐구를 지속하게 한다.

이를 통해 타인의 상황을 이해하는 능력뿐 아니라, 문제 상황을 복합적으로 분석하고 다면적 해결안을 탐색하는 사고력도 함께 기르게 된다.

다. 관점의 원 기법 활용 방법

주제	다양한 갈등 상황 속에서 자신의 태도를 표현하기
교수·학습 활동	〈일상생활 속 갈등 상황 알아보기〉 • 일상생활에서 발생할 수 있는 갈등 상황에 대해 친구들의 생각을 듣고 자기 생각을 정리하여 표현함. • 일상생활의 사례 또는 학교, 학급 내에서의 사례 제시 - 예시: 급식을 먼저 먹는 순서 학급에서 자리를 바꾸는 방법 1인 1역을 정하는 방법 교실 내에서 에어컨 온도를 높여야 할지, 낮추어야 할지 대한 방안 〈주제 정하기〉 • 교실 내에서 에어컨 온도를 높이는지/낮추는지에 대한 방안 의논 〈내 생각을 정하고 발표하기〉 • 나는 에어컨 온도를 낮춰야 한다고 생각한다. - 나는 더위를 잘 느끼며 에어컨에서 멀리 떨어진 위치에 있다. - 교실이 더우므로 불쾌지수가 높아져 공부가 제대로 되지 않는다. - 그래서 에어컨 온도를 낮추는 것이 필요하다.

교수·학습 활동	〈생각 공유하기〉 • 다른 생각을 들어 보기 - 더위를 잘 느끼지 못하거나 에어컨에서 가까운 사람의 입장 들어 보기 - 환경 문제를 생각하는 사람의 입장 들어 보기 - 공부하는 분위기를 중요하게 생각하는 사람의 입장 들어 보기 〈해결 방안 생각해 보기〉 • 적정 온도를 유지하며 온도가 ~이상이 될 때 에어컨 온도를 낮춘다. • 서로를 배려하며 온도를 높이거나 낮춘다. • 에어컨 온도를 낮출 때를 대비하여 겉옷을 가지고 온다.

라. 관점의 원 기법을 활용한 수업 사례

1) 수업 개요

단원명	동물과 인간의 관계	학년	6학년
학습 주제	동물원은 필요한가?		
교수·학습 활동	이 수업은 6학년 국어과 '다른 관점'을 주제로 한 수업이다. 학생들은 인간과 동물의 관계에 대해 비판적으로 사고하고, 다양한 입장에서 동물원의 존재 필요성에 대해 생각해 보며 자신의 관점을 정리하고 이를 바탕으로 비교하고 토의 활동을 진행하게 된다. 이 활동은 한 가지 시각이나 이분법적 사고에서 벗어나 복합적인 문제 상황을 통합적으로 바라보는 사고를 길러줄 수 있다.		

2) 수업 절차

생각을 유도하는 자료 제시하기

• 주제: 동물원은 필요한가?
(동물원과 관련된 기사, 주장하는 글, 동물원 영상, 외국의 자료 등)

관심 유도하기

• 질문하기
- 동물원이 꼭 필요하다고 생각하는지 질문하기
- 찬반 의견을 나누며 주제에 대한 흥미 유도하기

다양한 관점 알아보기

- 주제를 바라보는 관계자의 입장 알아보기
- 학생과 함께 다양한 태도 결정하기
  예: 동물, 동물원 관계자, 관람객, 동물보호단체, 과학자 등
- 모둠 또는 개인별로 하나의 입장 선택하기

관점에서 생각 구성하기

- 생각 정리하기
  나는 ○○의 입장에서 생각한다.
  내가 보는 장면은 ○○이다.
  나는 이 장면에 대해 ○○라고 생각한다.
  내가 가진 질문은 ○○이다.

관점 공유 및 발표하기

- 자신의 관점 또는 모둠별로 관점을 발표하기
- 나와 다른 관점에서 나오는 질문을 적고 관점의 다양성을 인식하기
- 서로의 입장이 충돌하거나 갈등이 생기는 지점 발견하기

관점 비교 및 통합적 사고를 통한 생각 다시 쓰기

- 각 관점의 공통점과 차이점을 정리하기
- 처음 생각과 지금의 생각 비교하기

3) 활동지

① 나는 ______________________의 입장에서 생각한다.

② 내가 보는 장면은

____

③ 나는 이 장면에 대해

____

④ 내가 가진 질문은

____

3) 나와 친구의 입장을 비교해 봅시다.

친구 이름	친구의 입장	내 입장과 같은 점, 다른 점

4) 친구의 입장을 살펴보며 내 생각이 달라진 점을 써 봅시다.

◎ 생각이 달라진 점 : ______________________________

4) 학생 활동 예시

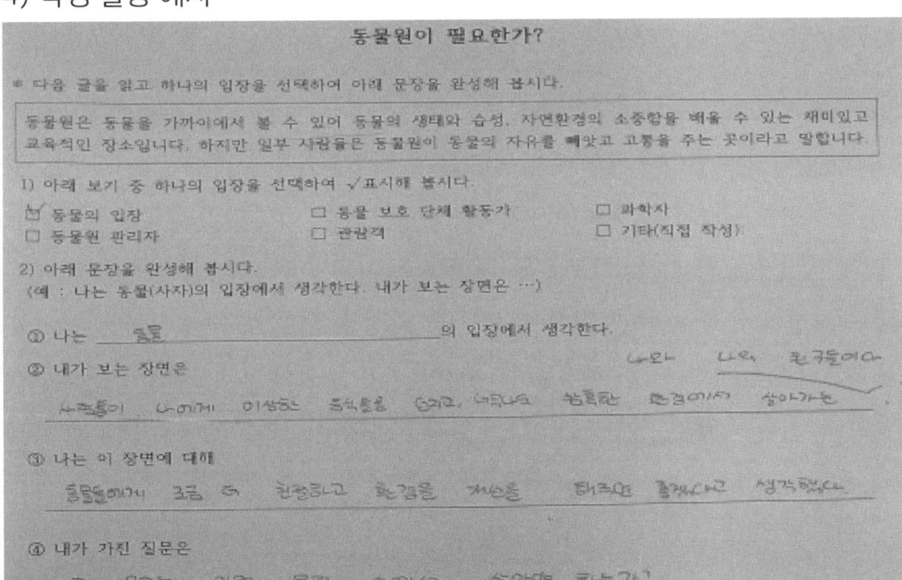

동물원이 필요한가?

※ 다음 글을 읽고 하나의 입장을 선택하여 아래 문장을 완성해 봅시다.

> 동물원은 동물을 가까이에서 볼 수 있어 동물의 생태와 습성, 자연환경의 소중함을 배울 수 있는 재미있고 교육적인 장소입니다. 하지만 일부 사람들은 동물원이 동물의 자유를 빼앗고 고통을 주는 곳이라고 말합니다.

1) 아래 보기 중 하나의 입장을 선택하여 √표시해 봅시다.

☑ 동물의 입장　□ 동물 보호 단체 활동가　□ 과학자

□ 동물원 관리자　□ 관람객　□ 기타(직접 작성)

2) 아래 문장을 완성해 봅시다.

(예 : 나는 동물(사자)의 입장에서 생각한다. 내가 보는 장면은 …)

① 나는 동물의 입장에서 생각한다.

② 내가 보는 장면은

사람들이 나에게 이상한 음식들을 던지고, 너무나도 척박한 환경에서 살아가는 나와 나의 친구들이다.

③ 나는 이 장면에 대해

동물들에게 조금 더 친절하고 환경을 개선을 해주면 좋겠다고 생각했다.

④ 내가 가진 질문은

왜 우리는 이런 우리 속에서 살아야 하는가?

2 왜 그렇게 생각하나요?(What makes you say that?)[2)]

왜 그렇게 생각하나요는 학생이 어떤 생각, 판단, 의견, 해석을 말할 때, 그에 대해 근거(이유)를 묻는 질문으로 사고를 확장하도록 돕는 기법이다. 단순한 답변 제시가 아닌 생각의 기반을 묻는 기법으로 자기 생각을 명확히 표현하고 그에 대한 논리적 근거를 제시하게 하여 비판적 사고와 의사소통 역량, 자기 성찰 능력을 키우는 데 효과적이다.

가. 사고 기능을 기르는 방법

학생이 관찰, 주장, 감정, 의견 등을 제시할 때 단순한 답변에 그치지 않고, 그에 따른 이유(근거)를 함께 말하도록 유도한다. 학생이 의견에 대해 교사는 '왜 그렇게 말했나요?'라고 질문하고 학생은 자신의 대답에 대한 배경, 논리, 자료, 경험, 관점 등을 다시 생각해 보게 되고 이 과정을 통해 자기 생각에 대한 탐색과 타당성 등을 검토하며 직관적인 판단에서 논리적 설명으로 사고를 확장하게 된다.

나. 탐구를 촉진하는 방법

탐구를 촉진하기 위해서는 지속적으로 질문을 수업 속에 녹여내는 것이 중요하다. 교사는 학생의 말이나 글에 대해서 그렇게 생각한 이유, 근거를 묻는 질문을 통해 학생이 말한 내용과 그 배경을 연결하도록 유도한다. 이때 교사가 학생을 평가하는 것이 아닌 진정한 호기심으로 묻는 태도를 유지하는 것이 필요하다. 이 과정에서 학생은 자신의 사고를 돌아보고, 타인의 사고 과정을 듣고 비교하면서 자기 생각을 보완하거나 발전시키는 탐구하게 된다. 생각에 책임을 지게 하며, 사고의 깊이를 확장하고, 자신과 타인의 추론을 분석하는 탐구 과정과 성찰하는 탐구적 태도를 길러 주게 된다.

2) 왜 그렇게 생각하나요는 하버드 교육대학원 Project Zero의 PZ Connect 프로젝트의 일환으로 개발되었음.

학생이 즉답하기 어려워하면 생각할 시간을 주고 다양한 표현을 인정하며 학생이 제시한 내용의 논리적 근거가 부족하거나 추상적일 경우, 재질문을 통해 사고를 깊이 있게 유도한다.

다. 왜 그렇게 생각하나요 기법 활용 방법

주제	인물의 마음 짐작하기
교수 · 학습 활동	• 이야기나 동화의 한 장면을 읽고 인물의 마음에 대해 질문하기 - 이 인물은 지금 어떤 기분일까? • 질문에 대한 반응 유도하기 - '인물이 ~했을 것 같다'로 학생의 감정 표현 듣기 • 근거 탐색하기 - 왜 그렇게 생각했나요? / 무엇 때문에 그렇게 생각했나요? 로 학생의 말에 대한 근거 알아보기 (이야기나 동화 속 말, 행동, 묘사 등을 떠올리도록 유도) • 친구의 생각 듣기 및 내 생각과 비교하기 - 친구는 어떤 근거를 들었는지 공유하기 (다양한 생각을 듣고 내 생각과 비교하며 생각 다듬기) • 정리 및 성찰 - 인물의 마음을 짐작할 때 중요한 점은 무엇인지 알아보기 - 처음의 생각과 달라졌는지, 무엇 때문에 달라졌는지 알아보기

주제	그림을 보고 느껴지는 감정
교수 · 학습 활동	• 관찰 또는 경험이 가능한 시각 자료 제시 - 다양한 작품을 제시하고 감상하기 • 감정 반응 유도하기 - 그림을 보고 느낀 점 표현하기/ 교사는 간단한 피드백 하기 • 근거 탐색하기 - 왜 그렇게 느꼈는지, 어떤 부분 때문에 그렇게 느꼈는지 질문하여 학생의 말에 대한 근거 알아보기 (느낌에 대한 시각 요소를 근거로 설명하기) • 친구의 생각 듣기 및 내 생각과 비교하기 • 정리 및 성찰 - 작품을 보고 느끼는 감정은 왜 사람마다 다른지, 작품의 요소 중 가장 중요하게 생각하는 점은 무엇인지 알아보기 - 개인 감상 정리 및 짧은 감상문 작성하기

라. 왜 그렇게 생각하나요 기법을 활용한 수업 사례

1) 수업 개요

단원명	누구에게나 소중한 인권	학년	6학년
학습 주제	범죄자의 인권은 존중되어야 하는가?		
교수·학습 활동	이 수업은 6학년 사회과 '인권'이 주제인 단원으로 인권의 의미와 중요성, 인권 신장을 위해 노력한 사례와 인물에 대해 수업하였다. 단원 후반부에는 인권 관련 사례를 바탕으로 실제 생활과 사회 현상 속에서 접할 수 있는 내용으로 사고를 확장할 수 있도록 구성하였다. 자기 생각과 근거를 함께 말하는 활동을 연습하며 친구들의 생각을 듣고 질문하여 자연스럽게 자기주도적 탐색과 토론이 이루어지게 된다.		

2) 수업 절차

주제 또는 상황 제시하기
범죄자의 인권은 존중되어야 하는가?
질문 제시하기
감옥에 있는 사람에게도 인권이 있는지 발문하여 인식을 점검하기
자료 탐색하기
• 사례 제시 - 수감자 학대 사례, 수감자의 의료권 요구 등 • 찬반 의견이 있는 짧은 글 읽기
자기 생각 말하기
• 질문하기: 범죄자의 인권은 존중되어야 하는가? • 교사의 질문 제시 후 자기 생각 발표하기 - 그렇게 말한 이유가 무엇인가요?, 어떤 점이 그렇게 생각하게 했나요?
모둠 토의하기
• 찬반 그룹으로 나누어 모둠 토의 - 서로의 주장을 듣고 '왜 그렇게 생각하나요'를 반복하며 질문과 토의하기 - 학생 간 상호 질문 및 근거 비교하기 - 다른 모둠의 발표를 듣고 의견 제시하기

성찰 및 정리

- 자신의 생각, 모둠의 의견을 듣고 자기 생각과 근거 재확인하며 성찰하기
- 생각의 근거를 정리한 글쓰기 또는 토의 요약 정리하기

3) 활동지

범죄자의 인권은 존중되어야 하는가?

※ 다음 ① ~ ④ 입장 중 한 가지를 선택하고 그 이유를 써 봅시다.

입장(관점)	선택(√)	이유
① 범죄를 미워해도 인간을 미워하는 것이 아니므로 범죄자의 인권도 존중되어야 한다.		
② 개인의 인권에 피해를 준 사람의 인권을 존중하지 않아도 된다.		
③ 잘 모르겠다.		

1) 모둠 친구 1명의 의견을 들어보고 그 친구의 생각을 정리해 봅시다.
친구의 생각 : □ 존중되어야 한다. □ 존중되지 않아도 된다. □ 잘 모르겠다.

1-1) 친구가 왜 그렇게 생각했는지 이유를 써 봅시다.

____

2) 친구와 의견을 나누면서 내 생각이 바뀌었는지 알아봅시다.
나의 생각 : □ 처음 생각과 같다 □ 조금 바뀌었다 □ 많이 바뀌었다

2-1) 내 생각이 바뀌었다면 어떤 점에서 바뀌었는지, 또는 내 생각을 더 확실히 하게 된 이유는 무엇인지 써 봅시다.

____

3) 아래 문장을 완성해 봅시다.

나는 범죄자의 인권은

____

왜냐하면

____

4) 학생 활동 예시

범죄자의 인권은 존중되어야 하는가?

※ 다음 ①~③ 입장 중 한 가지를 선택하고 그 이유를 써 봅시다.

입장(관점)	선택(√)	이유
① 범죄를 미워해도 인간을 미워하는 것이 아니므로 범죄자의 인권도 존중되어야 한다.	√	범죄자도 사람이고, 모든 사람(국민)은 인권이 있기에 범죄자의 인권도 존중되어야 한다 생각합니다.
② 개인의 인권에 피해를 준 사람의 인권을 존중하지 않아도 된다.		
③ 잘 모르겠다.		

1) 모둠 친구 1명의 의견을 들어보고 그 친구의 생각을 정리해 봅시다.
친구의 생각 : □ 존중되어야 한다. ☑ 존중되지 않아도 된다. □ 잘 모르겠다.

1-1) 친구가 왜 그렇게 생각했는지 이유를 써 봅시다.

인권을 존중받으려면 그에 대한 가치를 보여줘야 한다 생각한다.

2) 친구와 의견을 나누면서 내 생각이 바뀌었는지 알아봅시다.
나의 생각 : □ 처음 생각과 같다 ☑ 조금 바뀌었다 □ 많이 바뀌었다

2-1) 내 생각이 바뀌었다면 어떤 점에서 바뀌었는지, 또는 내 생각을 더 확실히 하게 된 이유는 무엇인지 써 봅시다.

만약 내 가족/친척 중 사람을 살인한 살인범이라면 나도 절대 용서를 안할것이기 때문이다.

'그에 대한 가치 증명'이란 말이 귀에 남았다.

3 주장-근거-질문(Claim-Support-Question)[3)]

주장-근거-질문은 어떤 주제나 현상에 대해 학생이 생각이나 주장을 말하고(Claim(주장)) 그 주장을 뒷받침하는 구체적인 증거나 이유, 사례를 제시하며(Support(근거)), 자신 또는 다른 사람의 생각에 대해 질문(Question)하는 활동을 통해 개념을 더 깊이 있게 이해하도록 하는 데 목적이 있다.

이 기법은 주장-근거-질문을 통해 구조적으로 생각을 정리할 수 있게 해 주며 개념을 명확히 하고 개념을 둘러싼 다양한 관점을 탐색하는 데 효과적이다.

3) 주장-근거-질문은 하버드 교육대학원 Project Zero의 PZ Connect 프로젝트의 일환으로 개발되었음.

가. 사고 기능을 기르는 방법

학생이 주어진 주제에 대해 자유롭게 생각을 정리한 후 자신의 관점을 문장으로 진술한다. 교사는 다양한 관점을 제시하며 정답보다는 사고의 범위를 넓힐 수 있도록 유도한다. 학생은 자신의 주장을 설명하고 뒷받침할 수 있는 자료, 이유, 경험 등을 제시하게 되는데 근거의 타당성을 학생 스스로 탐색하고 다른 친구의 의견과 비교하여 자신의 주장이 적합하다는 것을 성찰하는 경험이 중요하다.

나. 탐구를 촉진하는 방법

학생이 자기 생각을 명료하게 표현하도록 돕고, 그 과정에서 왜 그렇게 생각했는지, 어떻게 그렇게 되었는지 되돌아보게 하며, 추가로 알아보고 싶은 부분이나 궁금한 점에 대해 질문을 만들게 함으로써, 탐구 활동의 출발점과 연계 지점을 만들게 된다. 학생은 무엇인가를 판단하고 선택하며 알아보고 싶은 동기를 갖게 되며 논리적 사고와 탐구적 질문을 반복적으로 연습한다. 자신 또는 친구의 주장에 대해 '왜, 어떻게'와 같은 질문을 던지며 주장의 적합성을 성찰하는 메타인지적 반성을 통해 학생 스스로 자신의 탐구를 인식하게 하여 다음 탐구로 이어지게 된다.

다. 주장-근거-질문 기법 활용 방법

주제	가치 판단 활동
교수·학습 활동	• 편견을 없애기 위해 어떤 행동을 해야 할까? - Claim: 우리는 다양한 문화를 경험해야 한다. - Support: 다양한 문화를 알면 편견이 줄어들기 때문이다. - Question: 편견을 줄이기 위한 활동은 무엇이 있을까? • 내 생각을 발표하고 다른 사람의 주장과 근거를 듣고 새롭게 알게 된 점 말하기

주제	학교에 자판기를 설치해야 할까요?
교수·학습 활동	• 주장하는 글, 토의 주제에 관한 주장과 근거 찾기 - Claim: 학교에 자판기를 설치해야 한다. - Support: 간식이 필요할 때 간편하게 이용할 수 있다. - Question: 건강 문제는 어떻게 해결할 수 있을까? 부모님도 자판기 설치를 허락하실까? 자판기 설치로 인해 생기는 문제는 무엇일까? • 자판기 설치로 인한 장·단점을 생각해 보기

주제	태양열 에너지는 화석연료를 대체할 수 있을까?
교수·학습 활동	• 태양열은 화석연료를 대신할 수 있는가? - Claim: 나는 태양열이 화석연료를 대체할 수 있다고 생각한다. - Support: 왜냐하면 태양열은 무한하고, 환경오염을 줄일 수 있기 때문이다. - Question: 흐린 날이나 밤에는 에너지를 어떻게 저장할 수 있을까? • 친구들의 다양한 주장과 근거를 공유한 후, 타당성 비교하기

라. 주장-근거-질문 기법을 활용한 수업 사례

1) 수업 개요

단원명	지속 가능한 생활	학년	5학년
학습 주제	환경을 생각한 소비		
교수·학습 활동	이 수업은 5학년 실과 '환경을 생각한 소비'를 주제로 한 수업이다. 학생들은 환경 문제의 심각성을 인식하고, 일상 속 소비 행동이 자연과 사회에 어떤 영향을 미치는지를 살펴본 뒤, 지속 가능한 삶을 위해 어떤 소비 방식이 바람직한지를 탐색한다. 이 과정을 통해 학생은 자신의 소비 태도를 되돌아보고, 타인의 관점을 이해하며, 더 나은 실천 방향을 함께 고민하며 실천하는 태도를 기르게 된다.		

2) 수업 절차

주제나 관련 자료 제시하기

- 소비의 편리함과 환경이 파괴되어 가는 영상 제시
- 우리는 어떤 소비를 하고 있는지 질문하기
- 학습 목표 확인하기
  (환경을 지키는 소비 방식을 알고 실천해 봅시다.)

Claim 작성 - 나의 주장 세우기

- 교사의 질문: 환경을 생각한 소비를 위해 할 수 있는 효과적인 방법은 무엇인가?
- 학생: 자신의 주장을 한 문장으로 정리하기
  (내 생각은 ~이다, 나는 ~생각한다 등)

Support 작성 - 주장에 대한 근거 제시하기

- 자신의 주장을 뒷받침하는 구체적인 증거, 이유, 사례를 2가지 이상 제시
  (왜냐하면 ~ 때문이다. 주장하는 이유는 ~이다. (경험, 자료 인용 등))

Question 작성 - 질문 만들기

- 자신의 주장과 근거를 돌아보며, 더 알고 싶은 점이나 해결해야 할 문제를 질문으로 만들기
- 친구의 주장에 의문을 제기하는 것도 가능
  (자신과 타인의 주장에 대해 의문을 제기하고 더 깊은 탐구로 이끌 수 있는 질문을 던지는 단계)
  - 예: 지역 사회의 환경 문제는 누가 책임져야 하나요?
    Claim: 지역에서 생산된 농산물을 소비하는 것이 환경 보호에 효과적이라고 생각한다.
    Support: 먼 곳에서 수입하는 것보다 가까운 곳에서 생산된 식품은 운송 과정에서의 탄소 배출이 적어지기 때문이다.
    Question: 지역 생산품은 가격이 더 비쌀 수도 있는데, 모두가 그렇게 소비할 수 있을까?

3) 활동지

환경을 생각한 소비, 어떻게 할까?

※ '환경을 생각한 소비'라는 주제에 대해 내가 가장 중요하게 실천해야 할 행동에 대한 나의 주장, 근거, 더 알고 싶은 점을 써 봅시다.

주장(Claim)	근거(Support)	질문(Question)
예) 내가 생각하는 주장이나 의견은 무엇인가? · 나는 ~이 중요하다고 생각한다.	예) 그렇게 생각하는 이유는 무엇인가? · 왜냐하면 ~에서 그렇게 말했기 때문이다.	예) 더 알고 싶은 점이나 다르게 생각해 볼 수 있는 점은 무엇인가? · 만약 ~라면 어떻게 될까?

1) 나의 주장과 의견이 다른 친구의 주장을 써 봅시다.

◎ ____

2) 친구의 주장 중 근거가 잘 드러난 점은 어떤 점이라고 생각하는지 써 봅시다.

◎ ____

◎ ____

3) 친구의 질문 중 같이 탐구해 보고 싶은 점은 무엇인지 써 봅시다.

◎ ____

4) 학생 활동 예시

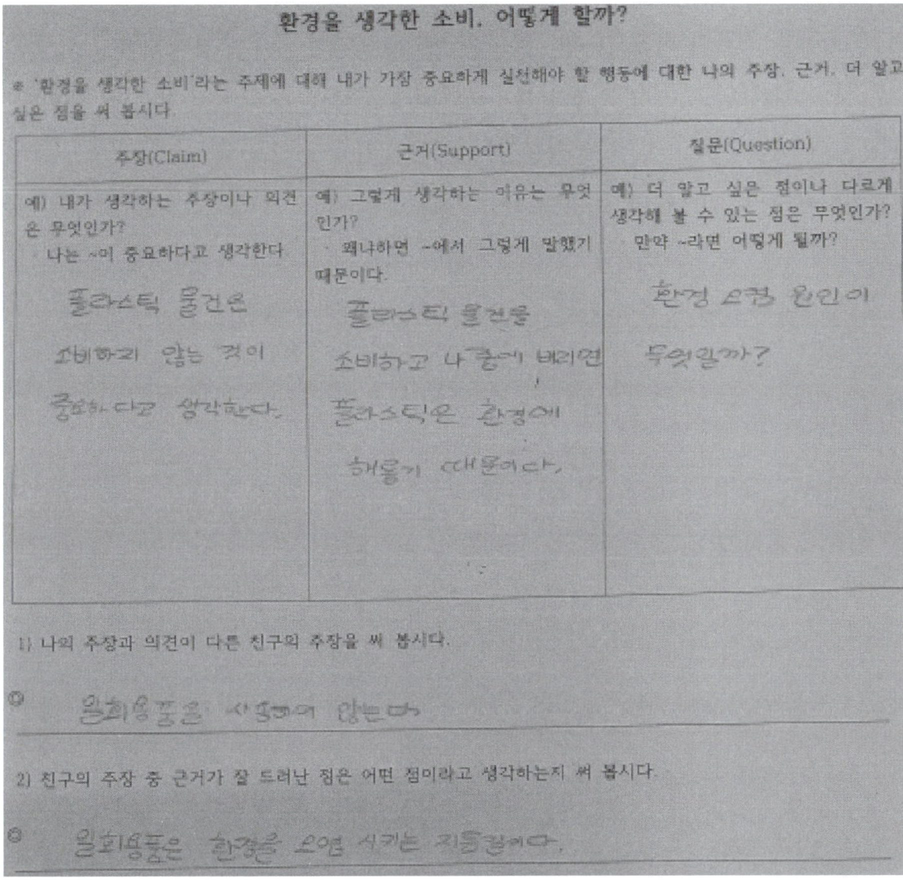
환경을 생각한 소비, 어떻게 할까?

※ '환경을 생각한 소비'라는 주제에 대해 내가 가장 중요하게 실천해야 할 행동에 대한 나의 주장, 근거, 더 알고 싶은 점을 써 봅시다.

주장(Claim)	근거(Support)	질문(Question)
예) 내가 생각하는 주장이나 의견은 무엇인가? · 나는 ~이 중요하다고 생각한다 플라스틱 물건은 소비하지 않는 것이 중요하다고 생각한다.	예) 그렇게 생각하는 이유는 무엇인가? · 왜냐하면 ~에서 그렇게 말했기 때문이다. 플라스틱 물건을 소비하고 나중에 버리면 플라스틱은 환경에 해롭기 때문이다.	예) 더 알고 싶은 점이나 다르게 생각해 볼 수 있는 점은 무엇인가? · 만약 ~라면 어떻게 될까? 환경 오염 원인이 무엇일까?

1) 나의 주장과 의견이 다른 친구의 주장을 써 봅시다.

◎ 일회용품은 사용하지 않는다

2) 친구의 주장 중 근거가 잘 드러난 점은 어떤 점이라고 생각하는지 써 봅시다.

◎ 일회용품은 환경을 오염 시키는 지름길이다.

4 보기-생각하기-궁금해하기(See-Think-Wonder)[4)]

보기-생각하기-궁금해하기는 시각 자료 또는 현상을 관찰하며 사고 기능을 자연스럽게 발달시키는 탐구 기법이다. 관찰(see)을 통해 주의 깊게 들여다보고, 생각(think)을 통해 의미를 추론하며, 궁금증(wonder)을 통해 새로운 질문을 생성하도록 유도한다. 단순히 개념을 '전달'받는 것이 아니라 학생 스스로 개념을 구성해 가도록 설계된 탐구 기법이다.

4) 보기-생각하기-궁금해하기는 하버드 교육대학원 Project Zero의 PZ Connect 프로젝트의 일환으로 개발되었음.

가. 사고 기능을 기르는 방법

이 기능을 기르기 위해서는 학생이 일상에서 접하는 시각 정보나 상황을 단순히 보는 데 그치지 않고, 무엇을 보았는지 명확하고 자세하게 묘사하고, 그에 대한 자기 생각을 조직화하고, 탐구의 출발점이 되는 질문을 스스로 만들어 볼 수 있도록 지도하는 과정이 필요하다. 다양한 시각 자료를 제공하고 구체적으로 관찰을 할 수 있도록 하며 추론을 유도하는 질문과 추론한 내용을 기존 지식 · 경험과 연결해 보도록 하고 여러 사람과 해석을 공유하며 다양한 해석이 가능함을 인식하게 한다.

나. 탐구를 촉진하는 방법

'보이는 것을 최대한 구체적으로'라는 방식으로 시작하여 '보이는 것'과 '생각하는 것'을 구분하게 지도하는 것이 필요하다. 학생이 관찰한 내용에 자신의 의미를 부여하며 개념을 형성하고 궁금증을 가지도록 단계별로 질문과 추론을 끌어내도록 질문을 한다. 보기 단계에서는 사실 중심의 언어사용으로 주의 깊은 관찰력과 정보 식별 능력을 기르도록 하며 생각하기 단계에서는 학생의 배경지식, 감정, 논리를 바탕으로 생각을 구조화하도록 돕는다. 궁금해하기 단계에서는 학생이 학습 주제에 관한 질문을 스스로 하며 자발적인 탐구 의지를 가지도록 돕는다. 초등학생은 질문 생성에 어려움이 있을 수 있으므로 질문이나 문장의 틀을 제공할 수 있고 질문을 만든 후 질문의 수준에 대해 피드백을 제공할 수 있다.

다. 보기-생각하기-궁금해하기 기법 활용 방법

주제	생물의 잎맥 들여다보기

교수 · 학습 활동	• 생물 관찰, 실험 장면, 과학적 현상의 이해하기
	• 식물 잎의 확대 사진, 깃털 구조 사진 등
	  – 보기: 구불구불한 선 같은 것이 규칙적으로 퍼져 있다. 그물 같다.
	  – 생각하기: 이 구불구불한 선은 물이 골고루 퍼지기 위한 구조 같다.
	  – 궁금해하기: 다른 식물의 잎도 같은 구조로 되어 있을까?, 잎맥의 모양은 환경에 따라 다를까?
	• 내 생각을 발표하고 다른 생각을 듣고 새롭게 알게 된 점을 발표하기

주제	악기를 보고 생각하기
교수·학습 활동	• 여러 가지 악기 관찰하기 - 보기: 야구방망이 같은 악기가 보인다, 쟁반같이 생긴 악기가 있다. - 생각하기: 쟁반같이 생긴 악기는 연주를 위해 채가 필요할 것 같다. - 궁금해하기: 악기인데 동물 모습을 넣은 것은 어떤 의미일까? • 내 생각을 발표하고 다른 생각을 듣고 새롭게 알게 된 점을 발표하기

주제	그림과 사진을 함께 감상해요
교수·학습 활동	• 명화나 사진의 장면 관찰하기 - 보기: 이 그림이나 사진에서 무엇을 볼 수 있나요? - 생각하기: 화가는 어떤 감정으로 표현했을까? 작가는 왜 이 장면을 찍었을까? 사진이나 그림 속 인물은 어떤 생각을 하고 있을까? - 궁금해하기: 왜 이런 색이나 구도를 사용했을까? 이 사진이나 그림을 통해 전하고 싶은 생각은 무엇일까? • 내 생각을 발표하고 다른 생각을 듣고 새롭게 알게 된 점을 발표하기

라. 보기-생각하기-궁금해하기 기법을 활용한 수업 사례

1) 수업 개요

단원명	생물과 환경	학년	4학년
학습 주제	동물의 서식지와 생태 적응		
교수·학습 활동	이 수업은 4학년 과학과 '생물과 환경'을 주제로 한 수업이다. 자연과 생명의 다양성에 대한 흥미를 높이며, 학생의 관찰력, 해석력, 탐구력을 기르는 데 매우 효과적이다. 다양한 서식지에 사는 동물들의 모습을 관찰하고, 동물의 생김새와 생활 방식이 환경과 어떻게 관련되는지를 생각하며, 환경에 따라 생물이 어떻게 적응했는지를 보기-생각하기-궁금해하기 기법으로 탐구할 수 있다.		

2) 수업 절차

주제나 관련 자료 제시하기

- 서식지와 관련된 영상 시청 또는 글 읽기
- 우리에게 낯선 서식지(사막, 극지방, 열대 우림 등) 선택하여 학생에게 제시하기
- 교사 질문: 동물들은 어떤 환경에 살고 있는가?
  (사진을 보며 흥미 유발하기)

보기 단계

- 무엇이 보이나요? 질문 후 보이는 것을 기록하기
- 어떤 특징을 볼 수 있는가?
  (학생들에게 관찰한 것을 사실 중심으로 적도록 유도)

생각하기 단계

- 관찰한 내용을 바탕으로 동물이 그런 생김새를 가지게 된 이유를 생각하게 하기
  (왜 그렇게 생겼을까?/이 동물의 특징은 환경과 어떤 관련이 있을까? 등)
- 해석과 추론을 중심으로 토의하기

궁금해하기 단계

- 궁금한 점, 추가로 탐구하고 싶은 것을 질문하기
  (이 동물에 대해 무엇이 궁금한가?/더 알고 싶은 점은 무엇인가? 등)
- 모둠별 질문을 모아서 정리한 후 공유하기

정리 및 확장하기

- 서식지와 적응의 관계를 정리하기
  - 개념 요약 정리, 탐구 질문을 바탕으로 과제 탐색
    (환경에 따라 동물은 어떤 방식으로 적응하는가)
- 다른 동물의 사례를 찾아보도록 과제 제시

3) 활동지

다양한 동물의 서식지와 생태 적응

※ 아래 동물 사진을 보고 보이는 것을 자세하게 적어 보세요.

북극곰	낙타	개구리
		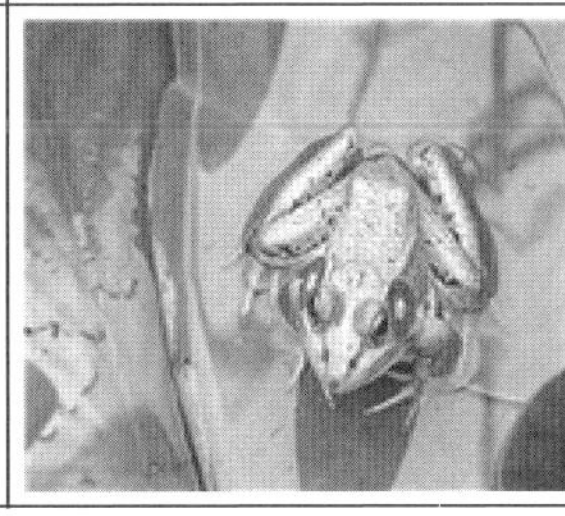

4) 학생 활동 예시

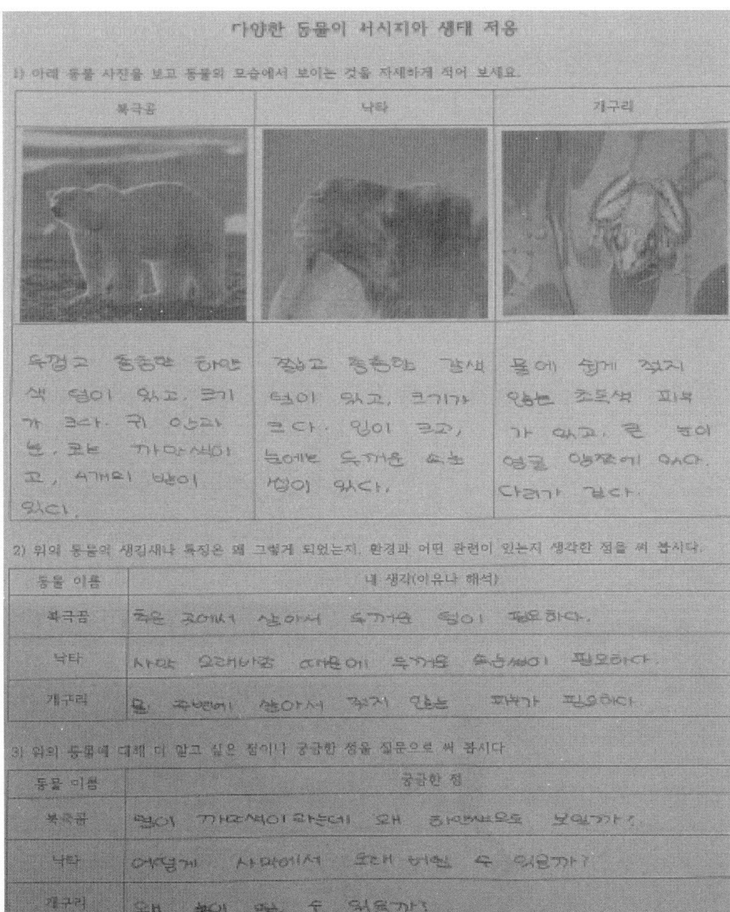

다양한 동물의 서식지와 생태 적응

1) 아래 동물 사진을 보고 동물의 모습에서 보이는 것을 자세하게 적어 보세요.

북극곰	낙타	개구리
(사진)	(사진)	(사진)
두껍고 촘촘한 하얀색 털이 있고, 크기가 크다. 귀 앞과 눈, 코는 까만색이고, 4개의 발이 있다.	짧고 촘촘한 갈색 털이 있고, 크기가 크다. 입이 크고, 눈에는 두꺼운 속눈썹이 있다.	물에 쉽게 젖지 않는 초록색 피부가 있고, 큰 눈이 얼굴 양쪽에 있다. 다리가 길다.

2) 위의 동물의 생김새나 특징은 왜 그렇게 되었는지, 환경과 어떤 관련이 있는지 생각한 점을 써 봅시다.

동물 이름	내 생각(이유나 해석)
북극곰	추운 곳에서 살아서 두꺼운 털이 필요하다.
낙타	사막 모래바람 때문에 두꺼운 속눈썹이 필요하다.
개구리	물 주변에 살아서 젖지 않는 피부가 필요하다.

3) 위의 동물에 대해 더 알고 싶은 점이나 궁금한 점을 질문으로 써 봅시다.

동물 이름	궁금한 점
북극곰	털이 까만색이라는데 왜 하얀색으로 보일까?
낙타	어떻게 사막에서 오래 버틸 수 있을까?
개구리	왜 높이 뛸 수 있을까?

5 3-2-1 다리(3-2-1 Bridge)[5)]

3-2-1 다리는 한 가지 개념이나 주제에 대해 학습 전후의 생각을 비교하면서 사고의 변화를 지각하는 탐구 기법으로 개념의 확장과 재구성이 특징이다. 이 기법은 배운 내용에 대한 지식의 확인을 넘어서 학생이 자신의 생각이 확장됨을 인식하고 개념 간 연결 고리를 만들며 새로운 지식이 구성되도록 돕는다. 개념이나 주제에 대한 단어 3개, 그 주제나 개념에 대해 생각을 표현한 문장 2개, 주제와 관련된 질문 1개를 작성하여 선개념을 명확히 하며, 탐구 활동 후 다시 동일한 방식으로 사고를 정리하게 함으로써 사고의 변화를 자각하게 한다. 'Bridge'는 학습 이전과 이후의 사고를 연결하는 '다리'라는 뜻이다.[5)]

가. 사고 기능을 기르는 방법

학생이 3-2-1 다리 활동을 통해 선개념을 구성하는 과정에서 사고의 출발점을 자각하며 학습에 대한 내적 동기와 방향성을 갖게 한다. 탐구 활동 후 자신이 가진 기존 지식과 새로운 정보를 비교 · 분석하고, 기존 사고를 수정하거나 확장하게 만드는 인지적 자각이 일어나도록 자기 설명의 방식으로 사고 변화를 표현하는데, 이 과정에서 개념을 설명하고 전이 가능한 수준으로 기능을 확장하도록 한다.

나. 탐구를 촉진하는 방법

교사는 학생이 선개념을 명확히 인식할 기회를 먼저 제공하여 자신의 생각을 단어나 문장, 질문의 형태로 사고를 언어화하여 사고의 정교화를 촉진하고, 이후 개념 탐구 활동의 방향을 스스로 설정할 수 있도록 돕는다. 학생이 직접 관찰하거나 실험하고, 사례를 분석하거나 토론하는 등 다각적인 탐구 활동을 통해 개념을 체화할 수 있도록 의미 있는 경험 활동을 제공하며 다양한 관점의 변화를 공유하고, 탐구를 통해 개념 습득을 확인할 수 있도록 피드백한다.

5) 3-2-1 다리는 하버드 교육대학원 Project Zero의 PZ Connect 프로젝트의 일환으로 개발되었음.

다. 3-2-1 다리 기법 활용 방법

주제	광고의 특징 파악하고 표현하기
교수·학습 활동	• 사전 3-2-1 '광고'라는 단어에 대해 떠오르는 단어 3개, 문장 2개, 질문 1개를 작성 예: 재미, 소비, TV / 광고는 우리에게 물건을 소개해요. 광고를 보면 사고 싶어요 / 광고는 왜 거짓말처럼 느껴질까? • 탐구 활동 다양한 종류의 광고(영상, 인쇄물 등)를 분석하고, 그 목적과 표현 방법을 비교해 보기, 그룹별로 광고의 설득 요소(감성/이성/신뢰) 분류 • 사후 3-2-1 새롭게 알게 된 광고 관련 단어 3개, 개념 정리 문장 2개, 질문 1개 작성 • Bridge 광고는 단지 물건을 파는 것이 아니라 사람의 감정을 자극한다. • 공유 및 성찰 광고 제작자 관점에서 발표해 보고, 서로의 생각 차이를 비교하기

주제	균형 잡힌 식사의 중요성
교수·학습 활동	• 사전 3-2-1 '균형 잡힌 식사'에 대해 떠오르는 단어 3개, 문장 2개, 질문 1개를 작성 예: 채소, 아침, 골고루 / 아침을 먹는 것이 중요하다. 골고루 먹는 것이 건강에 좋다. 채소를 많이 먹어야 한다./왜 균형 잡힌 식사가 중요할까? • 탐구 활동 - 자신의 기존 식습관과 관련된 사고를 정리 - 영양소의 종류와 기능, 실제 식단, 영양소 게임 활동을 통해 식습관 돌아보기 • 사후 3-2-1 새롭게 알게 된 균형 잡힌 식사 관련 단어 3개, 개념 정리 문장 2개, 질문 1개 작성 • Bridge 골고루 먹는 것은 건강을 지키는 방법 중 하나이다. • 공유 및 성찰 식단 제작의 입장에서 발표해 보고, 서로의 생각 차이를 비교하기

라. 3-2-1 다리 기법을 활용한 수업 사례

1) 수업 개요

단원명	설명하는 글	학년	5학년
학습 주제	설명하는 글의 구조와 목적		
교수·학습 활동	이 수업은 5학년 학생이 기존에 갖고 있는 '설명하는 글'에 대한 지식을 바탕으로 여러 가지 설명문을 읽고 분석한 후, 학습 전후 생각을 비교하고 Bridge 문장을 통해 개념을 명확하게 재구성하는 활동이다. 학생은 설명문의 개념을 단순한 정의가 아니라 자신의 언어로 설명하고, 구조를 이해하며, 실제로 적용할 수 있는 능력을 기르게 된다.		

2) 수업 절차

주제나 관련 자료 제시하기

- '설명하는 글'이라는 주제 제시

사전 3-2-1 작성하기

- 설명하는 글에 대해 알고 있는 3단어, 2문장, 1가지 질문 작성하기
  예: 글, 정보, 설명
  설명하는 글은 모르는 내용을 알려준다, 설명하는 글은 자세하게 쓴다.
  설명하는 글과 이야기 글은 어떤 점이 다른가?
- 학생 개인별로 작성한 후 모둠 내에서 서로 생각을 나누며 배경지식 확인하기

탐구 활동하기

- 학생 수준에 맞는 설명하는 글을 제시
  (식물과 동물을 설명하는 글)
- 글의 구조 분석
  무엇을 설명하는가? 어떤 순서로 설명하는가? 어떤 표현 방식을 사용하는가?

사후 3-2-1 작성하기

- 설명하는 글에 대해 학습 후 새롭게 알게 된 3단어, 2문장, 1가지 질문 작성
  예: 순서, 설명문, 구조
  설명하는 글은 읽는 사람이 이해하기 쉽게 써야 한다.
  설명하는 글에 꼭 예시를 넣어야 하는가?

다리

설명하는 글은 내용 설명과 함께 내용을 잘 이해할 수 있도록 순서와 구조가 중요하다는 것을 알게 되었다.

발표 및 성찰하기

모둠 다리 공유를 통해 사고의 변화 알아보기

3) 활동지

설명하는 글 알아보기

학습 전 생각 정리	탐구 활동	학습 후 생각 다시 정리하기
1. '설명하는 글'이라는 말을 들으면 떠오르는 단어를 3개 써 봅시다. ① ______ ② ______ ③ ______	※ 아래 설명하는 글을 읽고 질문에 답을 해 봅시다. 세상에는 여러 가지 생물이 살고 있다. 그중에서 식물과 동물은 비슷해 보이지만 여러 면에서 다르다. 먼저, 식물은 스스로 양분을 만들 수 있지만, 동물은 다른 것을 먹어서 양분을 얻는다. 식물은 광합성을 통해 햇빛을 이용해 스스로 에너지를 만들지만, 동물은 음식을 먹어야 살 수 있다. 또한, 식물은 뿌리로 자리를 지키며 살지만, 동물은 다리나 지느러미 등을 이용해 스스로 움직일 수 있다. 이처럼 식물과 동물은 생물이라는 점에서는 같지만, 양분을 얻는 방법이나 움직이는 방식에서 차이가 있다.	1. 지금 '설명하는 글'이라는 말을 들으면 새롭게 떠오르는 단어를 3개 써 봅시다. ① ______ ② ______ ③ ______
2. 설명하는 글에 대해 알고 있는 문장을 2가지 써 봅시다. ① ______ ______ ② ______ ______	1. 이 글은 무엇에 대한 설명하고 있나요? ______ 2. 이 글에서 설명하는 내용을 어떤 순서로 설명하고 있나요? ______ ______	2. 설명하는 글에 대해 지금 알고 있는 문장을 2가지 써 봅시다. ① ______ ______ ② ______ ______
3. 설명하는 글에 대해 궁금한 점을 1가지 써 봅시다. ______	3. 어떤 설명 방식을 사용하였나요?(예시, 비교, 대조, 정의 등) ______	3. 설명하는 글에 대해 궁금한 점이나 새롭게 생긴 질문을 1가지 써 봅시다. ______

※ 설명하는 글의 내용에 대한 학습 전후 내 생각은

처음에는 ______ 라고 생각했는데 지금은 ______ 라고 생각하게 되었다.

4) 학생 활동 예시

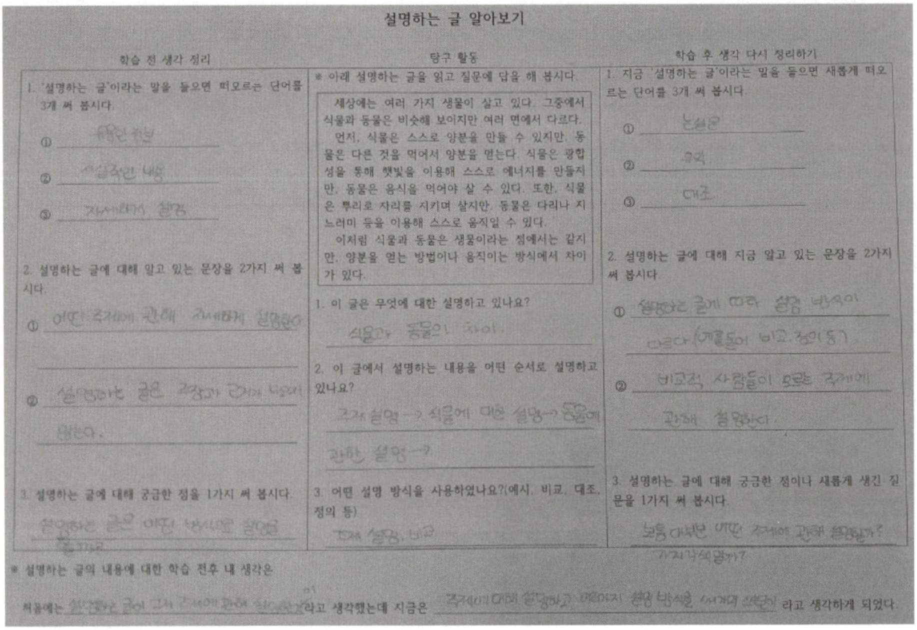

6 의사결정 매트릭스(Decision Making Matrix)

의사결정 매트릭스는 문제해결을 위한 다양한 대안 중에서 최선의 선택을 하도록 돕는 합리적 의사결정 기법이다. 많은 선택과 변수에 직면했을 때 선택 기준을 설정하고, 각 대안을 기준별로 평가해 점수를 부여한 후 총합을 비교함으로써 최적의 결정을 내리게 된다. 이때 결정은 단순한 선택이 아닌 비판적 사고, 문제해결 능력, 가치 판단, 협력적 토의, 자료 분석 능력 등의 기능을 복합적으로 활용하게 된다.

가. 사고 기능을 기르는 방법

복잡한 문제 상황에서 다양한 대안과 기준을 비교하고, 점수화하여 합리적 결정을 내리는 사고 구조를 갖추기 위해 학생 스스로 선택의 기준을 설정하고, 다양한 대안을 탐색하며, 그 대안의 장단점을 수치화하여 판단하는 경험을 반복적으로 실행하는 것이 필요하다. 처음에는 교사가 기준과 대안을 제시하며 점진적으로 구조화된 틀 안에서 연습하도록 돕고, 점차 학생 주도로 기준을 만들어가도록 안내함으로써 의사결정 사고 구조가 내면화되도록 한다.

나. 탐구를 촉진하는 방법

'무엇이 가장 좋은가?', '왜 그것이 타당한가?'라는 문제 상황에 관한 질문과 비교 활동을 통해 탐구를 촉진하게 된다.

탐구 활동의 촉진을 위해서 학생의 경험과 연결된 실제적 문제를 제시하고 문제 해결을 위해 다양한 기준을 고려해야 함을 인식하도록 한다. 학생은 기준에 맞는 정보를 조사, 수집하고 각 대안을 평가하기 위해 자료를 수치화하며 탐구의 과정과 연결한다.

최종 결정을 내린 뒤에는 자신의 판단을 타인에게 설명하고, 다른 선택을 한 친구들과 비교하는 과정을 통해 자신의 사고를 점검하고 확장하게 된다.

다. 의사결정 매트릭스 기법 활용 방법

주제	함께 살아가는 우리
교수·학습 활동	• 실생활의 갈등 사례 소개(친구가 내 비밀을 다른 친구에게 말했을 때) • 학생들의 경험 나누기 • 가능한 해결 방법 제시하기 예: 직접 말하기, 선생님에게 말하기 등 • 모둠별로 해결 방안 정리하기 • 평가 기준 설정(감정 상처가 적고, 용기가 필요한 정도, 실천의 용이성 등) • Decision Making Matrix 구성 • 최선의 대안 도출 • 모둠별 발표, 다른 모둠과 기준 비교, 토론 등 • 선택한 해결 방법을 실제로 적용해 본다면 어떨지 예상하기 • 성찰하기

주제	효과적인 에너지 절약 방법
교수·학습 활동	• 전기세 고지서 사례, 생활 속 낭비 장면 소개 • 에너지 절약의 필요성 토론 • 다양한 절약 방법 제시 예: 플러그 뽑기, 냉난방 적정 유지, LED 사용 등 • 모둠별 대안 정리 • 평가 기준 설정 예: 절약 효과, 실천 용이성, 환경 기여도 등 • Decision Making Matrix 구성 • 각 대안을 기준에 따라 점수화 후 최선의 절약 방법 선정 • 모둠별 발표, 다른 모둠과 기준 비교, 기준 차이에 관한 토론 등 • 나만의 에너지 절약 실천 계획 작성 • 일주일 실천 후 보고하기 안내

라. 의사결정 매트릭스 기법을 활용한 수업 사례

1) 수업 개요

단원명	지역 문제와 공동체의 의견	학년	4학년
학습 주제	우리 동네의 공공시설을 선택해요.		
교수·학습 활동	이 수업은 학생들이 자신이 살고 있는 지역 사회에 대해 관심을 가지고, 지역의 필요와 요구를 이해하며 공동체의 문제해결에 주체적으로 참여하는 것을 돕기 위해 설계되었다. 학생들은 지역 문제의 해결 과정을 탐구하고, 공공기관이나 지역 주민의 역할을 해보며 공공의 이익, 지역 주민의 삶의 질, 공동체의 역할과 참여에 대해 생각해 보게 된다.		

2) 수업 절차

문제 상황 탐색하기
• 문제 상황을 확인하기 - 글, 사진, 영상, 사건, 문제 상황, 기사 등을 제시 • 문제에서 우리가 결정해야 할 점을 알아보기 - 어떤 공공시설이 대안으로 나왔는지 알아보기
기준 만들기
• 공공시설을 선택할 때 어떤 기준이 중요한지 알아보기 (기존의 내용 중 3~4가지 선택 또는 새로운 기준 제시하기) • 내가 선택한 기준 발표하기(3~4가지)

의사결정 매트릭스 표 작성하기

각 공공시설이 선정한 기준에 얼마나 부합하는지 1~5점으로 점수 부여하기

선택과 선택한 이유 쓰기

- 총점이 가장 높은 공공시설 알아보기
- 왜 이 시설을 선택했는지 기준에 따라 설명하기

모둠 의견 비교 및 성찰하기

- 모둠에서 나온 선택과 내 선택을 비교하기
- 모둠의 의견과 어떤 점이 달랐는지 확인하기
- 타인의 의견 중 배울 점 알아보기

활동 후 성찰 질문하기

- 내가 선택한 기준이 정말 중요한 것인지 다시 생각해 보기
- 다른 사람은 어떤 기준을 더 중요하게 생각했는지 알아보기
- 다른 조건(예산 증가, 장소 부족 등)이 있다면 선택이 달라졌을지 생각해 보기

3) 활동지

우리 마을에 필요한 공공시설을 선택해요

※ 다음 글을 읽고 이 마을에서 해결해야 할 문제를 찾아 써 봅시다.

> 우리 마을에는 오래된 공공시설이 많아서 사람들이 잘 이용하지 않고 있어요. 주민들은 아이들이 뛰어놀 수 있는 놀이터, 책을 읽을 수 있는 도서관, 건강을 위해 운동할 수 있는 체육관, 가족들이 함께 문화생활을 즐길 수 있는 문화센터 등을 원하고 있어요. 그런데 예산은 한정되어 있어서 한 가지만 지을 수 있어요.

1) 위의 글을 읽고 위의 마을에서 결정해야 할 점은 무엇인지 써 봅시다.

____

2) 어떤 공공시설이 대안으로 나왔는지 써 봅시다.

①	②
③	④
⑤	⑥

3) 공공시설을 건립할 때 어떤 기준이 중요한지 아래 기준에서 3~4가지를 선택해 봅시다.
이 외에 제안하고 싶은 내용이 있으면 기타에 써 봅시다.(   )

> ㉠ 사용 빈도 (많이 사용할 수 있는지)　　㉡ 유익성 (사람들에게 도움이 되는 정도)
> ㉢ 접근성 (가깝고 쉽게 갈 수 있는지)　　㉣ 환경 영향 (자연에 미치는 영향)
> ㉤ 비용 대비 효과 (적은 비용으로 만족을 높일 수 있는지)
> ㉥ 기타 (   )

4) 아래 표의 각 공공시설이 기준에 얼마나 맞는지 1~5점으로 점수를 써 보세요.

공공시설	기준1	기준2	기준3	기준4	총점
놀이터					
도서관					
체육관					
문화시설					
기타(　　　　)					
기타(　　　　)					

5) 총점이 가장 높은 공공시설은 무엇인가요? ____________________

6) 내가 선택한 공공시설과 그 시설을 선택한 이유를 써 봅시다.

4) 학생 활동 예시

우리 마을에 필요한 공공시설을 선택해요

※ 다음 글을 읽고 이 마을에서 해결해야 할 문제를 찾아 써 봅시다.

> 우리 마을에는 오래된 공공시설이 많아서 사람들이 잘 이용하지 않고 있어요. 주민들은 아이들이 뛰어놀 수 있는 놀이터, 책을 읽을 수 있는 도서관, 건강을 위해 운동할 수 있는 체육관, 가족들이 함께 문화생활을 즐길 수 있는 문화센터 등을 원하고 있어요. 그런데 예산은 한정되어 있어서 한 가지만 지을 수 있어요.

1) 위의 글을 읽고 위의 마을에서 결정해야 할 점은 무엇인지 써 봅시다.

무슨 공공시설을 지을지 결정해야 한다.

2) 어떤 공공시설이 대안으로 나왔는지 써 봅시다.

① 놀이터	② 도서관
③ 체육관	④ 문화센터
⑤ (주민센터)	⑥ (미술관 등)

3) 공공시설을 건립할 때 어떤 기준이 중요한지 아래 기준에서 3~4가지를 선택해 봅시다. 이 외에 제안하고 싶은 내용이 있으면 기타에 써 봅시다.(㉠, ㉡, ㉢, ㉤)

- ㉠ 사용 빈도 (많이 사용할 수 있는지)
- ㉡ 유익성 (사람들에게 도움이 되는 정도)
- ㉢ 접근성 (가깝고 쉽게 갈 수 있는지)
- ㉣ 환경 영향 (자연에 미치는 영향)
- ㉤ 비용 대비 효과 (적은 비용으로 만족을 높일 수 있는지)
- ㉥ 기타 ( )

4) 아래 표의 각 공공시설이 기준에 얼마나 맞는지 1~5점으로 점수를 써 보세요.

공공시설	기준1	기준2	기준3	기준4	총점
놀이터	3	2	5	3	13
도서관	4	4	3	4	15
체육관	3	3	3	3	12
문화시설	4	4	3	3	14
기타(주민센터)	5	2	3	3	13
기타(미술관)	2	3	2	4	11

5) 총점이 가장 높은 공공시설은 무엇인가요? 도서관

6) 내가 선택한 공공시설과 그 시설을 선택한 이유를 써 봅시다.

도서관, 더 유익하고 모든 연령대가 사용하기 적절하기 때문이다

7) 모둠에서 나온 선택과 내 선택을 비교해 봅시다.(같다, (다르다))
내 의견과 다른 의견이 나왔을 때 어떤 점이 달랐는지 써 봅시다.

문화시설이 공부방과 빈도를 더 높다고 생각했다

7 질문 열기(Question Starts)

질문 열기는 하나의 개념, 현상, 문제 등을 보고 단순한 '예/아니요'로 답하는 질문이 아니라, 질문의 형식을 다양하게 바꿔가며 주제나 개념을 여러모로 탐색하여, 사고의 깊이와 폭을 확장하는 기법이다. 개념을 다양한 시각에서 탐색하고, 비판적 · 창의적 사고력을 신장하며, 자기 주도적으로 탐구할 수 있도록 돕는 데 효과적이다.

가. 사고 기능을 기르는 방법

학생이 정보를 회상하여 인출하는 대답이나 '예/아니오' 형태의 폐쇄형 질문에서 벗어나, 개방형 질문과 탐구 중심 질문을 구성할 수 있도록 돕는 단계적 경험이 필요하다.

교사는 질문 생성의 중요성과 목적을 명확히 안내하고, 학생이 생각을 시각화하거나 말로 표현하기 전에 질문을 먼저 하게끔 유도하는데 특히 '왜', '어떻게', '무엇이', '누구의 관점에서 보면', '만약 ~라면'과 같은 질문 문장틀(Question Stems)을 제공하여, 학생이 질문 문장 틀을 구조적으로 익히도록 돕는다.

질문 틀 제공 - 질문 생성 훈련 - 질문 공유 및 탐색 - 질문 기반 탐구 수행 - 반성 및 재구성이라는 일련의 수업 흐름 속에서 반복 경험을 통해 기능을 기르게 된다.

나. 탐구를 촉진하는 방법

학생들이 질문 문장 틀(Question Stems)을 익힌 후 교사는 학생이 만든 질문을 함께 분류하고 평가하며, 질문 자체를 탐구 대상으로 삼는 활동을 반복함으로써 질문에 대한 감각을 기르도록 한다. 학생이 스스로 만든 질문은 탐구의 출발점이 되며 개념 탐색, 의미 구성, 문제해결로 이어지며 사고의 전환을 유도하게 된다. 학생은 단순한 지식의 수용자가 아닌 의미를 주도적으로 구성하는 탐구자로 성장할 수 있다.

다. 질문 열기 기법 활용 방법

주제	주장하는 글쓰기
교수·학습 활동	• 문제 상황 제시 - 사회적 쟁점(예: 학교 내에서 스마트폰 사용 금지)을 자료나 영상으로 제시 - 학생 생각 나누기(이 문제에 대해 어떻게 생각하나요? 등) • 주장, 근거, 반론의 개념 간단 정리
교수·학습 활동	• 개념 정리 및 질문 문장 틀 제시 ('왜 사람들은 ~할까?', '어떤 관점에서 보면 ~?', '만약 ~라면?', '누구의 관점에서 보면?, '무엇이 더 중요한가?' 등) • 질문 생성 활동 및 질문 공유, 토론하기 • 질문에 기반하여 글쓰기 주제 선택하기 - 자신의 주장과 근거를 정리하여 글쓰기 • 성찰 및 확장 활동 - 다른 사람이 쓴 글은 주장과 근거가 명확한가?

주제	생각을 그림으로 표현해요.
교수·학습 활동	• 작품 감상 시작 - 다양한 예술 작품(예: 모네, 이중섭, 학생 작품 등) 감상 - 감상 질문(무엇이 보이나요?, 어떤 궁금증이 생겼나요?) • 질문 문장 틀(Question Stems) 제시 - 감상 확장을 위한 질문 문장 틀(Question Starts) 제시(예: 왜 이런 색을 썼을까?, 누구의 시선일까?, 이 장면의 다음은 어떨까?) • 질문 만들기 활동 및 질문 공유하기 • 질문을 활용한 창작 활동 - 직접 만든 질문을 바탕으로 새로운 그림 주제 설정(예: 이 그림의 다음 장면을 상상하여 그려보세요.) • 작품 발표 및 피드백 - 친구와 교사의 피드백(느낌/의도 이해 등) • 성찰 및 자기표현 강화 - 질문으로 감상이 어떻게 달라졌는지 표현해 보기

라. 질문 열기 기법을 활용한 수업 사례

1) 수업 개요

단원명	함께 살아가는 우리	학년	4학년
학습 주제	공정 vs 배려		
교수·학습 활동	이 수업은 4학년 도덕과 '함께 살아가는 우리'를 주제로 한 수업이다. 학생들은 실제 또는 가상의 사례를 통해 공정과 배려의 개념을 탐색하고, 공정과 배려가 때로는 충돌하거나 균형 잡기 어려운 개념임을 자연스럽게 인식하게 된다. 이후에 질문 만들기(Question Starts)를 활용하여 스스로 질문을 만들어 보고, 친구들과 공유하며 관점을 나누고 사고를 확장할 수 있게 된다.		

2) 수업 절차

문제 상황 제시하기

공정과 배려와 관련된 사례 제시

개념 정리하기

- 내 생각은 ~이다, 나는 ~생각한다 등
- 공정과 배려의 의미와 유사점, 차이점 비교하기, 실제 경험 나누기

Question Starts 실행하기

- 다양한 질문 문장 제시하기
  (왜, 어떻게, 누구의 관점에서, 만약~이라면?)
- 학생 개인, 모둠별로 질문 만들기
  - 공정/배려를 어떻게 선택했나요? / 내가 ○○이라면 어떤 기분이 들었을까요?
  - 공정과 배려는 함께 이루어질 수 없는 것인가요?

질문 분류(사실적 질문/분석적 질문/가치 판단 질문)하기

- 여러 질문 중 가장 탐구하고 싶은 질문을 고르고, 그 이유 쓰기
- 모둠 친구들과 질문을 나누고, 서로의 생각 비교해 보기

탐구 계획 세우기

- 질문을 중심으로 모둠별 탐구 방향 설정하기
  - 내가 만든 질문 중 하나를 중심으로 생각을 더 깊이 적어 보기
  - 실제 생활 속에서 공정과 배려 사이에서 고민한 적이 있다면 소개하기
    (학교에서 공정과 배려의 사례 조사, 친구들의 사례 공유 등)

실행 및 피드백하기
- 모둠별 활동 수행 - 공정과 배려를 균형 있게 실천하기 위해 내가 할 수 있는 일 찾아보기
성찰하기
자기 성찰과 행동 실천하기

3) 활동지

공정 or 배려

※ 다음 글을 읽고 질문에 답을 해 봅시다.

가) 현수가 키가 작고 운동 실력이 좋지 못해서 항상 체육 시간에 농구 순서에서 뒤에 서게 된다. 오늘도 먼저 하려 했지만 친구들이 "너는 맨날 못 넣잖아."라고 하며 뒤로 보냈다. 그러자 선생님이 "오늘은 키가 작은 친구들이 먼저 해 보자."고 하셨다.
나) 반 대항 달리기 대표를 뽑을 때, 50m 달리기에서 가장 빠른 기록을 가진 민수가 있었지만 선생님은 민수는 대표를 많이 해보았기 때문에 다음으로 빠른 기록을 가진 정우를 뽑으셨다.

1) 위의 예시를 읽고 각 예시가 공정인지 배려인지 내 생각과 이유를 쓰시오.

가	내 생각 : | 이유 :
나	내 생각 : 이유 :

2) 공정과 배려의 차이를 정의해 봅시다.

개념	내 생각
공정	
배려	

3) 다음 질문 시작 문장을 활용하여 공정과 배려에 대한 질문을 만들어 봅시다.

질문 시작 문장	내가 만든 질문
왜 사람들은...... 어떻게 하면.... 만약 ~라면...? 누구의 입장에서 보면...? 무엇이 더 중요할까...?	

4) 학생 활동 예시

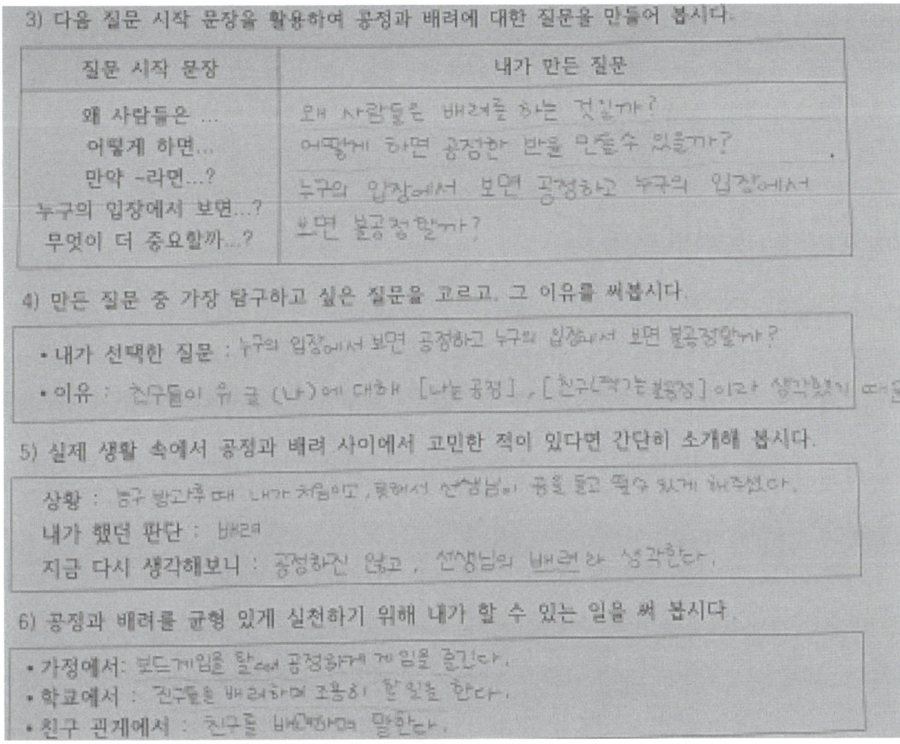
3) 다음 질문 시작 문장을 활용하여 공정과 배려에 대한 질문을 만들어 봅시다.

질문 시작 문장	내가 만든 질문
왜 사람들은 ... 어떻게 하면... 만약 ~라면...? 누구의 입장에서 보면...? 무엇이 더 중요할까...?	왜 사람들은 배려를 하는 것일까? 어떻게 하면 공정한 반을 만들수 있을까? 누구의 입장에서 보면 공정하고 누구의 입장에서 보면 불공정할까?

4) 만든 질문 중 가장 탐구하고 싶은 질문을 고르고, 그 이유를 써봅시다.

• 내가 선택한 질문 : 누구의 입장에서 보면 공정하고 누구의 입장에서 보면 불공정할까?
• 이유 : 친구들이 유 글 (나)에 대해 [나는 공정], [친구(작가는 불공정] 이라 생각했기 때문

5) 실제 생활 속에서 공정과 배려 사이에서 고민한 적이 있다면 간단히 소개해 봅시다.

상황 : 농구 방과후 때 내가 처음이고, 못해서 선생님이 공을 넣고 뛸수 있게 해주셨다.
내가 했던 판단 : 배려
지금 다시 생각해보니 : 공정하진 않고, 선생님의 배려라 생각한다.

6) 공정과 배려를 균형 있게 실천하기 위해 내가 할 수 있는 일을 써 봅시다.

• 가정에서: 보드게임을 할때 공정하게 게임을 즐긴다.
• 학교에서 : 친구들은 배려하며 조용히 할일을 한다.
• 친구 관계에서 : 친구를 배려하며 말한다.

8 사례 비교(Case Comparison)

사례 비교는 두 가지 이상의 구체적인 사례(Case)들을 비교 · 대조하면서, 사례 간의 공통점과 차이점을 발견하고, 이로부터 핵심 개념을 도출하여 본질을 이해하는 기법이다. 학습자는 사례 비교를 통해 개념의 특성, 원리, 적용 맥락을 스스로 분석하고 일반화할 수 있게 된다.

가. 사고 기능을 기르는 방법

사례 비교 기능을 기르기 위해 학생들이 구체적인 사례에 몰입하고, 그 사례의 핵심 요소를 인식하도록 유도하는 것이 필요하다. 학생들은 서로 다른 사례들을 접

하여 인지하는 단계에서 주의 깊게 세부 사항을 관찰하고, 각 요소를 분석하는 기능을 기르게 되는데 교사는 '무엇이 다를까, 왜 이렇게 표현했을까?'와 같은 질문을 통해 다양한 사례에 접근할 기회, 비교 기준을 세울 수 있는 틀, 의미 있는 질문을 생성하도록 사고의 방향을 안내해 준다.

나. 탐구를 촉진하는 방법

학생들이 사례를 비교 · 대조 · 분석하는 과정에서 자연스럽게 탐구가 촉진된다. 학생들은 각 사례가 다르다는 인식을 넘어 왜 그렇게 다르게 나타났는지, 그 차이가 어떤 영향을 주는지, 어떤 상황에서 각각의 방식이 효과적인지 등을 질문하며 사례 간 차이점으로 생기는 의문을 스스로 정리하며 학생이 주도적으로 사고를 이어갈 수 있도록 한다.

사례 비교 후에는 일반화 단계가 나올 수 있도록 하는데 학생들은 사례들의 공통점에서 개념을 추출하고, 차이점에서는 적용의 조건을 추론하면서 자기 지식을 구조화하게 된다. 사례 비교 기능은 단순히 공통점과 차이점을 찾아 정리하는 데에 그치지 않고, 개념화와 적용으로 이어지는 탐구적 흐름 속에서 길러지며 이 과정이 반복되며 학생의 사고력은 깊어지게 된다.

다. 사례 비교 기법 활용 방법

주제	설명하는 글과 주장하는 글의 비교

교수 · 학습 활동	• 설명문과 주장문의 사례 제시
	  - 건강한 음식을 먹자 vs 우리 전통 음식의 우수성
	• 비교 기준 안내(글의 목적, 표현 구조 등)
	  - 기준에 따른 두 글의 비교표 작성
	• 공통점 · 차이점 분석
	  - 글의 구조, 목적, 표현의 차이 등
	• 개념 도출
	  - 설명문과 주장하는 글의 의미와 특징

교수·학습 활동	• 새로운 자료 제시 후 유형 판단 및 근거 제시 - 새롭게 제시된 글을 도출된 개념에 따라 분석해 보기 - 비교 기준에 따라 설명문과 주장하는 글을 찾아보기 - 도출된 개념에 따라 설명문과 주장하는 글을 작성하기

주제	갈등 사례 해결하기
교수·학습 활동	• 갈등 사례 제시 - 우리 동네의 쓰레기 매립지 건립과 학교 급식실 소음 문제해결 - 사례의 내용 파악 및 정리 • 비교 기준 안내 - 갈등 원인, 당사자, 해결 방식, 결과 등 기준에 따라 비교표 작성 • 공통점·차이점 분석 - 어떤 해결 방식이 더 적절한지 토의, 갈등 해결의 공정성 조건 확인 • 개념 도출 - 공정하고 평화로운 갈등 해결 원칙 도출, 해결 원칙 요약 작성 • 새로운 사례를 해결하는 방안 제안하기 - 문제에 대한 갈등 해결 방안 생각하기 - 친구들과 갈등 해결 방안 공유하기 - 더 나은 해결 방안 도출을 위한 토론하기

라. 사례 비교 기법을 활용한 수업 사례

1) 수업 개요

단원명	서양화와 한국화	학년	5학년
학습 주제	같은 장소, 다른 기법		
교수·학습 활동	이 수업은 5학년 미술과 '감상'을 주제로 한 수업이다. 학생들은 단원 수업을 통해 한국화와 서양화를 여러 항목에서 감상하고 제시한 비교 기준에 따라 공통점과 차이점을 정리해 나가며 각 기법의 특징을 체득하고 한국화와 서양화의 특징에 대한 개념을 이해하게 된다. 더 나아가 한국화와 서양화의 방식 중 한 가지를 선택하여 그림을 그리고 설명을 쓰는 활동을 통해 실천적 탐구로 확장한다.		

2) 수업 절차

사례 및 자료 제시하기

- 두 그림을 보고 여러 항목에서 느낀 점 쓰기
  - 한국화의 사례: 김홍도 서당
  - 서양화의 사례: 얀 스테인 마을 학교
- 학생은 보이는 것, 느낀 점, 생각한 점 등을 기록하기

분석 기준 설정하기

- 교사
  재료와 기법/표현 방식(선과 색, 구도)/주제와 내용/분위기와 감정 전달 방식 등
- 학생
  두 작품을 다시 관찰하며 기준에 따라 분석 준비

비교·대조하기

학생: 비교 기준에 따라 두 작품의 공통점과 차이점 정리, 모둠 학생과 토의

개념 도출하기

- 교사: 질문을 통해 한국화와 서양화의 공통점, 차이점 질문
  학생들이 유추한 개념을 정리하여 시각적으로 게시하거나 정리
- 학생: 각 표현 방식의 특징을 도출하고, '표현 관점과 도구는 문화에 따라 달라질 수 있다'라는 일반화를 시도

개념 적용하기

표현 방식 중 하나를 선택하여 그림 그리기 또는 같은 주제를 현대에 맞게 표현하여 현대와 고전 비교하기

성찰 및 확장하기

성찰 질문을 통해 관점에 따른 동서양 미술의 관계에 관한 질문으로 확장하기

3) 활동지

한국화와 서양화 비교하기

※ 다음 사진을 보고 질문에 답을 써 봅시다.

김홍도 「서당」

얀 스테인 「마을 학교」

1) 위의 두 그림을 여러 항목에서 비교해 봅시다.

항목	한국화	서양화
첫 인상		
사용 재료		
선과 색감		
구도/시선		
주제와 내용		
감정		

2) 두 그림의 공통점과 차이점은 무엇인지 써 봅시다.

항목	한국화	서양화
차이점		
공통점		

3) 두 그림의 공통점을 보고 그림에 대한 일반화 문장을 만들어 봅시다.

4) 학생 활동 예시

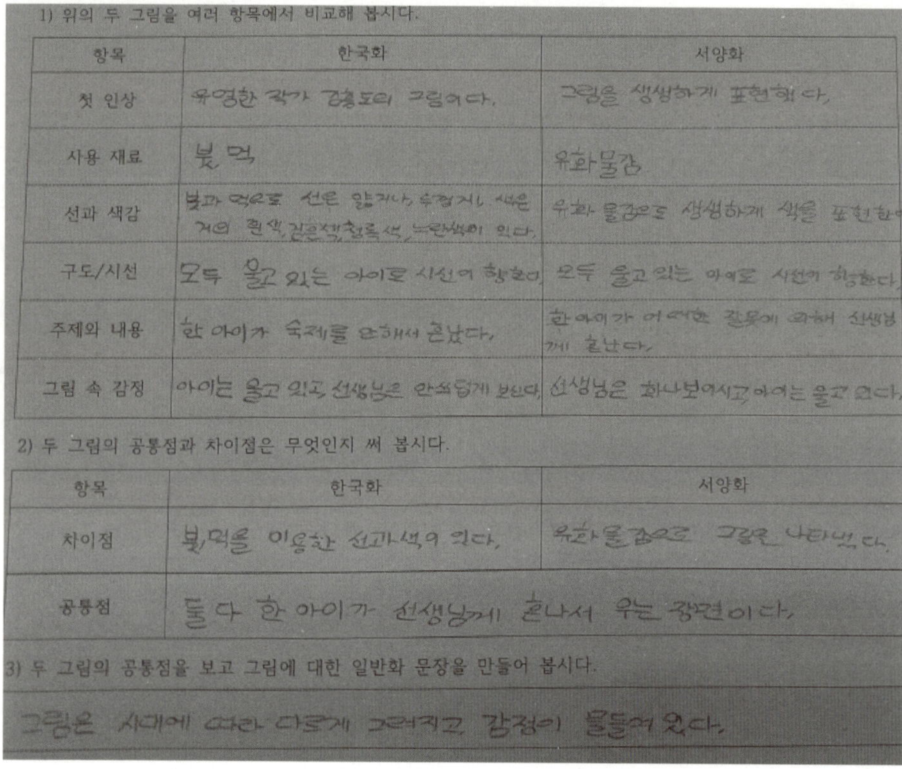

1) 위의 두 그림을 여러 항목에서 비교해 봅시다.

항목	한국화	서양화
첫 인상	유명한 작가 김홍도의 그림이다.	그림을 생생하게 표현했다.
사용 재료	붓, 먹	유화물감
선과 색감	붓과 먹으로 선은 얇거나, 두껍거나 색은 거의 흰색, 갈色, 청록색, 노란색이 있다.	유화 물감으로 생생하게 색을 표현한
구도/시선	모두 울고 있는 아이로 시선이 향한다.	모두 울고 있는 아이로 시선이 향한다.
주제와 내용	한 아이가 숙제를 안해서 혼났다.	한 아이가 어떠한 잘못에 의해 선생님께 혼난다.
그림 속 감정	아이는 울고 있고 선생님은 안쓰럽게 보인다.	선생님은 화나 보이시고 아이는 울고 있다.

2) 두 그림의 공통점과 차이점은 무엇인지 써 봅시다.

항목	한국화	서양화
차이점	붓, 먹을 이용한 선과 색이 있다.	유화물감으로 그림을 나타냈다.
공통점	둘 다 한 아이가 선생님께 혼나서 우는 장면이다.	

3) 두 그림의 공통점을 보고 그림에 대한 일반화 문장을 만들어 봅시다.

그림은 시대에 따라 다르게 그려지고 감정이 물들여 있다.

9 연꽃(Lotus Blossom)

'연꽃' 모양을 닮았다고 연꽃 기법이라 불리며 시각적으로 개념을 확장하는 기법이다. 브레인스토밍을 확장해서 아이디어를 체계적으로 도출하는 방법으로 연꽃 모양의 3×3 차트에 중심 개념을 중심에 두고, 그것과 관련된 8개의 아이디어를 바깥쪽으로 펼친 후, 각각의 아이디어를 또 다른 중심으로 삼아 더 깊이 있게 생각을 확장하는 사고 촉진 기법이다. 작은 아이디어에서 출발하여 다양한 측면에서 사고를 확장하고 중심 개념과 주변 개념의 연계성을 탐색하여 체계적으로 사고하도록 돕는다. 기존의 내용과 연관성을 탐색하거나 응용하여 새로운 방법을 찾는 데 사용하여 창의적 사고, 문제해결력, 조직적 사고를 기르는 데 효과적이다.

가. 사고 기능을 기르는 방법

중심 개념과 관련된 아이디어를 생각해 내어 다양하게 확장하고 체계화함으로써 창의성을 높인다. 학생은 아이디어마다 스스로 질문을 만들고 탐색 → 구조화 → 통합 → 적용의 순환 과정 속에서 자기 주도적으로 탐구 기능을 신장하게 된다.

나. 탐구를 촉진하는 방법

아이디어를 나열하는 것에 그치지 않고, 그 아이디어들의 상호 연관성을 자연스럽게 파악하게 함으로써 학생 스스로 탐구 질문을 만들고, 주제를 구조화하며, 새로운 관점에서 바라보도록 유도한다. 교사는 다양한 사례 수집이 가능하며 여러 갈래로 넓혀서 생각할 수 있는 주제를 제공하며 학생들은 중심 주제와 관련하여 자발적인 동기유발을 통해 주제에 대해 더 깊은 질문을 하게 된다.

중심 주제와 관련된 각각의 아이디어가 중복되지 않게 개념 간의 관련성을 생각해 보고 유의미하게 확장해 나갈 수 있도록 하며 너무 많은 확장이 되지 않도록 범위를 소절하며 탐구를 촉진한다.

다. 연꽃 기법 활용 방법

주제	생활 속 에너지 절약 방법
교수·학습 활동	• 에너지 낭비 상황 제시 – 가정, 학교, 거리 등의 사진 또는 실제 사례 발표하기 • 에너지 절약 방법을 중심 개념으로 설정하고 관련된 8가지 개념을 연꽃처럼 확장하여 탐색하기 – 전기, 물, 단열재 등 • 항목별로 자신이 할 수 있는 행동 실천안을 도식화하기 – 전기, 물, 고효율 기기, 냉장고 사용 등 • 모둠 또는 반 친구의 의견 공유하기 – 자신이 찾지 못했던 점을 확인, 좋은 의견 참고하기 • 실천 계획 작성하기 – 하루 또는 일주일 동안 실천 가능한 내용으로 실천 계획서 작성하기 (언제, 어디서, 무엇을, 어떻게 할 수 있는지 구체적으로 작성하기)

주제	설명하는 글 쓰기
교수·학습 활동	• 설명하는 글을 쓰는 상황 알아보기 - 언제 설명이 필요한지 알아보기(요리 순서, 종이접기 순서, 제품 조립 순서 등) - 다양한 설명글 제시하기(설명문, 안내문, 백과사전 등) • 어떤 방식으로 설명하고 있는지 알아보기 - 다양한 설명글의 설명 방식 확인하기 • 설명 방식을 중심 개념으로 설정하고 관련된 8가지 개념을 연꽃처럼 확장하여 탐색하기 - 정의, 예시, 비교, 대조, 분석, 순서, 원인과 결과, 수치나 자료 활용 • 각 연꽃잎 칸에 위 8가지 설명 방식을 적고, 간단한 설명과 예시 추가 예: 비교 - 두 대상의 공통점 강조(예: 자전거와 킥보드 비교 설명) • 자신이 설명하고 싶은 주제 선정하기 - 주제에 대한 탐색 후 어떤 설명 방식으로 글을 쓸지 선택하기 - 선정한 주제로 설명하는 글 쓰기

라. 연꽃 기법을 활용한 수업 사례

1) 수업 개요

단원명	우리가 살아가는 곳	학년	4학년
학습 주제	우리 고장의 공공시설		
교수·학습 활동	이 수업은 4학년 사회과 '우리 고장'을 주제로 한 수업이다. 평소 자주 이용하거나 알고 있는 공공시설에 대해 자유롭게 이야기하며, 공공시설의 종류와 기능, 중요성에 대해 이해하게 된다. 다음으로 중심 개념을 공공시설의 역할로 설정하고 이를 둘러싼 8가지로 관련 개념을 시각적으로 정리하며 각 요소에 대한 이해를 넓혀 나가는 활동을 한다. 이를 통해 서로의 아이디어를 비교하고 공공의 문제를 함께 해결해 나가는 태도를 기르게 된다.		

2) 수업 절차

중심 개념 제시하기

- 공공시설의 역할
  - 공공시설의 의미, 중요성, 우리 주변의 공공시설 생각해 보기
  - 내가 알고 있는 다양한 공공시설 발표하기

1차 8개 아이디어 도출하기

- 중심 개념과 직접적으로 연결되는 8개의 아이디어를 도출
  - 공공시설의 종류
- 모둠 친구와 내가 선택한 공공시설의 종류 비교해 보기

2차 8개 아이디어 도출하기

- 1차 아이디어 중 1가지를 새로운 중심으로 삼아 또 다른 8개의 아이디어를 도출
- 공공시설의 역할에 대해 아이디어 도출하기

아이디어 분석 및 정리하기

- Lotus Blossom 도식지에 중심 개념을 중심으로 8가지 관련 개념을 시각적으로 정리하며 각 요소에 대해 이해하기
- 아이디어 간의 연관성을 분류하고 연결하며 정리
- 모둠의 아이디어를 비교하며 어떤 점이 같고 어떤 점이 다른지 비교해 보기

적용 및 성찰하기

- 탐색한 아이디어를 실제 문제나 상황에 적용해 보고 성찰하기
  - 자주 사용하는 공공시설에 대한 개선 방안을 제안해 보는 활동하기 (포스터나 발표 자료를 제작하여 캠페인, 제안서 제작하기)
  - 우리 고장의 다른 시설에 대해서 같은 방법으로 적용해 보기

3) 활동지

우리 고장의 모습

1. 우리 고장에 있는 다양한 공공시설을 찾아 써 봅시다.	2. 옆에서 찾은 공공시설 중 하나를 선택하여 그곳과 관련된 요소를 써 봅시다. 예) 위치, 이용 시간, 사용자 등

	우리 고장의 공공시설	

3. 위에서 선택한 공공시설의 중요성을 쓰고 모둠별로 논의해 볼 점을 선정하여 탐색 활동을 해 봅시다.
   예) 이용 시간은 충분한가?

중요성 :
탐색 활동 :

4. 위에서 선택한 공공시설의 개선 아이디어와 기대되는 변화에 대해 써 봅시다.

개선 아이디어 :
기대되는 변화 :

4) 학생 활동 예시

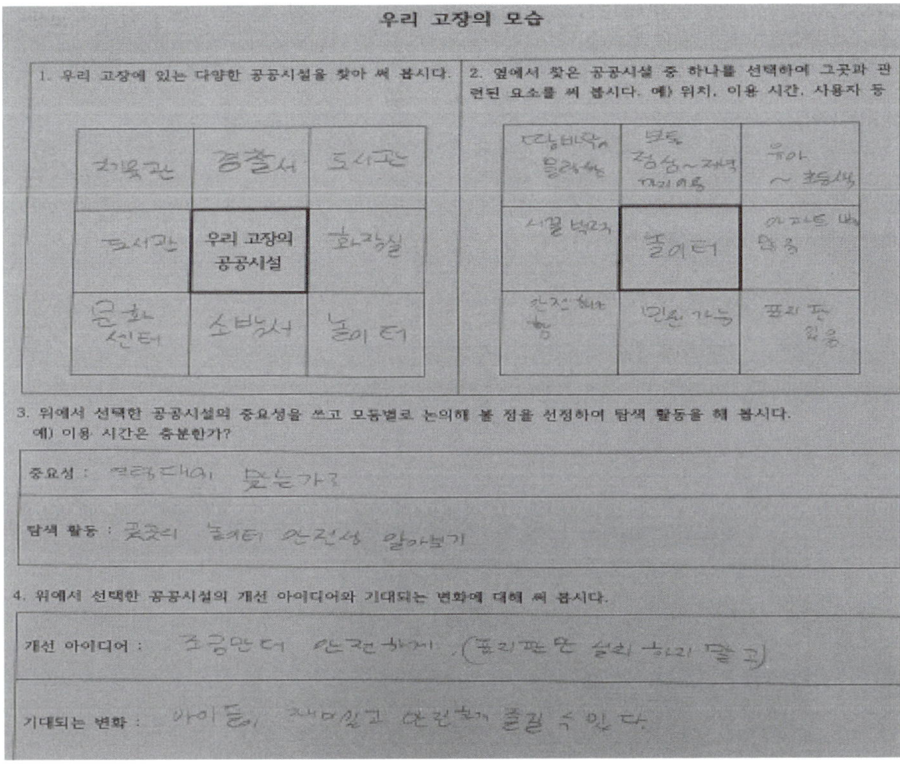
우리 고장의 모습

1. 우리 고장에 있는 다양한 공공시설을 찾아 써 봅시다.

체육관	경찰서	도서관
도서관	우리 고장의 공공시설	화장실
문화 센터	소방서	놀이터

2. 옆에서 찾은 공공시설 중 하나를 선택하여 그곳과 관련된 요소를 써 봅시다. 예) 위치, 이용 시간, 사용자 등

3. 위에서 선택한 공공시설의 중요성을 쓰고 모둠별로 논의해 볼 점을 선정하여 탐색 활동을 해 봅시다.
예) 이용 시간은 충분한가?

중요성 :

탐색 활동 :

4. 위에서 선택한 공공시설의 개선 아이디어와 기대되는 변화에 대해 써 봅시다.

개선 아이디어 :

기대되는 변화 :

10 나침반 침(Compass Points)[6)]

나침반 침은 한 가지 개념, 제안, 아이디어 등에 대해 다양한 관점(E, W, N, S)에서 생각해 보고, 자신의 의견을 정리하거나 평가하도록 돕는 사고 기법이다. 학생은 단순히 찬반 의견을 제시하는 것에서 나아가 주제에 대한 긍정적 측면, 부정적 측면, 추가로 알아보아야 할 정보, 자신의 의견 및 제안을 정리할 수 있게 된다.

6) 나침반 침은 하버드 교육대학원 Project Zero의 PZ Connect 프로젝트의 일환으로 개발되었음.

- E(Excited): 무엇이 기대되고 흥미로운가?
- W(Worrisome): 무엇이 걱정 또는 우려되는가, 발생할 문제는 무엇인가?
- N(Need to Know): 더 알고 싶은 정보는 무엇인가?
- S(Stance or Suggestion): 내 입장은 무엇이며 어떤 제안을 할 수 있는가?

가. 사고 기능을 기르는 방법

이 기법은 하나의 주제에 대해 4개의 방향에서 사고를 나누어 다양한 관점에서 생각해 보며 탐구를 촉진하는 기법이다. 교사는 새로운 아이디어, 기대 요소를 떠올릴 수 있는 주제, 질문과 표현 활동을 제공하며 문제점이나 위험 요소를 분석하도록 한다. 또 잘 알지 못하는 정보에 관한 질문 생성을 통해 자료 조사 계획을 세우는 것이 필요하다. 문제에 대한 자신의 입장 정리와 구체적인 제안 활동으로 판단력을 강화하며 자기 성찰을 통해 탐구 학습으로 연결된다.

나. 탐구를 촉진하는 방법

단순히 찬반을 묻고 대답하는 구조가 아닌 사고의 방향을 나침반처럼 시각화함으로써 학생들의 생각을 분리하고 확장할 수 있게 된다. 같은 주제라도 시점을 달리하여 반복 연습을 할 때 사고의 깊이를 더할 수 있고, 변화에 대한 인식이 가능하게 된다. 모둠 활동이나 전체 토의를 통해 다른 학생의 나침반(Compass) 응답을 공유하여 타인의 관점을 이해하고 새로운 탐구 요소를 발견하게 된다.

다. 나침반 침 기법 활용 방법

주제	학생의 스마트폰 사용은 제한되어야 하는가?
교수·학습 활동	• 도입: 탐구할 주제 및 문제 제시 – 교사: 학생의 스마트폰 사용에 관한 사례 제시(기사, 영상 등) – 학생: 주제를 보고 자신의 견해 생각해 보기

교수·학습 활동	• EWNS에 따라 탐색하기 - E: 스마트폰 사용 시간제한의 긍정적인 측면 알아보기 - W: 자율성 침해, 스트레스 증가 등 걱정되는 점 알아보기 - N: 학생의 생각, 정책 근거의 필요성 등 더 알고 싶은 점 알아보기 - S: 나의 입장과 제안 발표하기 • 평가하기 - 발표 내용에 대한 상호 피드백 및 자기 성찰 - 나의 입장에 따른 실천 계획 세우기 및 실천 다짐하기

주제	배려하며 공정한 사회 만들기
교수·학습 활동	• 도입: 탐구할 주제 및 문제 제시 - 교사: 노약자 우선석, 임산부 배려석, 꼭 양보해야 할까에 대한 주장문 제시 - 학생: 주제를 보고 자신의 견해 생각해 보기 • EWNS 에 따라 탐색하기 - E: 배려의 의미, 배려를 실천한 사례의 긍정적인 측면 알아보기 - W: 무리한 요구, 반발, 부정적 인식 등 부정적인 측면 알아보기 - N: 제도와 타인의 다양한 입장에 대해 더 탐색해 보기 - S: 나의 입장과 제안 발표하기 • 정리하기 양보의 방식 또는 새로운 제안 만들기 • 평가하기 - 다른 배려의 사례 찾아보기 - 배려 실천 계획서 작성 및 생활 적용 과제 제시

라. 나침반 침 기법을 활용한 수업 사례

1) 수업 개요

단원명	과학과 기술이 만드는 미래	학년	6학년
학습 주제	유전자 조작 식품 괜찮은가요?		
교수·학습 활동	이 수업은 6학년 과학과 '과학과 사회'를 주제로 한 수업이다. 학생들은 단원 수업을 통해 과학기술의 발전 사례 및 발전 정도를 알고 기술의 발전이 인간에게 미치는 영향에 대해 탐색해 보게 된다. 실생활과 연결된 과학기술의 발전 사례를 통해 균형 잡힌 사고를 하도록 다양한 관점에서 문제를 바라볼 수 있는 활동을 한다. 더 나아가 진로 탐색 활동을 통해 미래 나의 직업에 대해서도 생각해 볼 수 있다.		

2) 수업 절차

개념 또는 상황 제시하기

• 교사: 탐구할 주제, 문제, 개념 제시
• 학생: 관련 자료 시청 및 문제점 확인하기
  - 유전자 조작 식품(GMO) 관련 뉴스 영상 시청
  - 관련 기사 및 개념 설명, 문제 제기
  - 궁금한 점 공유하기

4방향 사고 유도(E-W-N-S)하기

• E (기대되는 점): 질문을 유도, 긍정적 측면 정리
  이 기술이나 수입이 가져올 긍정적 영향은 무엇인가?
• W(걱정되는 점): 정보 제공 유도, 비판적 시각 정리
  -GMO 식품의 문제나 부작용은 무엇인가?
  -반대 의견이 많다는 것처럼 문제도 많다는 것인가?
  -반대 의견이 있음에도 정부가 수입을 허가한 이유는 무엇인가?
• N(더 알고 싶은 점): 조사 활동 계획, 질문 생성 및 탐색 계획
  -GMO에 대한 정확한 정보가 부족한 부분은 무엇인가?
  -GMO 식품을 수출하는 국가의 국민도 GMO 식품을 먹는가?
  -위의 기사 외에 더 알고 싶은 점은 무엇인가?
• S(나의 입장과 제안): 의견 결정, 종합 의견 작성
  나는 어떤 관점을 취하고, 어떤 제안을 할 수 있는가?

적용하기

• 각자의 관점에 따라 토론 준비 또는 관련 안내문 작성
• 다른 학생과 생각 공유, 타인의 관점에 대한 수용 및 의견 나누기
• 교사는 피드백 제공

3) 활동지

※ 다음 기사를 읽고 과학기술이 인간 생활에 미치는 영향과 관련된 점에 대한 생각을 써 봅시다.

> **GMO 감자 수입 재검토**
>
> 최근 미국에서 개발된 유전자 조작 감자 'SPS-Y9'의 수입 승인 여부가 논란이 되고 있다. 농촌진흥청 발표에 따르면 해당 품종은 생태계 안전성 평가에서 '위험 없음' 판정을 받아 수입이 될 예정이며, 마무리 단계에서 인체 위해성 평가도 조만간 완료될 전망이다.
>
> 농민 단체는 GMO 감자가 국내 자급 및 전통 농업에 미칠 영향이 우려된다며 수입 반대 입장을 굽히지 않고 있으며 일부 시민단체는 GMO 표시 체계 강화는 환영하지만, 장기적 건강 영향 연구가 부족하다고 주장하고 있다.
>
> 하지만 정부는 GMO 농산물의 표시 기준을 강화하고 소비자 안전에 만전을 기하겠다고 하였다.

1) 위의 기사를 읽고 기대되는 점, 걱정되는 점, 더 알고 싶은 점, 나의 입장와 제언을 써 봅시다.

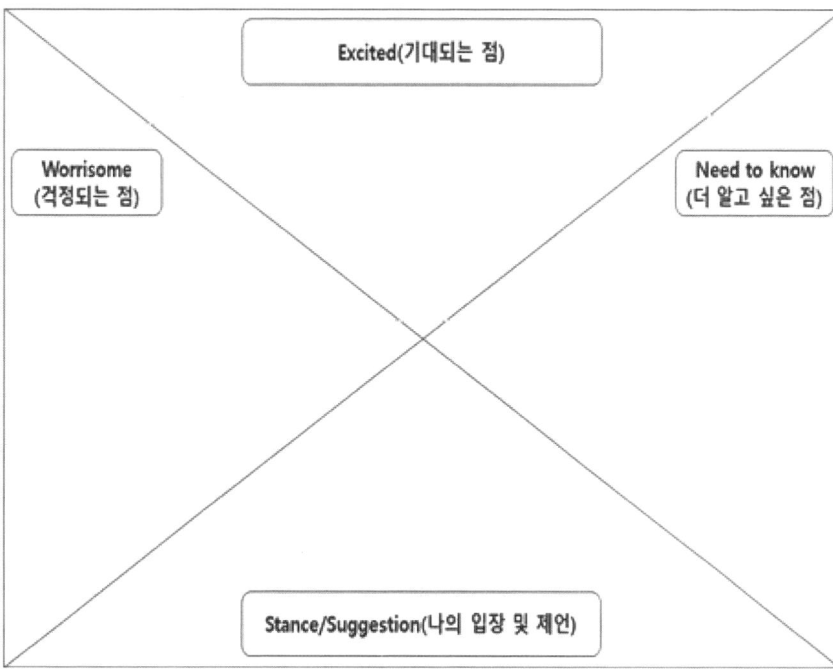

2) 위의 기사와 관련하여 더 알고 싶은 점이 있으면 써 봅시다.

4) 학생 활동 예시

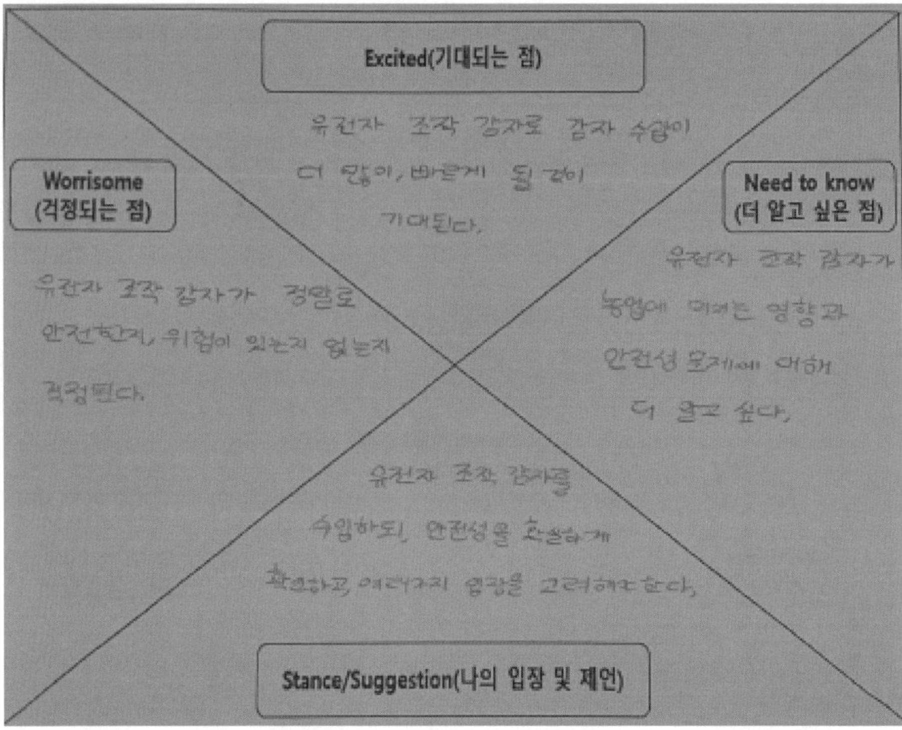
Excited(기대되는 점)
유전자 조작 감자로 감자 수급이
더 많이, 빠르게 될 것이
기대된다.
Worrisome
(걱정되는 점)
유전자 조작 감자가 정말로
안전한지, 위험이 있는지 없는지
걱정된다.
Need to know
(더 알고 싶은 점)
유전자 조작 감자가
농업에 미치는 영향과
안전성 문제에 대해
더 알고 싶다.
유전자 조작 감자를
수입하되, 안전성을 철저하게
확인하고, 여러가지 입장을 고려해야 한다.
Stance/Suggestion(나의 입장 및 제언)

PART 03

깊이 있는 학습으로 이끄는 탐구 기법

• 조사 및 연구 기능 •

의미

조사 및 연구기능이란, 학습자가 스스로 탐구 주제에 대한 정보를 찾아내고, 이를 정리·분석하여 의미 있는 지식을 구성해 나가도록 돕는 학습기능이다. 이 기능은 단순히 정보를 수집하는 것을 넘어 탐구에 필요한 정보를 결정하고, 조사 계획을 수립하고, 조사 내용을 기록, 분석, 해석하는 전 과정을 포함한다.

하위 기능

조사 및 연구기능의 하위 기능은 크게 정보 수집, 정보 기록, 정보 분석 및 해석하기로 나눌 수 있다. 정보 수집하기에서는 계획 수립 및 데이터 수집이 이루어진다. 정보 수집 과정에서 학생들은 수집의 목적, 내용, 수집할 자료의 종류와 출처, 방법을 구체화한다. 정보 기록하기 과정 중 학생들은 수집한 자료를 주제별, 유형별, 기준별로 나누어 정렬 및 분류하고, 종합 및 정리한다. 분석 및 해석하기 과정에서는 자료를 분석하여 그 안에 담긴 관점을 파악하고, 정보 간 관계를 파악한다.

관련 탐구 기법

3Q 조사툴	4요소 분석법 (OPVL)	트리맵 (Tree Map)	육각형 사고 (Hexagonal Thinking)	정보그물 (Info Web)
써클맵 (Circle Map)	이야기 피라미드	비교 렌즈	3 Whys 질문법	개념지도 (Concept Mapping)

기대되는 효과 및 유의점
학생들의 탐구에 있어 조사 및 연구기능은 학습자가 탐구 질문에 주도적으로 접근하여 질문의 답을 찾아가는 전 과정에 추진력을 더해주는 역할을 한다. 또한 정보를 찾는 과정에서 선택, 판단, 책임이 모두 학습자 주도적으로 이루어지도록 하여 학습에의 능동적 참여와 학습자 주도성 함양의 토대가 된다.

1 3Q 조사툴

3Q 조사툴은 학습자가 스스로 탐구 주제를 설정하고, 그에 대한 핵심 질문 세 가지를 통해 조사 방향을 구체화하여 자기 주도적인 탐구를 할 수 있도록 돕는 탐구 기법이다.

3Q 조사툴은 조사 및 연구를 위한 3가지 질문으로 구성되어 있는데, '질문하기(Question)–조사하기(Quest)–정리하기(Quick Wrap)'이다. 탐구의 과정이 3단계의 질문으로 축약되어 있어 저학년과 중학년 수준에서 탐구의 과정을 연습할 수 있다.

가. 조사 및 연구 기능을 기르는 방법

3Q 조사툴을 구성하는 3가지 질문은 조사 및 연구기능의 하위 요소를 자연스럽게 기르도록 구성되어 있다. 질문하기(Question) 단계에서 조사 계획의 방향이 정해져 질문에 대한 정보를 수집한다. 조사하기(Quest) 단계에서는 수집한 정보의 내용을 질문별로 정리하며 조사 방법과 자신이 찾은 답을 기록한다. 마지막으로 정리하기(Quick Wrap) 단계에서는 조사한 내용을 분석 및 해석하여 앞으로 자신이 할 수 있는 일, 재미있던 것, 새롭게 알게 된 것을 쓰며 탐구를 성찰한다. 이처럼 3Q 조사툴은 조사 및 연구에 필요한 수집–기록–분석 및 해석의 전 과정을 학습자가 스스로 경험하도록 설계된 구조이다.

나. 탐구를 촉진하는 방법

3Q 조사툴을 통해 학습자는 교사의 지시에 따라 정보를 수집하는 것을 넘어, '내가 진짜 알고 싶은 것은 무엇인가?'를 스스로 묻고, 그에 따라 정보를 수집하고 분석하면서 탐구의 주체로 성장할 수 있게 된다.

3Q 조사툴의 형태

[Step 1] 질문하기(Question): 내가 정말 알고 싶은 질문을 3가지 적어 보세요.
- 중심 질문:
- 뒷받침 질문:

[Step 2] 조사하기(Quest): 각 질문에 대해 답을 찾아 보세요.
- 질문:
- 조사 방법:
- 내가 찾은 답:

[Step 3] 생각 정리하기(Quick Wrap): 조사를 마친 후 나의 생각을 '할. 미. 새.' 질문으로 정리해 봅시다.
- 이번 조사를 통해 앞으로 할 수 있는 것은?
- 가장 흥미로웠던 사실은?
- 조사하면서 새롭게 알게 된 점이나, 새롭게 알고 싶은 점은?

다. 3Q 조사툴 기법 활용 방법

주제	다른 사람과 잘 지내려면 어떻게 해야 할까요?
교수·학습 활동	1학년 통합교과 〈사람들〉 단원에서 사람들과의 관계와 소통에 대해 배우며, 관계와 소통이 잘 드러나는 이야기책을 읽고 3Q 조사툴을 통해 탐구질문에 답하도록 함. 예를 들어 『가시소년』이라는 책을 읽고 '질문하기-조사하기-정리하기'의 단계에 따라 '다른 사람과 잘 지내려면 어떻게 해야 할까요?'라는 질문에 대한 답을 등장인물의 행동 변화에 따라 기록하고, 자신과의 연결로 성찰하게 할 수 있음. 〈예시〉 • 질문하기(Question) - 중심 질문: 다른 사람과 잘 지내려면 어떻게 해야 할까요? - 뒷받침 질문: 가시소년의 행동은 어떻게 바뀌었나요?

	• 조사하기(Quest) - 질문: 가시소년의 행동은 어떻게 바뀌었나요? - 조사 방법: 『가시소년』을 읽고 가시소년의 행동 변화 관찰하기 - 내가 찾은 답: 처음에는 화가 나거나 속상할 때마다 사람들에게 자신이 가진 가시를 드러냈는데, 나중에는 가시를 숨길 수 있게 되었다. • 정리하기(Quick Wrap) - 앞으로 할 수 있는 것: 나도 사람들 앞에서 내 가시를 드러내는 걸 참으려고 노력해 봐야겠다. - 재미있던 것: 가시소년이 화가 날 때마다 가시가 점점 커지는 게 재미있었다. - 새롭게 알게 된 것: 가시가 없어 보이는 사람들도 그림자를 보면 가시가 있는 것처럼, 사람들은 다들 저마다의 가시를 숨기고 있다는 것

주제	우리 고장은 어떤 특색을 지니고 있을까요?
교수·학습 활동	3학년 사회과 지리 영역 〈1. 우리가 사는 곳〉에서 자신이 살고 있는 지역의 특색을 학생들이 스스로 조사하며 장소감을 형성할 수 있도록 3Q 조사툴을 활용할 수 있음. 고장에 대한 중심질문은 공통으로 제시하고, 뒷받침 질문은 학생의 관심사에 따라 스스로 설정하게 되어 학생마다 다른 탐구의 초점을 설정하도록 하면 더 의미 있는 탐구로 진행될 수 있음.

라. 3Q 조사툴 기법을 활용한 수업 사례

1) 수업 개요

단원명	경제금융교육 - 세금교육	학년	3학년
학습 주제	세금의 의미와 필요성 알아보기		
교수·학습 활동	이 수업은 3학년 학생을 대상으로 실시하는 범교과 학습 중 경제금융교육의 사례이다. 세금의 의미와 필요성을 알아보고, 학생들이 스스로 3Q 조사툴을 활용하여 세금이 어떻게 정해지는지를 조사하며 세금의 의미를 깊이 탐구할 수 있도록 설계하였다. 본 학습은 창의적 체험활동의 범교과학습으로 진행해도 좋고, 다른 교과와 통합하여 연계할 수 있다. 또는 학교자율시간을 활용하여 지역연계교육이나 시민교육의 일환으로 운영할 수 있다.		

2) 수업 절차

세금의 의미와 필요성 알아보기
일상 속에서 세금이 쓰이는 사례를 통해 세금의 의미와 필요성 알기
공공재와 세금 연결하기
나라에서 하는 일 중 돈이 필요한 일 찾고, 공공 서비스 분류하기
3Q 조사툴로 탐구 계획하기: '질문하기'
• 중심 질문: 세금은 어떻게 정해질까? • 뒷받침 질문: 자신이 알고 싶은 내용으로 스스로 정하기 • 조사 방법 계획하기
3Q 조사툴: '조사하기'
다양한 방식으로 조사하고 정보 기록하기
3Q 조사툴: '정리하기'
조사한 내용을 '할.미.새' 로 정리하기
탐구 결과를 공유하며 탐구 질문에 답하기
탐구 질문에 답하며 새롭게 필요한 세금에 대해 제안하기

3) 활동지

3Q 조사틀

[Step 1] 질문하기 (Question): 내가 정말 알고 싶은 질문을 3 가지 적어보세요.

- 중심 질문: ____________________
- 뒷받침 질문: ____________________
- 뒷받침 질문: ____________________

[Step 2] 조사하기 (Quest): 각 질문에 대해 답을 찾아보세요.

질문(Q)	어떻게 조사했나요? (방법)	조사한 결과로 찾은 답

[Step 3] 생각 정리하기 (Quick Wrap): 조사를 마친 후 나의 생각을 '할. 미. 새.' 질문으로 정리해봅시다.

이번 조사를 통해 앞으로 **할** 수 있는 것은? ____________________

가장 흥**미**로웠던 사실은? ____________________

조사하면서 **새**롭게 알게 된 점이나, **새**롭게 알고 싶은 점은? ____________________

4) 학생 활동 예시

3Q 조사틀

[Step 1] 질문하기 (Question): 내가 정말 알고 싶은 질문을 3 가지 적어보세요.

- 중심 질문: 세금을 어떻게 정할가?
- 뒷받침 질문: 내가 왕이라면 어떻게 정할가?
- 뒷받침 질문: 어떤 종류의 세금이 있을까?

[Step 2] 조사하기 (Quest): 각 질문에 대해 답을 찾아보세요.

질문(Q)	어떻게 조사했나요? (방법)	조사한 결과로 찾은 답
세금을 어떻게 정할가?	수업시간	우리나라는 헌법과 법률로 세금을 정한다.
내가 왕이라면 세금을 어떻게 정할가	수업시간	내가 왕이라면 무료로 모든 사람들에게 직업을 할수있게 해주고 하루에 10냥을주고 세금을 한달에 5냥씩 걷는다.
어떤 종류의 세금이 있을까?	수업 시간	제산세, 자동차 세, 주민세등이 있다.

[Step 3] 생각 정리하기 (Quick Wrap): 조사를 마친 후 나의 생각을 '할. 미. 새.' 질문으로 정리해봅시다.

이번 조사를 통해 앞으로 **할** 수 있는 것은? 세금을 어떻게 정하고 어떤종류의 세금이 있는지 알수있다.

가장 흥**미**로웠던 사실은? 자동차세, 주민세, 제산세가 있었던게 흥미로웠다.

조사하면서 **새**롭게 알게 된 점이나, **새**롭게 알고 싶은 점은? 다른나라는 어떻게 세금을 걷는지 알고싶다.

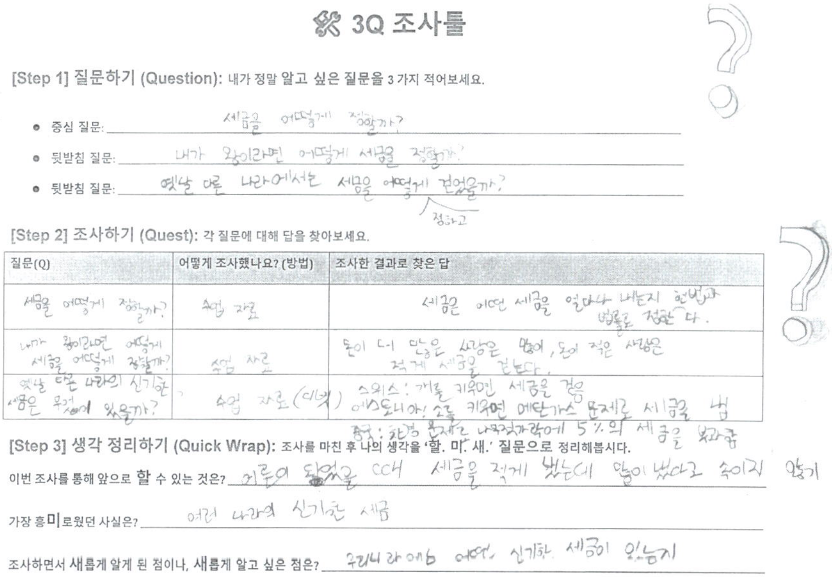

3Q 조사툴

[Step 1] 질문하기 (Question): 내가 정말 알고 싶은 질문을 3가지 적어보세요.

- 중심 질문: 세금을 어떻게 정할까?
- 뒷받침 질문: 내가 왕이라면 어떻게 세금을 정할까?
- 뒷받침 질문: 옛날 다른 나라에서는 세금을 어떻게 (정하고) 걷었을까?

[Step 2] 조사하기 (Quest): 각 질문에 대해 답을 찾아보세요.

질문(Q)	어떻게 조사했나요? (방법)	조사한 결과로 찾은 답
세금을 어떻게 정할까?	수업 자료	세금은 어떤 세금을 얼마나 내는지 헌법과 법률로 정한다.
내가 왕이라면 어떻게 세금을 어떻게 정할까?	수업 자료	돈이 더 많은 사람은 많이, 돈이 적은 사람은 적게 세금을 걷는다.
옛날 다른 나라의 신기한 세금은 무엇이 있을까?	수업 자료(더 [illegible])	스위스: 개를 키우면 세금을 걷음 에스토니아: 소를 키우면 메탄가스 문제로 세금을 냄 중국: 환경 문제로 나무젓가락에 5%의 세금을 부과함

[Step 3] 생각 정리하기 (Quick Wrap): 조사를 마친 후 나의 생각을 '할. 미. 새.' 질문으로 정리해봅시다.

이번 조사를 통해 앞으로 할 수 있는 것은? 어른이 되었을 때 세금을 적게 냈는데 많이 냈다고 속이지 않기

가장 흥미로웠던 사실은? 여러 나라의 신기한 세금

조사하면서 새롭게 알게 된 점이나, 새롭게 알고 싶은 점은? 우리나라에는 어떤 신기한 세금이 있는지

2 4요소 분석법(OPVL)

4요소 분석법은 조사 및 연구에서 수집한 자료의 내용과 출처를 평가할 때 사용하는 기법으로, 자료의 출처, 생산 목적, 가치, 제한점의 4가지 측면에 대한 분석을 통해 자료의 신뢰성과 타당성을 평가할 수 있다.

4요소 분석법은 단순히 정보의 수집과 기록을 넘어 학생들이 스스로 탐구 과정과 결론의 타당성을 높일 수 있도록 하여 고차원적 탐구 능력 향상에 도움이 된다.

가. 조사 및 연구 기능을 기르는 방법

4요소 분석법은 조사 및 연구 기능 중에서 분석 및 해석 과정에 활용될 수 있다. 자료의 출처를 분석하여 자료가 표현하는 관점, 작성 배경 및 숨겨진 의도를 찾아 탐구가 편향되지 않도록 하며, 자료의 가치와 탐구 주제와의 연결성을 파악할 수 있다. 또한 제한점까지 분석함으로써 정합성 높은 해석을 도출할 수 있다. 4요소 분석

법을 통해 학습자들은 조사 및 연구가 단순히 정보를 수집하는 것을 넘어, 자료 간의 비판적 비교, 해석, 종합을 의미함을 깨닫게 된다.

나. 탐구를 촉진하는 방법

4요소 분석법은 자료에 대한 문제의식을 생성한다. 학습자로 하여금 수집한 정보를 무조건적으로 수용하는 것이 아니라 '이 정보는 믿을 수 있을까?', '왜 정보를 이런 방식으로 표현했을까?'와 같은 비판적 질문을 품게 한다. 또한 자료 자체에 대한 분석을 통해 피상적인 정보 요약에서 벗어나 정보의 구조와 숨겨진 의미, 제한점까지 깊이 있게 분석하여 깊이 있는 탐구를 가능하게 한다.

4요소 분석법의 형태

Origin(출처): 누가 만들었는가? 언제, 어떤 배경에서 만들어졌는가?
Purpose(목적): 이 자료는 왜 만들어졌는가? 정보를 전달하기 위한 것인가, 설득, 광고, 감정 표현을 위한 것인가?
Value(가치): 이 자료는 어떤 면에서 탐구에 도움이 되는가? 당시 사회, 사고방식, 맥락 등을 보여주는가?
Limitation(제한점): 이 자료는 어떤 점에서 신뢰하거나 일반화하기 어려운가? 편향이나 빠진 정보는 없는가?

다. 4요소 분석 기법 활용 방법

주제	어떻게 하면 나의 주장에 힘을 실을 수 있을까요?
교수·학습 활동	5학년 국어과 〈6. 타당성을 생각하며 토론해요〉 단원에서 토론의 방법과 절차에 대해 학습한 후 실제 토론을 위해 주장과 근거를 작성할 때, 주장의 타당성과 신뢰성을 높이기 위한 방법으로 4요소 분석법을 활용할 수 있음. 논제에 대한 주장을 작성한 후, 이를 뒷받침하는 근거를 수집할 때 4요소 분석법에 따라 근거 자료의 출처, 작성된 목적, 가치, 한계를 분석하도록 함. 분석 결과가 주장을 효과적으로 뒷받침하는 경우에만 근거로 채택하여 토론에 활용하여 근거 분석의 필요성을 깨닫도록 함.

주제	인류의 발전을 위한 우리의 역할은 무엇일까요?
교수·학습 활동	6학년 세계시민교육의 일환으로 UN의 지속가능발전목표(SDGs)를 학습한 후, 인류의 발전을 위한 우리의 역할을 탐구하여 발표하는 프로젝트 학습을 설계함. SDGs(지속가능발전목표)의 17개 목표를 간략히 이해하고, 관심 있는 목표 1가지를 선정함. 해당 목표와 관련된 자료(뉴스, 포스터, 캠페인 영상, 보고서 등)를 각자 조사하여 수집한 후, 수집한 자료를 4요소 분석법으로 분석함. 분석 결과를 바탕으로 SDGs의 진정한 의도와 우리가 할 수 있는 역할을 구체화하여 '우리의 역할 제안서' 를 작성 및 발표함.

주제	광고에 담긴 의미는 무엇일까요?
교수·학습 활동	6학년 국어과 〈6. 정보와 표현 판단하기〉에서는 뉴스와 광고에 담긴 정보의 타당성과 표현의 적절성을 판단하는 방법을 학습함. 학습자들이 뉴스와 광고를 비판적으로 수용하는 방법을 배워 생활 속에서 비판적 읽기를 실천하도록 하기 위해 TV, 인터넷, 라디오, 선난지 속 광고를 4요소 분석법에 따라 분석하여 광고의 목적과 의미를 찾도록 함. 또한 같은 주제에 대해 다른 관점에서 쓰여진 신문이나 뉴스의 기사를 찾아 4요소 분석법에 따라 분석하여 같은 주제도 의도에 따라 다르게 쓰여진다는 사실을 깨닫도록 함.

라. 4요소 분석 기법을 활용한 수업 사례

1) 수업 개요

단원명	우리나라의 정치 발전	학년	6학년
학습 주제	민주주의 실현을 위한 시민 참여의 중요성 알기		
교수·학습 활동	이 수업은 6학년 사회과 〈1. 우리나라 정치와 경제 발전〉에서 학생들이 우리나라의 민주주의 발전 과정에서 시민 참여가 어떠한 역할을 했는지 조사하고, 현재 대한민국의 정치에서 민주주의를 위해 시민들이 어떠한 역할을 하고 있고, 해야 하는지를 탐구하도록 한다. 특히 새로운 정책이나 법의 도입에 앞서 정책을 분석하거나, 정치 지도자를 선출하는 과정에서 후보자의 공약을 분석할 때 4요소 분석법을 활용하여 숨겨진 의미나 가치, 한계를 파악하도록 한다.		

2) 수업 절차

민주주의와 시민 참여 이해하기
교과서 자료 및 사례를 통해 민주주의의 의미와 시민 참여의 다양한 형태(선거, 토론, 정책 제안) 알아보기
정책과 공약 자료 수집하기
중앙선관위, 지역 선거 공보자료, 뉴스를 활용하여 후보자의 공약 또는 정책 홍보물 자료 수집하기
4요소 분석법 배우고 분석 계획 세우기
4요소 분석법을 익히고 예시 자료 분석하기
4요소 분석법에 따라 분석하기
수집한 자료를 4요소 분석법에 따라 분석하고 결과 정리하기
발표 준비하기
탐구질문: 시민으로서 어떤 판단을 할 것인가?
발표 및 피드백 나누기
시민 참여의 방법으로서 비판적 분석 및 선택의 중요성 나누기

3) 활동지

민주주의와 시민 참여를 위한 정보 4 요소 분석 (OPVL)

🔎 분석할 자료

자료 이름		작성자	
출처(출판사, 발행처)		만들어진 날짜	

1. 출처 (Origin)

이 자료는 어디서 왔을까요?

누가 만들었고, 언제 만들었을까요? 작성자는 어떤 사람인가요? 믿을 수 있는 사람인가요?

📌 기록하기

→

2. 목적 (Purpose)

이 자료는 무엇을 말하고 싶어 하나요?

어떤 생각이나 감정을 전달하려 하나요? 누가 보도록 만든 걸까요? 자료를 만든 목적은 무엇인가요?

📌 기록하기

→

3. 가치 (Value)

이 자료는 어떤 점에서 가치가 있을까요?

그 당시 사회 모습이나 생각을 알려주나요? 새로운 정보를 담고 있나요?

📌 기록하기

→

4. 한계 (Limitation)

이 자료가 완벽하지 않은 이유는 무엇일까요?

빠진 정보는 없을까요? 편향된 시각은 없나요? 당시 상황이 해석에 어떤 영향을 주었을까요?

📌 기록하기

→

4) 학생 활동 예시

민주주의와 시민 참여를 위한 정보 4 요소 분석 (OPVL)

🔎 분석할 자료

자료 이름	2025 년 서울시장 선거 공보물	작성자	○○당 서울시장 후보 김정후
출처(출판사, 발행처)	중앙선거관리위원회	만들어진 날짜	2025 년 6 월

1. 출처 (Origin)

📌 기록하기

→이 자료는 ○○당 서울시장 후보 김정후가 만든 선거 공보물입니다.
공직선거법에 따라 선거 전에 유권자들에게 보내는 공식 자료이고, 중앙선거관리위원회의 승인도 받았다고 적혀 있습니다.
후보자가 직접 만들었거나 그 캠프에서 만들었기 때문에 정보를 선택적으로 보여줄 수 있습니다.

2. 목적 (Purpose)

📌 기록하기

→이 자료는 시민들이 자신을 뽑아주도록 설득하기 위해 만들어졌습니다.
공약을 소개하면서 자신이 믿을 만한 사람이라는 것을 강조하고 있습니다.
시민들에게 좋은 인상을 주고, 표를 얻는 것이 목적입니다.

3. 가치 (Value)

📌 기록하기

→이 공보물은 후보자가 어떤 정책을 중요하게 생각하는지를 알려줍니다.
예를 들어 "청소년 교통비 무료화" 와 "지하철 노선 확장" 공약을 통해 청소년과 대중교통을 이용하는 시민들을 겨냥하고 있다는 걸 알 수 있습니다.
후보자의 생각과 서울시의 현재 문제를 어떻게 보고 있는지 이해할 수 있어서 유익합니다.

4. 한계 (Limitation)

📌 기록하기

→이 자료는 후보자 입장에서 만든 것이기 때문에 단점이나 논란은 전혀 적혀 있지 않습니다.
다른 후보들과의 비교 정보도 없고, 공약을 실현하기 위한 구체적인 예산 계획도 빠져 있습니다.
시민들이 이 자료만 보고 판단하면 편향된 정보를 믿을 수 있습니다.

* 예시 답안 chat GPT 생성

3 트리맵(Tree Map)

트리맵(Tree Map)은 다양한 대상이나 생각들을 시각적으로 분류하여 나타낼 수 있는 도구이다. 트리맵은 계층적인 분류를 나타내기에 적합하며, 다양한 자료들을 필요에 따라 대분류, 중분류, 소분류로 범주화할 수 있다. 이때 가장 윗줄에는 대분류의 항목명을 쓰고, 아래로 내려가면서 하위 항목을 작성한다.

트리맵에 따라 정보를 기록할 때는 기준을 세우는 것이 가장 중요하다. 같은 자료들도 기준에 따라 분류가 달라질 수 있기 때문에 수집한 정보를 다양한 기준으로 분류해보고, 탐구 주제에 가장 적합한 기준을 찾는 과정에서 학습자의 다각적이고 체계화된 사고가 길러진다.

가. 조사 및 연구 기능을 기르는 방법

트리맵은 조사 및 연구 기능 중에서 정보 기록하기 과정에 활용될 수 있다. 수집한 정보를 분류할 수 있는 다양한 기준을 생각하고, 탐구에 가장 적합한 기준을 선택하며 정보를 기준에 따라 분류 및 계층화하는 과정에서 학습자들은 탐구 질문의 의미를 지속적으로 상기시킨다. 트리맵을 이용한 정보 기록을 통해 학습자들은 수집한 자료의 의미와 정보 간 관계를 파악하게 되어 이후에 이어지는 분석 및 해석하기 과정의 토대를 마련하게 된다.

나. 탐구를 촉진하는 방법

트리맵을 통해 수집한 정보를 기록하면서 학습자들은 자료의 의미를 탐구질문과 연관 지어 생각하게 되고, 이 과정에서 답의 초안을 구성하게 된다. 체계적으로 기록된 정보는 분석 및 해석하기를 위한 좋은 자료가 되며, 탐구의 효율성을 높여 원활한 탐구를 촉진한다.

트리맵의 형태

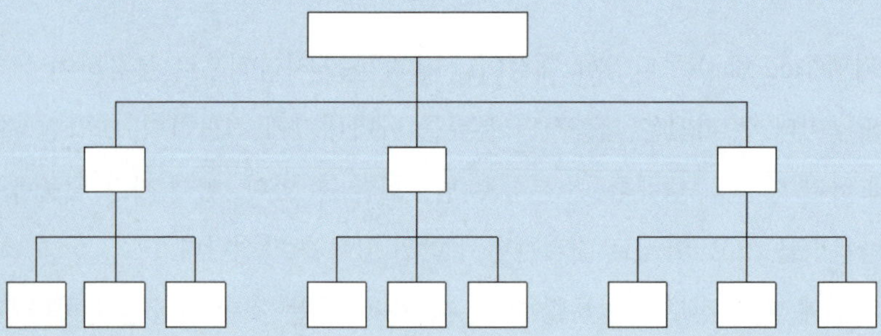

다. 트리맵 기법 활용 방법

주제	공공장소에서는 어떤 약속을 지켜야 할까요?
교수·학습 활동	2학년 통합교과 〈마을〉에서 우리 마을에 있는 다양한 공공장소에 대해 학습하면서 공공장소 이용 예절에 대한 정보를 수집한 후 트리맵을 통해 정보를 기록함. 이때 분류 기준은 '공공장소의 종류'로 하고, 공공장소의 종류별로 이용 예절을 분류하여 기록함.

주제	각(角)이란 무엇일까요?
교수·학습 활동	4학년 수학과 〈각도〉에서 각의 의미를 알고, 각을 재는 법을 배운 후 각의 종류를 트리맵을 통해 분류하도록 함. 이 경우 각의 종류를 분류하는 기준이 각의 크기(각도)인데, 초등학교 수학과 교육과정에서는 각의 크기에 따른 분류까지만 다루기 때문에 교사가 기준을 제시해 주는 것이 좋음. 만약 수업 중 일부 학생이 중등 교육과정에 등장하는 각의 배치 형태에 따른 분류(이웃각, 맞꼭지각, 동위각, 엇각)를 언급한다면 그러한 기준도 있음을 짚어 줄 수 있음.

주제	역사 속 나라를 어떻게 평가할 수 있을까요?
교수·학습 활동	5학년 사회과 역사 영역에서 역사 속 나라에 대해 학습하며 사관(史觀)을 형성하도록 할 때, 다양한 사료를 기준에 따라 분류하도록 함. 사료를 기능에 따라 분류하도록 하여 정치면, 국방면, 외교면, 문화면 등으로 나누어 분석하도록 하면 한 나라를 파악할 때 단면만을 보지 않고 복합적으로 평가할 수 있음.

라. 트리맵 기법을 활용한 수업 사례

1) 수업 개요

단원명	생물과 환경	학년	5학년
학습 주제	생태계를 구성하는 생물 요소 분류하기		
교수·학습 활동	이 수업은 5학년 학생들이 처음으로 '생태계'라는 개념을 배우게 되며 생태계를 구성하는 생물 요소와 비생물 요소를 탐구하는 단원 속에서 이루어졌다. 5학년 1학기 교과 과정에서 다양한 생물의 분류(동물, 식물, 원생생물, 균류, 세균)에 대해 학습한 이후에 진행되는 본 단원에서는 생물이 아닌 생태계의 구성 요소 중 하나인 생물 요소를 다루게 된다. 이때 학습자들이 양분을 얻는 방법을 기준으로 생물 요소를 분류하고, 각 분류에 해당 되는 사례를 트리맵에 기록하며 생물 요소에 대한 이해를 높이도록 하였다.		

2) 수업 절차

생태계의 구성 요소 분류하기
생물 요소와 비생물 요소로 구분하기
생물 요소와 비생물 요소의 사례 파악하기
생태계의 종류별로 생물 요소와 비생물 요소의 사례 탐색하기
탐색한 생물 요소 분류하기(트리맵)
• 기존에 알고 있던 생물의 분류법에 따라 분류하기 • 새로운 분류 기준 제시하기: 양분을 얻는 방법
양분을 얻는 방법에 따라 생물 요소 분류하기(트리맵)
생산자, 소비자, 분해자로 분류하기
분류된 생물 요소 간의 관계 파악하기
탐구질문: 생산자/ 소비자/ 분해자가 사라진다면 무슨 일이 생길까요?
생태계 균형을 위한 생물 요소의 기능 탐구하기
생태계 균형을 위한 생물 요소의 기능 설명하기

3) 활동지

생물 요소 분류하기 (Tree map)

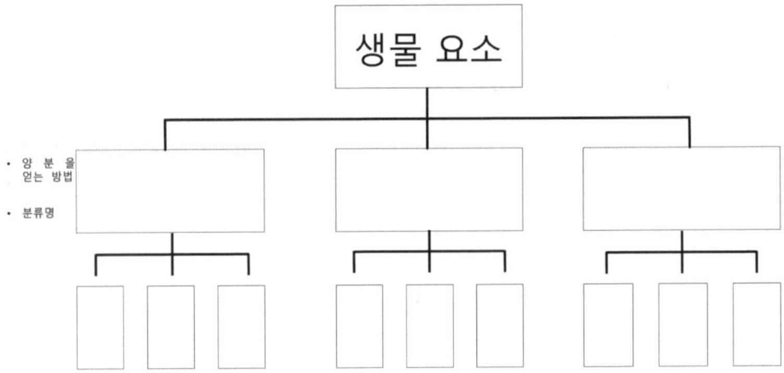

생물 요소가 사라진다면 어떤 일이 벌어질까요?
*생산자:
*분해자:

4) 학생 활동 예시

생물 요소 분류하기 (Tree map)

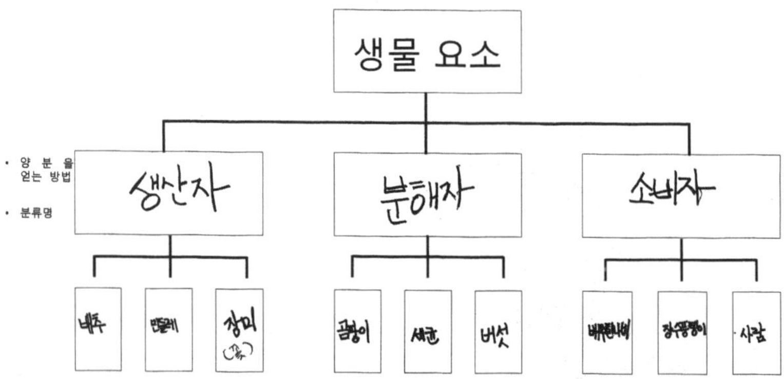

생물 요소가 사라진다면 어떤 일이 벌어질까요?
*생산자: ~~먹을수 있는~~ 생산자가 없어지면 생산자를 먹는 1차 소비자는 먹이가 없어 죽게되고 다음도 계속 반복됨.
*분해자: 세상은 죽은 동식물로 가득 할 것입니다.

4 육각형 사고(Hexagonal Thinking)

육각형 사고(Hexgonal Thinking)는 서로 다른 개념, 사실, 정보 간의 연결과 그 의미의 차이를 탐색하기 위한 시각적 도구로, 창의적인 분석과 토론의 출발점으로써 기능한다. 육각형 사고를 위해서는 수집한 정보를 각각 육각형 카드에 적고, 이 카드들을 여섯 면 중 공통점이나 관련성을 지닌 다른 정보와 연결되도록 배열한다. 같은 개념, 사실, 정보를 놓고도 서로 다른 구조의 연결망이 완성되기 때문에, 관점의 차이를 발견하는 데 효과적이다.

가. 조사 및 연구 기능을 기르는 방법

이 기법을 활용하면 조사 및 연구를 통해 수집한 정보를 본격적으로 분석하기 전에 우선적으로 정보를 연결하여 공통점과 차이점을 찾고, 분석의 방향을 설정하는 데 도움을 받을 수 있다. 단순히 정보 간 연결성만 발견하는 것이 아니라, 같은 정보를 바라보는 다양한 관점을 확인하여 탐구의 결론과 답이 달라질 수 있기 때문이다. 만약 같은 정보에 대한 연결망이 다르게 조직된다면, 토론을 통해 연결성의 근거를 마련하여 이후 이어질 분석 및 해석의 타당성을 높이는 것이 중요하다.

나. 탐구를 촉진하는 방법

육각형 사고는 학생들로 하여금 같은 정보에 대한 다양한 관점을 확인하여 자신의 사고를 돌아보고, 새로운 관점으로 탐구를 진행할 수 있는 기회를 제공한다. 또한 본 기법을 협동 활동으로 운영할 경우 학생들은 각자의 역할이 다를 수 있음을 자연스럽게 깨달을 수 있다. 누군가는 원활한 진행을, 누군가는 새로운 관점을, 누군가는 중재와 타협을, 또 누군가는 기록과 정리를 맡는 자연스러운 협력적 탐구가 가능할 것이다.

육각형 사고의 형태

활동 지침

- 서로 다른 아이디어들이 어떻게 연결될 수 있는지 이야기하며 연결하기
- 서로 납득할 수 있는 근거를 다른 자료에서 찾기
- 재배열을 반복하며 가장 강력한 연결망 찾기

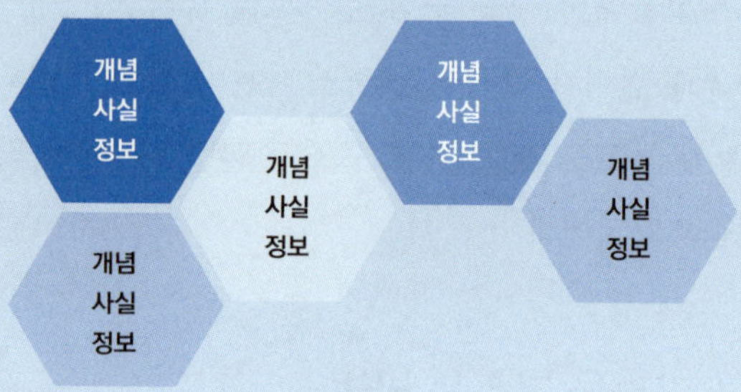

다. 육각형 사고 기법 활용 방법

주제	어떻게 하면 사람들과 잘 지낼 수 있을까요?
교수·학습 활동	1학년 통합교과 〈사람들〉에서 관계, 소통이라는 개념을 배우며 관계와 소통을 연결하여 사람들과 잘 지낼 수 있는 방법을 탐구하게 함. 개념과 정보를 연결하여 질문의 답을 찾아내도록 하기 위해 육각형 사고 기법을 활용함. 이때 육각형 카드를 위계화하여 개념 수준(관계, 소통), 사실 수준(가족, 친척, 친구, 이웃, 선생님, 다양한 인사말, 표정, 행동)으로 나누어 컬러 코딩으로 구분하면 학습자의 연결성 도출이 수월함. 범주화된 사고가 어려운 학습자의 경우 같은 범주의 정보를 같은 색의 카드로 작성하면 연결이 더 수월할 수 있으나, 창의적 사고의 연결을 저해할 수 있으므로 본 기법을 연습하기 위한 초반 단계에서만 활용하기를 권장함.

주제	식물의 구조는 어떤 기능을 할까요?
교수·학습 활동	3학년 과학과 〈3. 식물의 생활〉에서 식물을 이루는 구조와 각 구조의 기능을 탐구하기 위해 육각형 사고 기법을 활용함. 식물의 구조를 이루는 잎, 줄기, 뿌리, 꽃, 물관, 체관 등의 범주와 광합성, 증산 작용, 호흡, 양분 흡수, 번식 등 기능 범주로 카드를 준비함. 학습자들은 육각형 카드를 연결하며 식물의 구조와 기능을 학습할 수 있고, 더 나아가 동물의 구조와 기능에 대한 내용으로 카드를 확대하면 식물과 동물을 비교하여 '생명', '순환'과 같은 개념을 형성할 수도 있음.

주제	임진왜란은 왜 발생하였고, 이후의 조선에 어떤 영향을 미쳤나요?
교수·학습 활동	5학년 사회과 역사 영역에서 임진왜란이라는 커다란 역사적 사건에 대해 학습하며 그 원인과 영향, 역사적 의의를 탐구하기 위해 관련된 정보와 개념을 육각형 사고 기법으로 연결하도록 함. 육각형 카드의 범주는 개념 수준, 사실 수준으로 나누어 제공함. 사실 수준 카드는 원인 관련, 피해/결과 관련, 영향 및 의의 관련, 인물 및 업적 관련한 내용으로 구성함. 학생들은 육각형 카드를 펼쳐두고 각 카드의 의미를 파악한 후, 관련된 카드 간 연결성을 찾아 연결망을 구성함. 후속 활동으로 임진왜란에 대한 비평문 쓰기를 통해 정보 간의 연결을 정리할 수 있음.

라. 육각형 사고 기법을 활용한 수업 사례

1) 수업 개요

단원명	우리나라의 정치·경제 발전	학년	6학년
학습 주제	우리나라의 정치·경제 체제 분석하기		
교수·학습 활동	6학년 사회과에서 〈1. 우리나라의 정치 발전〉, 〈2. 우리나라의 경제 발전〉 단원을 통합하여, 우리나라의 정치 및 경제 체제에 대한 이해를 바탕으로 바람직한 시민의 역할에 대한 프로젝트 학습을 진행하였다. 이때 다루는 개념과 사실적 지식이 방대하기 때문에 학습자의 지식적 이해를 확인하기 위해 육각형 사고 기법을 활용하였다. 육각형 사고 기법을 통해 학습자들이 건강한 국가는 정치, 경제의 체제 안에서 제도와 시민이 상호작용하며 발전한다는 핵심 아이디어에 도달할 수 있도록 하였다.		

2) 수업 절차

정치와 경제는 어떤 관계에 있을까?
정치와 경제의 기본 개념 복습하기
육각형 사고: 우리나라 정치 체제의 구성과 작동 정리하기
민주적 의사결정, 삼권분립, 국민 주권과 관련된 개념(정보) 카드를 연결하기
육각형 사고: 우리나라의 경제 체제의 구성과 특징 정리하기
가계, 기업, 경제주체, 자유, 경쟁, 경제 교류와 관련된 개념(정보) 카드를 연결하기

육각형 사고: 정치와 경제 연결하기
정치 체제와 경제 체제 관련 개념(정보) 카드를 연결한 연결망 만들기
육각형 연결망 발표하기
우리나라의 정치·경제 체제의 모습과 관련성 발표하기
우리나라의 발전을 위한 시민의 역할은 무엇일까?
탐구한 내용을 바탕으로 바람직한 시민의 역할을 설명하는 글쓰기

3) 활동지

육각형 사고 카드 활동지

- 활동 안내:
  - 각 카드의 용어에 대해 정의 또는 예시를 작성합니다.
  - 카드의 내용을 참고해서 연결한 개념이나 정보를 육각형 붙임딱지에 쓰세요.
  - 분류가 필요하면 붙임딱지의 색을 활용해 분류하세요.

용어: 삼권분립 정의/예시:	용어: 선거 정의/예시:	용어: 정당 정의/예시:
용어: 국회 정의/예시:	용어: 시민 참여 정의/예시:	용어: 법률 정의/예시:
용어: 시장경제 정의/예시:	용어: 소비자 정의/예시:	용어: 생산자 정의/예시:
용어: 공정거래 정의/예시:	용어: 복지 정의/예시:	용어: 경제 성장 정의/예시:
용어: 자유 정의/예시:	용어: 평등 정의/예시:	용어: 정의 정의/예시:
용어: 책임 정의/예시:	용어: 투표 정의/예시:	용어: 언론 감시 정의/예시:
용어: 가계 정의/예시:	용어: 기업 정의/예시:	용어: 경제 교류 정의/예시:

4) 학생 활동 예시

5 정보그물(Info Web)

정보그물(Info Web)은 학습자가 조사 및 연구를 통해 수집한 정보를 중심 주제와 관련된 항목들로 시각적으로 조직할 수 있도록 돕는 기록 도구이다. 중심에 핵심 주제를 배치하고, 이를 둘러싼 형태로 관련 정보나 소주제를 거미줄처럼 연결해 나가는 구조를 갖는다.

이 도구는 특히 수집한 정보의 관계를 찾거나, 수집한 정보를 글로 요약하기에는 아직 익숙하지 않은 학습자들에게 시각적 정리 방식을 통해 사고를 구조화하는 경험을 제공하며, 탐구 흐름을 되짚고, 앞으로의 탐구 방향을 재정립할 수 있도록 하는 데 효과적이다.

가. 조사 및 연구 기능을 기르는 방법

정보그물은 조사 및 연구 기능 중에서 정보 기록하기 과정에 활용될 수 있다. 조사한 정보를 정리하고, 핵심 내용을 구조화하기 위해서는 정보 간의 관계를 보는 눈이 필요하다. 하지만 탐구에 익숙하지 않은 학습자에게는 수집한 정보 간의 관계를 파악할 수 있도록 정보를 시각적으로 구조화하는 기록 도구가 필요하다. 정보그물은 중심 주제를 중앙에 배치하고, 수집한 정보를 한 눈에 파악할 수 있도록 주제나 항목별로 분류하여 작성한다. 이때 서로 관련 있는 정보는 선으로 연결하거나, 컬러 코딩으로 표시할 수 있다.

나. 탐구를 촉진하는 방법

정보그물은 단지 정보를 나열하는 도구가 아니라, 학습자의 머릿속에서 이루어진 사고의 구조를 시각적으로 표현하는 지도이다. 이 도구를 통해 학습자는 자신의 사고 흐름을 되돌아보고, 다른 사람의 정보 조직 방식을 비교하며 앞으로의 탐구로 나아갈 준비를 할 수 있다.

정보그물의 형태

정보그물의 형태는 고정적이지 않다. 주제를 중앙에 배치하고, 수집한 정보를 중앙에서부터 뻗어 나가는 형태로 작성한다. 저학년이라면 주제를 그림으로 제시할 수 있다.

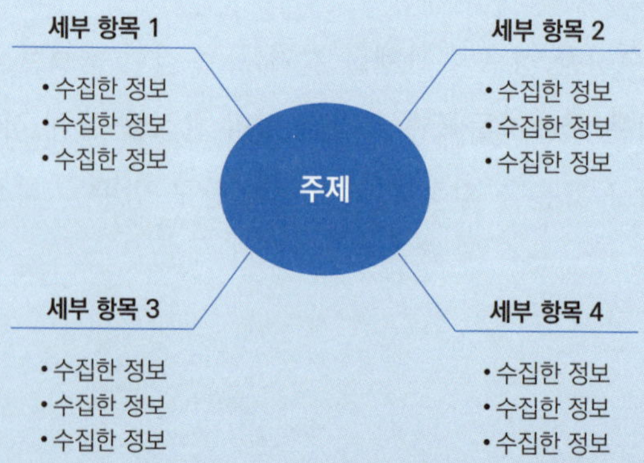

다. 정보그물 기법 활용 방법

주제	대상을 어떻게 설명할까요?
교수·학습 활동	2학년 국어과 〈내용을 살펴요〉에서 글의 중심 내용을 파악하고, 대상에 대해 설명하는 글을 쓰는 방법을 익히기 위해 정보그물을 활용함. 글을 읽고 정보그물을 활용해 설명하는 대상의 형태, 기능, 특징을 정리하거나, 자신이 설명하고자 하는 대상에 대한 글을 쓰기 전 형태, 기능, 특징, 함께 쓰는 물건 등을 정보그물로 정리하여 글감을 정리할 수 있음.

<table>
<tr><td>주제</td><td>동물은 어떤 한살이 과정을 거칠까요?</td></tr>
<tr><td>교수·학습 활동</td><td>3학년 과학과 〈동물의 한살이〉에서 한살이 과정이 잘 드러나는 특정 동물에 대해 조사하도록 하고, 수집한 정보를 정보그물을 통해 기록함. 조사할 동물을 중앙에 배치하고, 성장 과정, 서식지, 먹이 등을 기록함.
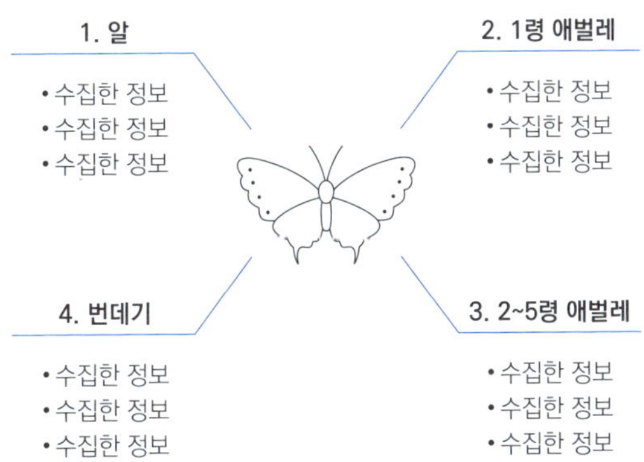
</td></tr>
</table>

주제	태양은 어떤 역할을 할까요?
교수·학습 활동	5학년 과학과 〈태양계와 별〉에서 태양에 대해 탐구하기 위해 태양이 우리 생활에 활용되는 사례, 생태계에 미치는 영향, 우주(태양계)에서의 역할을 수집한 후 정보그물에 정리할 수 있음. 태양이 지구 환경에 미치는 영향, 인간이 태양을 활용하는 사례, 태양계의 구성원, 태양과 같은 별의 종류 등 태양을 중심으로 수집한 정보를 항목별로 정리하여 기록하는 과정에서 앞으로의 탐구 방향을 결정할 수 있음.

라. 정보그물 기법을 활용한 수업 사례

1) 수업 개요

단원명	우리나라	학년	1학년
학습 주제	우리가 즐기는 문화의 유래 조사하기		
교수·학습 활동	이 수업은 1학년 학생들이 '우리나라'에 대해 배우면서 '우리나라'를 단순히 '한국'이라고만 인식하지 않도록 하는 것을 목표로 하였다. 개인의 경험과 배경에 따라 공동체에 대한 인식은 달라질 수 있음을 깨닫게 하기 위한 요소로 '문화'를 주로 다루며, 현재 우리가 즐기고 있는 문화의 유래를 조사하도록 한다. 이 조사 활동을 통하여 우리가 즐기는 문화가 한국의 전통뿐 아니라 다양한 나라에서 유래되었음을 알 수 있도록 정보 수집 도구로 정보그물을 활용하였다.		

2) 수업 절차

우리나라란 어떤 나라일까?
'우리나라', '우리나라 사람'에 대한 인식 파악하기
문화란 무엇일까?
우리가 먹고, 입고, 놀고, 살아가며 활용하는 모든 문화를 탐색하기
우리의 문화는 우리만의 것일까?
우리가 즐기는 문화가 어느 나라에서 유래된 것인지 조사하기
우리의 문화는 우리만의 것일까?
• 수집한 정보를 정보그물로 정리하기 • 정리한 내용을 바탕으로 탐구질문에 답하기
우리나라란 어떤 나라일까요?
탐구한 내용을 바탕으로 우리나라에 대한 개념을 재정립하기

3) 활동지

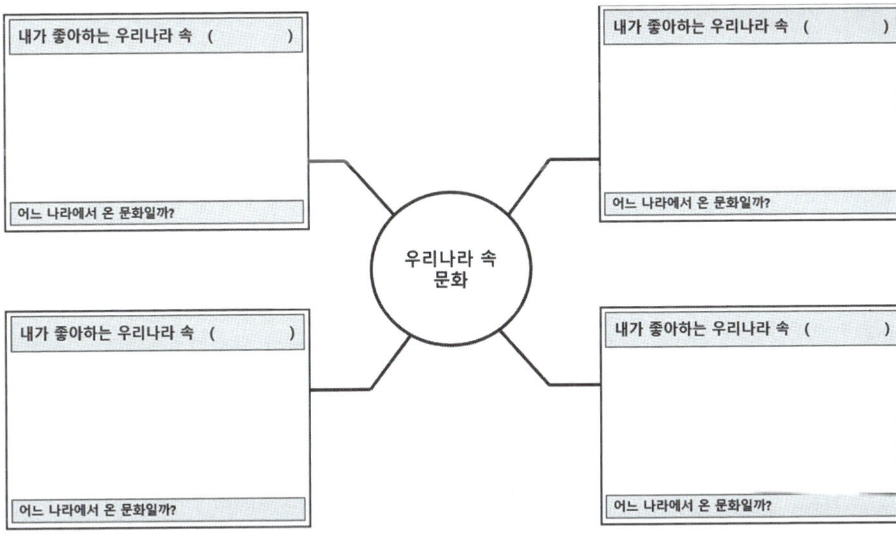

4) 학생 활동 예시

1학년	통합 4. 우리나라 우리나라 속 다른 나라 찾기	

- 우리나라는 어떤 나라를 말할까? '우리나라'의 의미를 만들기 위해 우리나라 속 다른 나라를 찾아봅시다.
- **여러분은 어떤 음식, 어떤 옷, 어떤 건물을 좋아하나요? 휴일에는 어떤 놀이나 운동을 하며 노는 것을 즐기나요?**

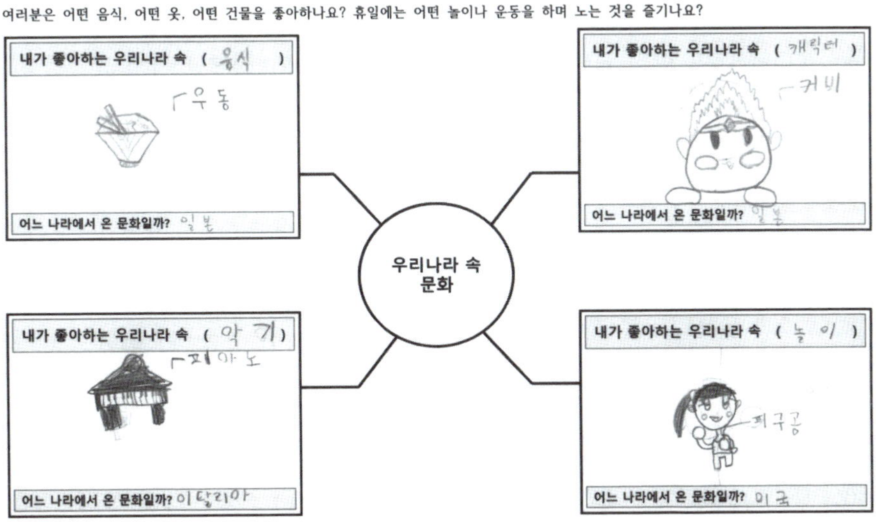

6 써클맵(Circle Map)

써클맵(Circle Map)은 David Hyerle 박사에 의해 고안된 사고의 시각화 도구인 씽킹맵(Thinking Maps)중 하나로 대상에 대한 사실, 정보를 바탕으로 개념을 정의할 수 있게 돕는다.

써클맵은 크게 3가지의 구조로 이루어져 있는데, 중앙 동그라미에 정의하고자 하는 대상을 글자, 숫자, 그림, 기호 등으로 표시한다. 바깥 원에는 대상에 대해 수집한 사실과 정보를 작성한다. 원을 둘러싸고 있는 사각형 틀은 '참조의 틀'이라 부른다. 참조의 틀에 대상에 대한 사실과 정보의 출처를 기록함으로써 대상에 대한 정의가 어떤 배경에 의해 형성되었는지를 파악할 수 있다. 바깥 원 안에 작성된 정보의 출처를 명확히 표시하기 위해 참조의 틀에 작성된 배경과 같은 색으로 컬러 코딩(color coding)을 할 수 있다.

가. 조사 및 연구 기능을 기르는 방법

써클맵은 탐구의 모든 단계에서 활용할 수 있는데, 초반에 사용할 경우에는 주제나 개념에 대한 학생들의 사전지식을 파악하고, 개념에 대한 사전 약속을 할 수 있다.

써클맵을 통해 조사 및 연구 기능을 기르기 위해서는 정보 기록하기 과정에서 수집한 정보를 일정한 기준에 따라 정렬 및 분류한 후에 종합 및 정리할 때 사용한다. 대상에 대해 수집한 사실, 정보를 기록하는데, 이때 수집한 사실, 정보가 출처나 배경에 따라 유목화될 수 있도록 하는 것이 중요하다.

나. 탐구를 촉진하는 방법

학습을 통해 수집한 자료를 종합 및 정리하는 과정에서 학습자는 개념을 형성할 수 있으며, 이후 산출물을 내기 위한 준비 단계로 활용할 수 있다.

써클맵의 형태 및 활용 방법

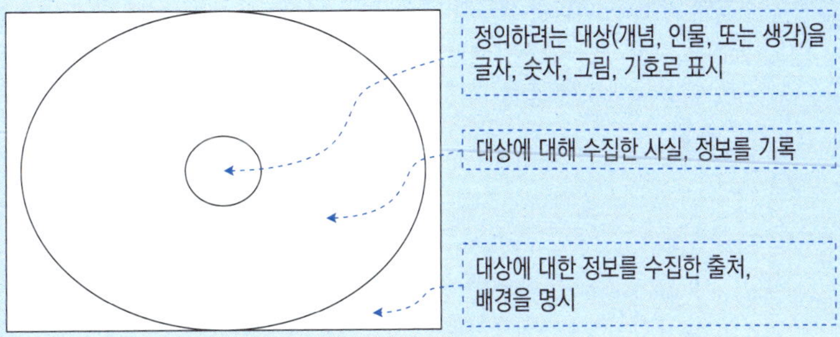

다. 써클맵 기법 활용 방법

주제	나에게 '친구'란?
교수·학습 활동	새 학년 새 학기에 친구 만들기를 위해 진행할 수 있는 활동으로, 각자 '친구'라고 생각하는 존재를 참조의 틀에 작성한 후 그 존재를 바탕으로 자신이 생각하는 '친구'의 의미를 정의하게 함. 자신이 정의한 친구의 의미를 바탕으로 원하는 친구의 특징을 글쓰기로 표현하게 할 수 있음. 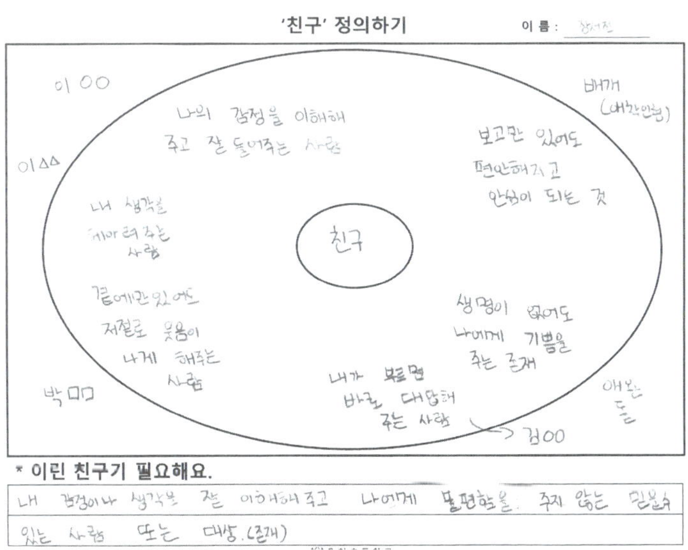

<table>
<tr><td>주제</td><td>생물의 분류 중 균류의 특징은 무엇일까?</td></tr>
<tr><td>교수·학습
활동</td><td>5학년 과학과 〈다양한 생물과 우리 생활〉 단원에서 동물, 식물 외의 생물 중 버섯, 균류에 해당되는 다양한 곰팡이와 버섯을 조사 및 연구한 후, 그 결과로 수집된 자료를 써클맵으로 종합, 정리하여 버섯, 균류에 대한 일반화된 지식을 형성할 수 있음.
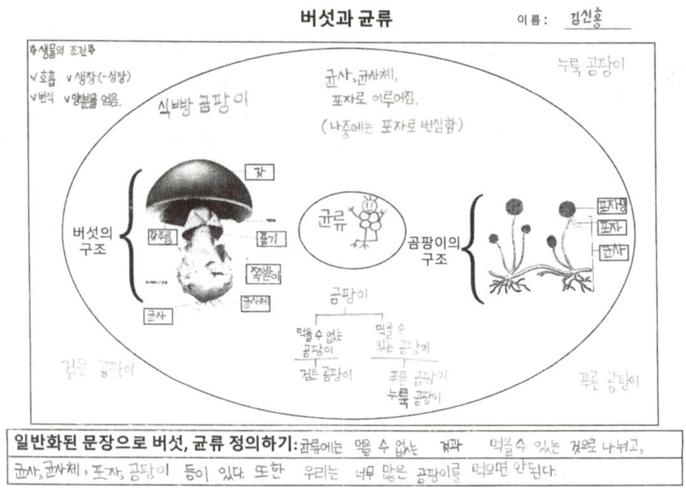
</td></tr>
</table>

라. 써클맵 기법을 활용한 수업 사례

1) 수업 개요

단원명	옛 사람들의 삶과 문화	학년	5학년
학습 주제	사료 조사를 통해 고조선 알아보기		
교수·학습 활동	이 수업은 5학년 사회과 역사 영역에서 한반도 최초의 국가인 고조선에 대해 다양한 사료를 통해 학습한 후 고조선이 어떤 나라였는지 정의하기 위한 차시이다. 학습자들이 고조선이 어떤 나라인지 알기 위해 역사적 기록(삼국유사, 8조법), 문화유산(비파형 동검, 고인돌 등), 건국 신화 등 다양한 사료를 수집한 후, 수집한 자료를 종합 및 정리하도록 하기 위해 써클맵(Circle Map)을 활용하였다.		

2) 수업 절차

정보 수집 단계에서 수집한 자료 준비하기
고조선에 대해 수집한 사료를 출처에 따라 유형별로 나누어 준비하기
써클맵(Circle map) 제시하기
탐구질문: 고조선은 어떤 나라일까요?
써클맵(Circle map) 작성하기
• 중앙 동그라미에 '고조선' 작성하기 • 참조의 틀에 수집한 사료의 출처를 작성하기 • 각 출처에서 수집한 자료를 바깥 원 안에 작성하기
컬러코딩(color coding)을 통해 정보의 출처 명시하기
같은 출처에서 수집한 정보를 색으로 표시하여 출처 명시하기
고조선 정의하기
수집한 자료를 종합·정리하여 자신이 정의한 고조선에 대해 발표하기
고조선에 대한 글 쓰기
고조선 써클맵(Circle map)을 바탕으로 고조선에 대해 설명하는 글쓰기

3) 활동지

함께 참여하기

● 학습한 내용을 바탕으로 고조선을 정의해봅시다.

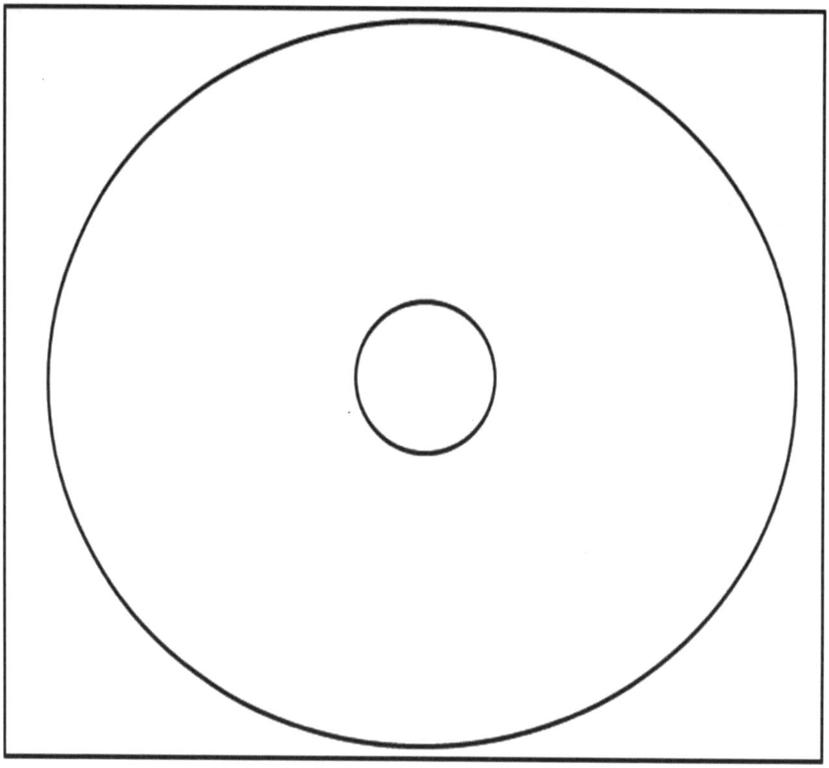

나의 사관을 담아…

고조선은,

4) 학생 활동 예시

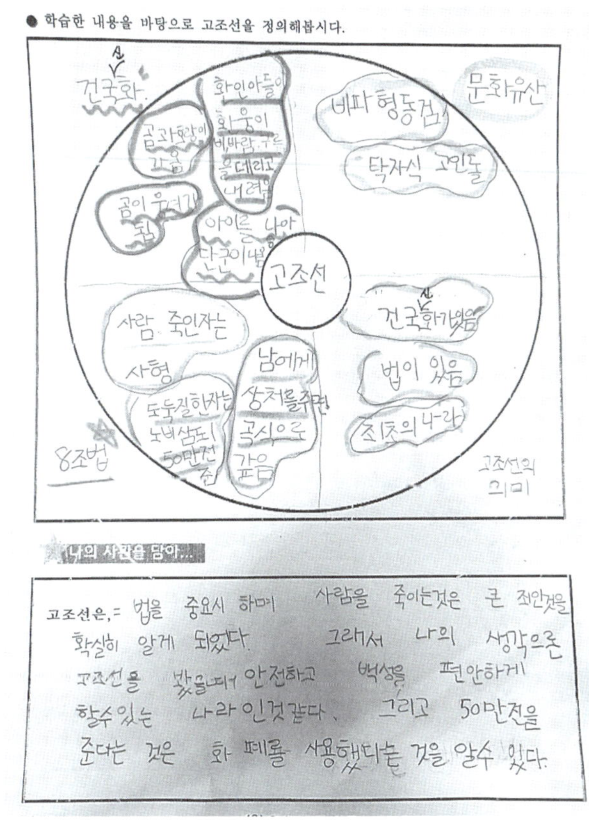

7 이야기 피라미드

이야기 피라미드는 조사 및 연구하려는 대상에 대한 정보를 체계적이고 한눈에 보기 쉽게 기록하는 탐구 기법이다. 이름에 '이야기'가 드러난 것처럼 하나의 이야기를 배경, 인물, 사건으로 정리할 수도 있고, 조사 및 연구한 대상에 대한 연구 결과를 기록할 때 활용할 수도 있다.

이야기 피라미드에서 중요한 것은 각 층을 어떤 문항으로 구성할 것인가이다. 탐구 주제가 잘 드러나는 문항으로 구성하여 학습자들이 정보를 기록하면서 탐구의 방향을 잃지 않고, 수집한 자료를 탐구에 잘 활용할 수 있도록 해야 한다.

가. 조사 및 연구 기능을 기르는 방법

이야기 피라미드는 조사 및 연구 기능 중에서 정보 기록하기 과정에 활용될 수 있다. 탐구의 축이 되는 탐구 질문에 답하기 위한 비계 문항을 세분화한 후 피라미드의 각 층을 구성하고, 수집한 정보를 층에 맞게 기록한다면 체계적으로 수집한 정보를 정리할 수 있다. 또한 이후 이어질 분석 및 해석 과정에서 정확하고 타당한 분석과 해석을 위해서 문항별 정보의 기록은 중요한 뒷받침으로 기능할 수 있다.

나. 탐구를 촉진하는 방법

이야기 피라미드를 사용하며 학습자는 자신이 수집한 정보를 탐구 질문의 답으로 활용하기 위해 체계적으로 기록 및 정리할 수 있고, 이에 따라 이후 분석과 해석의 타당성을 갖추게 된다. 특히 저학년 학습자의 탐구를 돕기 위해 교사가 탐구의 정합성을 고려하여 피라미드의 각 층별 문항을 제공할 수 있어 유용하다.

이야기 피라미드의 형태

- 수집한 정보에 대한 문항
- 수집한 정보에 대한 문항
- 수집한 정보에 대한 문항
- 수집한 정보에 대한 문항

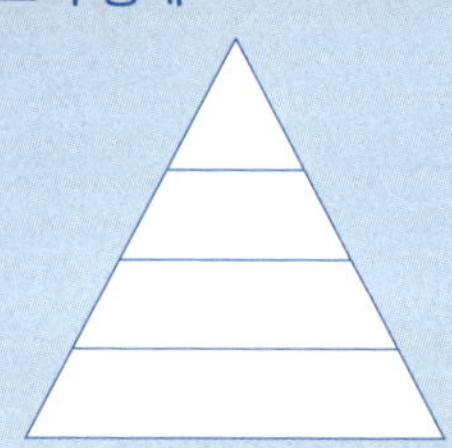

다. 이야기 피라미드 기법 활용 방법

주제	나는 어떤 인물이 되고 싶은가요?
교수·학습 활동	2학년 통합교과 〈인물〉 단원에서 여러 인물의 생애를 배우고, 해당 인물이 나에게 끼친 영향을 생각하며 자기 자신이 스스로 어떤 인물이 되고 싶은지 계획할 수 있도록 설계함. 학생들이 자신의 삶을 계획할 수 있도록 하기 위해 학생들이 익히 아는 위인부터, 가까이에 있는 부모님과 선생님 등 다양한 인물의 생애를 '인물 피라미드'를 통해 조명하게 함. 피라미드의 하위 문항은 필요에 따라 구성할 수 있음.

	인물 피라미드 **내가 조사한 인물의 성격과 상애, 업적과 기억할 만한 부분을 정리 해 봅시다.** 

주제	나의 경험은 어떤 작품이 될까요?
교수·학습 활동	6학년 국어과 〈8. 작품으로 경험하기〉 단원에서 영화나 기행문을 통해 간접 경험을 하고, 자신의 경험을 작품화할 수 있도록 함. 경험이 어떻게 조직 및 표현되어야 다른 사람들에게 효과적으로 공유될 수 있는지 알기 위해 먼저 영화나 기행문을 감상함. 감상 이후 전체적인 스토리 구조를 이야기 피라미드에 따라 기록하도록 하여 구조에 대한 인식을 강화함. 이후 자신의 경험 중 작품화를 통해 공유하고 싶은 내용을 선정하여 이야기 피라미드로 작품의 전체적인 조직과 흐름을 계획함. 이때 이야기 피라미드의 문항은 학생들이 목적에 맞게 스스로 구성하는 것이 가장 바람직한데, 예시 작품 감상 후 정리할 때는 교사가 문항을 구성하고, 자신의 경험을 작품화할 때는 스스로 문항을 구성하도록 할 수 있음.

라. 이야기 피라미드 기법을 활용한 수업 사례

1) 수업 개요

단원명	진로활동 - 진로정보 탐색활동	학년	2학년
학습 주제	직업이 하는 일과 필요한 자질 알기		
교수·학습 활동	이 수업은 창의적체험활동 진로활동 중 특정 직업에 대해 알아보는 진로정보 탐색활동을 위해 설계, 운영되었다. 학생들이 관심 있어 하는 직업에 종사하는 직업인을 초빙하여 진로 특강을 진행하고, 특강을 통해 해당 직업에 대해 알게 된 내용을 피라미드로 구성하여 기록하게 한다. 문항은 학년 특성과 수업의 목적에 따라 달라질 수 있으며, 본 수업에서는 해당 직업에 대한 전반적인 이해를 기르는 것을 목적으로 하여 문항을 구성하였다.		

2) 수업 절차

직업의 의미와 필요성 알아보기	생계 유지, 자아 실현, 사회 공헌으로서의 직업의 의미와 필요성 알아보기
다양한 직업 탐색하기	우리 주변에서 볼 수 있는 다양한 직업 탐색하기
진로 특강 계획하기	주변에서 볼 수 있는 다양한 직업 중 관심 있는 직업 정하기
진로 특강 실시하기	학생들의 관심도가 높은 직업을 가진 학부모를 강사로 초빙하여 진로 특강 실시하기
직업에 대해 정리하기	'직업 피라미드'를 활용하여 직업에 대해 정리하기
내가 더 알고 싶은 직업을 조사하기	개인적으로 더 알고 싶은 직업을 조사하여 '직업 피라미드'로 정리하기

3) 활동지

직업 피라미드

진로교육을 통해 새롭게 알게 된 직업에 대해 정리해 봅시다.

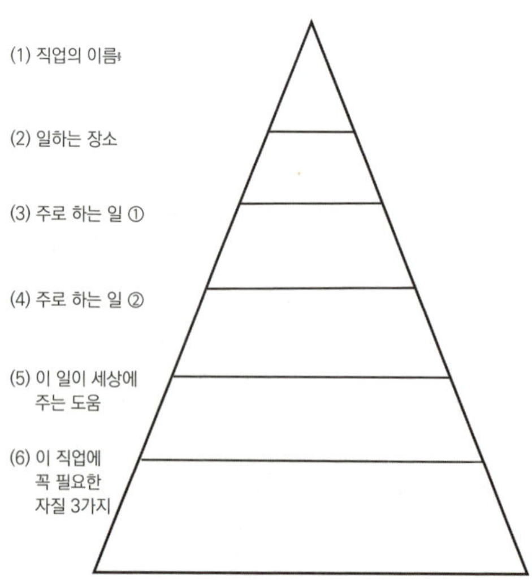

4) 학생 활동 예시

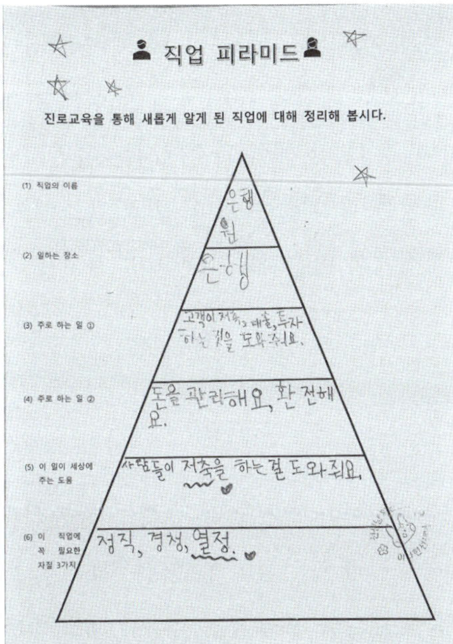

직업 피라미드

진로교육을 통해 새롭게 알게 된 직업에 대해 정리해 봅시다.

(1) 직업의 이름

(2) 일하는 장소

(3) 주로 하는 일 ①

(4) 주로 하는 일 ②

(5) 이 일이 세상에 주는 도움

(6) 이 직업에 꼭 필요한 자질 3가지

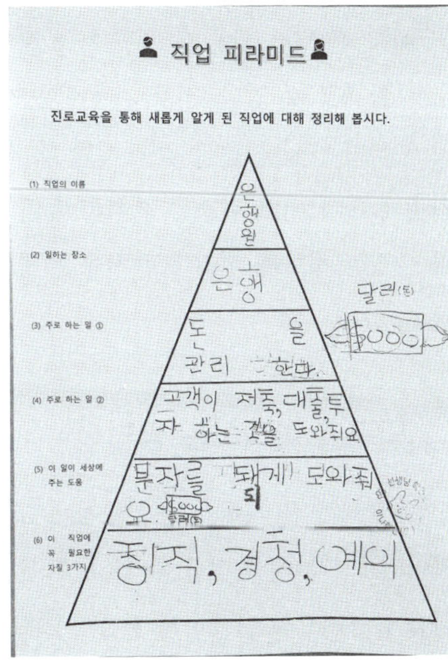

직업 피라미드

진로교육을 통해 새롭게 알게 된 직업에 대해 정리해 봅시다.

(1) 직업의 이름

(2) 일하는 장소

(3) 주로 하는 일 ①

(4) 주로 하는 일 ②

(5) 이 일이 세상에 주는 도움

(6) 이 직업에 꼭 필요한 자질 3가지

8 비교 렌즈

비교 렌즈는 비슷한 두 대상을 체계적이고 시각적으로 비교 분석할 수 있게 하는 탐구 기법이다.

비슷한 대상을 정확히 비교 분석할 수 있도록 공통적인 비교 기준을 다면적으로 구성하여 중앙에 배치한 덕분에 비교의 초점이 명확히 드러난다. 또한 각 측면에 따른 두 대상의 차이를 나란히 작성하여 즉각적이고 시각적인 비교가 가능하게 한다. 비교 렌즈의 중앙에 배치된 비교 기준은 상황에 맞게 수를 조정할 수 있으며, 두 대상의 정보를 기록할 때 대상에 따라 색에 차이를 두어 컬러 코딩(Color coding)을 한다면 더욱 한눈에 알아보기 좋다.

가. 조사 및 연구 기능을 기르는 방법

비교 렌즈는 조사 및 연구 기능 중에서 정보 기록하기 및 분석 및 해석 과정에 모두 활용될 수 있다. 정보 기록하기 과정에서는 두 대상에 대해 수집한 정보를 비교 분석하기 쉽게 종합 및 정리할 때 적합하며, 분석 및 해석 과정에서는 다면적인 기준에 따라 비교 렌즈를 작성하며 비교의 관점을 파악할 수 있다. 비교 렌즈에 따라 수집한 정보를 정리하고 비교 분석하는 과정에서 학습자의 다각적인 사고를 기를 수 있다.

나. 탐구를 촉진하는 방법

비교 렌즈를 사용하며 학습자는 두 대상이 각각의 기준에 따라 갖는 공통점과 차이점을 한눈에 인식할 수 있고, 이에 따라 공통점과 차이점의 원인이나 맥락적 변화를 능동적으로 탐색하게 된다. 이 과정에서 두 대상을 포괄하는 시대나 제도에 대한 입체적인 이해가 가능해진다.

비교 렌즈의 형태

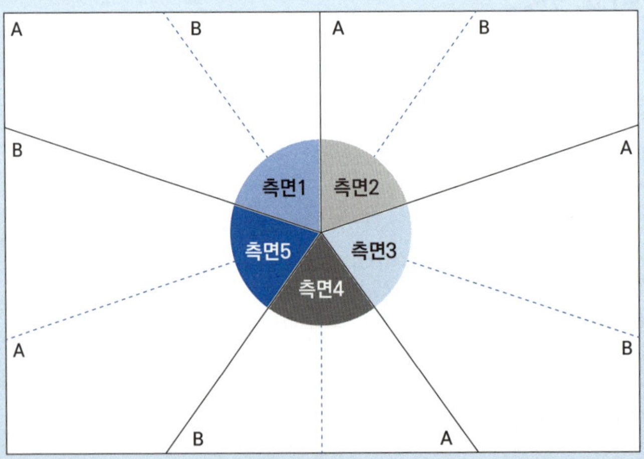

다. 비교 렌즈 기법 활용 방법

주제	합리적인 선택은 어떻게 할까요?
교수·학습 활동	4학년 사회과 〈경제활동과 합리적 선택〉에서 학생들이 자원의 희소성에 따른 선택의 필요성을 학습하고, 학습한 내용을 바탕으로 합리적인 선택을 해야 하는 과제에서 활용하기에 적절함. 가격, 품질, 만족도 등 다양한 선택의 기준에 따라 최종 후보 1, 2위를 추린 후 비교 렌즈를 통해 더 세밀하고 다각적으로 비교 분석하도록 함. 이때 비교의 기준은 학생들이 직접 생각하도록 유도하는 것이 바람직하며, 교사는 학생들이 미처 생각하기 어려운 A/S의 용이성, 브랜드 가치 등을 추가로 제시할 수 있음.

주제	협력하여 문제를 해결하려면 어떻게 해야 할까요?
교수·학습 활동	5학년 국어과 〈토의하여 해결해요〉에서 문제를 협력적으로 해결하기 위한 방법으로 '토의'를 학습함. 토의의 절차와 방법, 지켜야 할 규칙에 대해 익힌 후 최종 의견을 결정하기 위해서 비교 렌즈를 활용할 수 있음. 가장 많은 지지를 받은 의견 2개를 비교하기 위해 비교의 기준을 설정하고, 비교 렌즈를 통해 두 의견의 장단점을 분석하도록 함. 분석을 통해 두 의견 중 하나를 선택하거나, 두 의견을 합치거나, 두 의견의 단점을 반영한 새로운 의견을 만들어 낼 수도 있음.

주제	자연 환경과 생활 모습은 어떤 관련이 있을까요?
교수·학습 활동	6학년 사회과 〈세계 여러 지역의 자연과 문화〉에서 세계 여러 나라의 자연 환경과 인문 환경을 탐구한 후 내가 살고 싶은 나라를 선택하고, 그 이유를 설명하는 과제를 수행할 때 비교 렌즈를 활용할 수 있음. 최종 후보지인 두 나라의 자연 환경과 인문 환경의 요소를 비교의 기준으로 삼아 두 나라가 속한 지리적 위치, 기후, 경제 및 문화 등 다양한 요소를 비교 분석하도록 함.

라. 비교 렌즈 기법을 활용한 수업 사례

1) 수업 개요

단원명	옛 사람들의 삶과 문화	학년	5학년
학습 주제	고려와 조선을 비교하여 융성한 나라의 조건 찾기		
교수·학습 활동	이 수업은 고려에 대한 학습이 끝나고 조선에 대한 학습을 시작되는 시점에서, 학습자들이 고려와 조선을 비교 분석하여 융성한 나라의 조건을 탐구하도록 하는 것이 목표이다. 학습자들은 고려와 조선의 제도를 다방면으로 조사 및 비교 분석하여 더 융성한 나라라고 생각되는 나라를 선택하여 역사 비평문을 작성한다. 탐구를 통해 학습자들은 역사 속 나라와 인물은 사관에 따라 다르게 평가될 수 있다는 것과 나라의 발전을 위해서는 체계적인 제도가 필요하다는 일반화된 지식을 형성하게 된다.		

2) 수업 절차

사관(史觀)의 필요성과 중요성 생각하기

- 성취기준 '[6사03-05] 조선의 건국과 발전에 기여한 인물을 통해 조선 전기 정치와 민족문화의 발전상을 탐색한다' 제시하기
- 조선의 정치와 문화를 고려에 비해 '발전'된 것으로 평가할 수 있는지에 대해 문제 의식 느끼기

조선의 건국 과정 살펴보기

조선의 건국 이념과 고려의 통치 이념 비교하기

탐구질문 제시하기: 융성한 나라는 어떤 곳인가?

비교 분석을 위한 전문가 집단 구성하기(정치면, 경제면, 사회면, 문화면, 외교면)

전문가집단 1차 활동

- 고려 말과 조선 전기 사람들의 생활 모습 비교 분석하기
- 모집단에서 공유하며 탐구질문의 답 만들기

전문가집단 2차 활동

- 고려와 조선 전기의 제도 비교 분석하기
- 모집단에서 공유하며 탐구질문의 답 만들기

고려와 조선 비교 분석하기

비교 렌즈를 통해 정치면, 경제면, 사회면, 문화면, 외교면 비교하기

3) 활동지

2) 모집단 활동 [1차]

가. 전문가집단의 활동 나누기

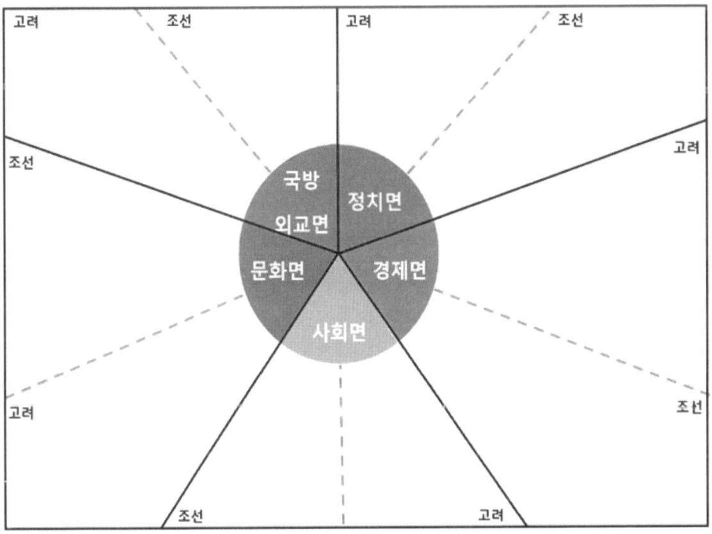

나. 고려 말과 조선 전기 비교, 대조하기

1) 고려 말과 조선 전기 중 어느 곳이 더 융성했는가?

2) 왜 그렇게 생각했는가?

다. 융성한 나라는 어떤 곳인가?

4) 학생 활동 예시

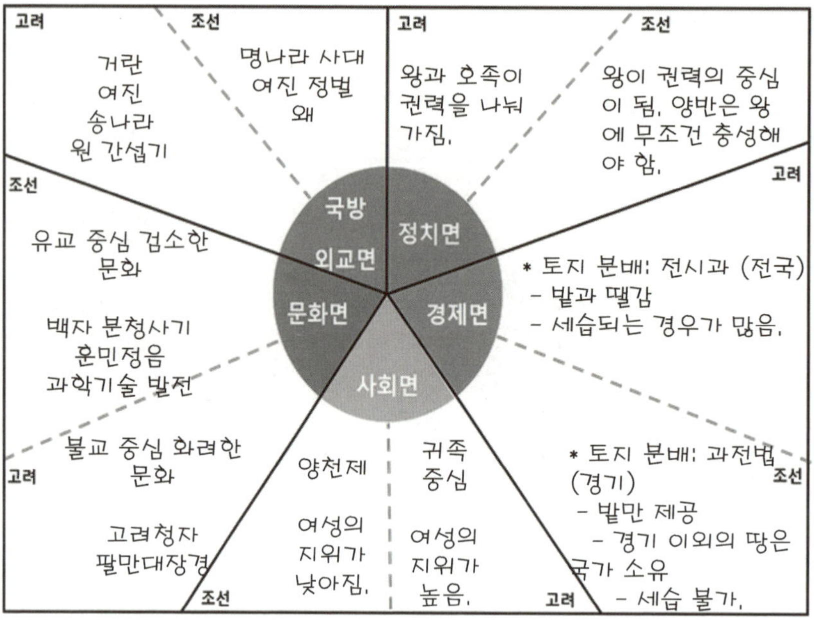

9 3 Whys 질문법[7]

3 Whys 질문법은 학습자들이 탐구 주제의 중요성을 인식하는 눈을 기르게 하기 위한 탐구 기법이다. 3 Whys 기법을 통해 학습자는 탐구하는 주제 혹은 대상이 개인적, 지역적, 세계적으로 어떻게 연결되는지, 왜 학습할 의미가 있는지를 알 수 있다. 이 기법은 필요에 따라 다양한 시기에 적용할 수 있는데, 단원 도입부에서 주제에 대해 더 깊이 탐구할 가치를 느끼도록 할 때 활용할 수도 있고, 정보 수집과 기록이 끝난 후 정보에 대해 분석 및 해석하는 단계에서 활용할 수도 있다. 또는 학습자가 학습의 동기를 일으키지 못할 때 개인적 연결을 짓도록 할 수도 있다.

7) The 3 Whys 사고 루틴은 하버드 교육대학원의 연구 기관인 Project Zero에서 개발되었음.

가. 조사 및 연구 기능을 기르는 방법

3 Whys는 조사 및 연구 기능 중에서 분석 및 해석하기에서 활용될 수 있다. 학습자가 탐구한 주제에 대해 정보를 수집하고, 수집한 정보를 기록한 후에 해당 정보들이 개인, 지역 사회, 세계에 어떤 관련성 혹은 중요성을 지니는지 분석하도록 한다. 이때 세 가지 초점은 점차 확대되도록 제시할 수도 있고, 점차 축소되도록 제시할 수도 있다. 탐구 주제가 명확히 띄는 연결성이 개인적이라면 개인적 의미부터 떠올린 후 공동체와 세계적 의미로 확장하고, 연결성이 세계적 이슈에서 잘 드러난다면 점차 개인적으로 축소하는 것도 가능하다. 이때 초점을 한 번에 하나씩 제시해야만 초점 간의 차이를 파악할 수 있다.

나. 탐구를 촉진하는 방법

3 Whys 기법은 학습자가 가지는 탐구의 동기를 유발하고, 지속시킬 수 있다는 점에서 전체 탐구 과정에 큰 역할을 한다. 학습자에게 탐구가 '나의 이야기'로 다가올 때 호기심과 몰입이 깊어질 수 있기 때문이며, 더 나아가 지역사회와 세계적 측면을 고려할 때 더 다양한 관점에서 주제를 조망하도록 유도한다. 3 Whys 기법은 앞서 조사를 통해 발견한 지식의 중요성을 판단하고, 평가할 수 있도록 돕기 때문에 앞으로의 탐구에서 문제 해결이나 창안의 밑바탕이 될 수 있다.

3 Whys의 형태

- 이 [주제/질문]은 **나**에게 왜 중요할까?
- 이것이 **내 주변 사람들(가족, 친구, 지역사회, 국가)**에게 왜 중요할까?
- 이것이 **세계**에 왜 중요할까?

다. 3 Whys 질문 기법 활용 방법

주제	민주주의는 왜 중요할까요?
교수·학습 활동	4학년 사회과 〈민주주의와 자치〉에서 민주주의의 의미와 중요성을 탐구하기 위해 일상 속 다양한 민주주의와 자치의 사례를 수집 및 정리함. 수집 및 정리한 사례를 분석하여 민주주의의 중요성을 파악하고, 민주주의가 갖는 의미를 해석하기 위해 3 Whys 기법을 활용할 수 있음. 4학년은 '민주주의'라는 개념을 교육과정에서 처음 접하는 시기이기에 초점을 개인-지역사회-세계로 확대하는 것이 바람직함. 학급이나 학교에서 이루어지는 학생 자치의 사례부터 지역사회의 주민 자치, 지방 자치로 점차 확대하며 세계의 민주주의를 살펴보는 순으로 확대할 수 있음.

주제	의견이 다를 때는 어떻게 해야 할까요?
교수·학습 활동	5학년 국어과 〈타당성을 생각하며 토론해요〉에서 토론의 의미를 배운 후 가족회의, 주민토론회, 공청회, 정책 토론 등 실생활 속 토론의 사례를 수집하게 함. 수집한 사례를 분석하여 토론의 의미와 가치를 개인-지역사회로 확대하여 찾아내도록 함. 이후 토론의 방법과 절차를 익혀 몇 가지 토론 주제를 가지고 토론을 경험한 후, 세계적 맥락에서의 의미를 찾기 위해 현재 국제사회의 문제 중 토론 주제를 선정하여 모의 세계 정상회의를 개최함. 모의 토론 후 세계적 관점에서 토론의 가치를 분석하도록 함.

주제	경제 교류는 왜 필요할까요?
교수·학습 활동	6학년 사회과 〈우리나라의 경제 발전〉에서 우리나라의 경제 체제에 대해 배우고, 세계 속 우리나라 경제와 경제 교류, 무역에 대해 학습할 때 경제 교류의 중요성을 3 Whys 기법으로 정리하도록 함. 최근 세계적인 이슈가 되고 있는 전쟁으로 인한 무역 시장의 변동, 특정 수입 물품의 가격 상승, 관세 정책으로 인한 타격 등의 정보를 먼저 다양하게 수집함. 이후 정보를 분석하는 과정에서 세계적 맥락 - 지역사회의 맥락 - 개인적 맥락에서 경제 교류의 중요성을 파악하여 경제 교류의 의미와 중요성을 깨닫게 할 수 있음. 이후의 탐구는 조사했던 사례 중 현재의 이슈를 해결할 수 있는 방안을 마련하는 방향으로 운영할 수 있음.

라. 3 Whys 질문 기법을 활용한 수업 사례

1) 수업 개요

단원명	비무장 지대, 평화와 생명의 땅을 지켜요!	학년	4학년
학습 주제	평화가 중요한 까닭을 분석하기		
교수·학습 활동	4학년 1학기 도덕과 본 단원에서는 비무장지대라는 소재를 통해 평화와 생명의 중요성을 깨닫고 평화 통일에 대한 감수성을 기르는 것을 목표로 한다. 학생들은 비무장 지대가 어떤 곳인지에 대해 정보를 수집하고, 비무장지대가 현재 우리나라에서 어떤 의미를 갖는지 파악한다. 이후 현재 전쟁 상태에 있는 세계의 사례를 조사하여 남한과 북한의 비무장지대와 같은 곳이 존재하는지 조사한다. 이어 3 Whys 기법을 활용하여 평화를 지켜내는 것이 개인적, 지역적, 세계적으로 어떤 중요성을 지니는지 분석하도록 한다. 이후 남북한의 평화를 위해 비무장지대를 평화 통일의 장으로 활용할 수 있는 방안을 창안하도록 한다.		

2) 수업 절차

비무장지대란 무엇일까?
비무장지대의 위치, 역할, 역사, 생태에 대해 조사하기
비무장지대는 우리나라에 어떤 의미를 가질까?
조사한 내용을 바탕으로 비무장지대가 우리나라에 갖는 의미 분석하기
현재 전쟁 중인 다른 나라는 어떤 곳이 있을까?
현재 전쟁 중인 세계의 사례와 그 곳의 비무장지대에 대한 정보 수집하기
평화는 왜 중요할까?
3 Whys 기법을 통해 평화가 중요한 까닭을 개인적, 지역적, 세계적 맥락에서 분석하기
비무장지대를 어떻게 평화 통일의 장으로 활용할 수 있을까?
조사 및 연구한 내용을 바탕으로 남북한의 평화를 위해 비무장지대를 평화 통일의 장으로 활용할 수 있는 방안 창안하기

3) 활동지

	도덕 8. 비무장 지대, 평화와 생명의 땅을 지켜요!	

◉ 우리는 생활 곳곳에서 평화를 유지하기 위해 노력하고 있습니다. **우리 삶에서 평화는 왜 중요할까요?** 평화의 중요성을 나, 우리나라, 세계의 차원에서 생각해 봅시다.

3 Whys **(나/ 지역사회/ 세계적으로) 왜 중요할까?**	
나에게 평화는 무슨 의미이고, 왜 중요할까?	
우리나라(대한민국)에서 '평화'가 갖는 의미는 무엇이고, 왜 중요할까?	
세계적 차원에서 평화가 갖는 의미는 무엇이고, 왜 중요할까?	

4) 학생 활동 예시

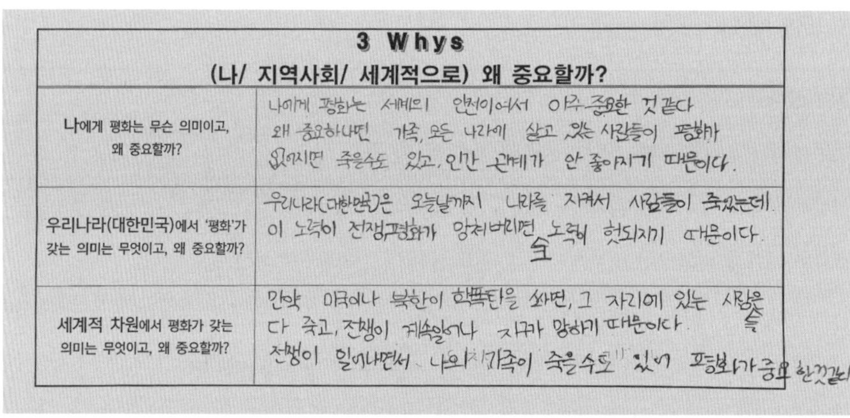

3 Whys **(나/ 지역사회/ 세계적으로) 왜 중요할까?**	
나에게 평화는 무슨 의미이고, 왜 중요할까?	나에게 평화는 세메의 안전이여서 아주 중요한 것같다 왜 중요하냐면 가족, 모든 나라에 살고 있는 사람들이 평화가 없어지면 죽을수도 있고, 인간 관계가 안 좋아지기 때문이다.
우리나라(대한민국)에서 '평화'가 갖는 의미는 무엇이고, 왜 중요할까?	우리나라(대한민국)은 오늘날까지 나라를 지켜서 사람들이 죽었는데 이 노력이 전쟁으로 평화가 망쳐버리면 그 노력이 헛되지기 때문이다.
세계적 차원에서 평화가 갖는 의미는 무엇이고, 왜 중요할까?	만약 미국이나 북한이 핵폭탄을 쏘면, 그 자리에 있는 사람은 다 죽고, 전쟁이 계속일어나 지구가 망하기 때문이다. 전쟁이 일어나면서 나와 가족이 죽을수도 있기 평화가 중요한것같다.

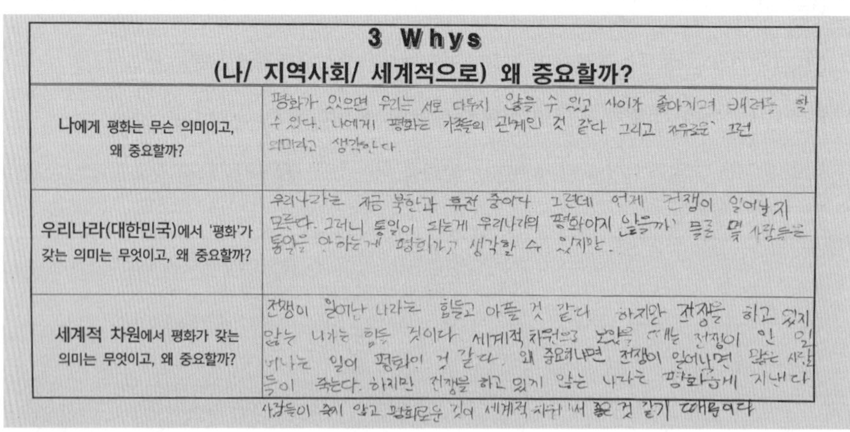

3 Whys **(나/ 지역사회/ 세계적으로) 왜 중요할까?**	
나에게 평화는 무슨 의미이고, 왜 중요할까?	평화가 있으면 우리는 서로 다투지 않을 수 있고 사이가 좋아지거나 배려를 할 수 있다. 나에게 평화는 가족들의 관계인 것 같다 그리고 자유로운 그런 의미라고 생각한다
우리나라(대한민국)에서 '평화'가 갖는 의미는 무엇이고, 왜 중요할까?	우리나라는 지금 북한과 휴전 중이다. 그런데 언제 전쟁이 일어날지 모른다. 그러니 통일이 되는게 우리나라의 평화이지 않을까? 물론 몇 사람들은 통일을 안하는게 평화라고 생각할 수 있지만.
세계적 차원에서 평화가 갖는 의미는 무엇이고, 왜 중요할까?	전쟁이 일어난 나라는 힘들고 아플 것 같다 하지만 전쟁을 하고 있지 않는 나라는 힘들 것이다 세계적 차원으로 보았을 때는 전쟁이 안 일어나는 일이 평화인 것 같다. 왜 중요하냐면 전쟁이 일어나면 많은 사람들이 죽는다. 하지만 전쟁을 하고 있지 않는 나라는 평화롭게 지낸다 사람들이 죽지 않고 평화로운 것이 세계적 차원에서 좋은 것 같기 때문이다

10 개념지도(Concept Mapping)

개념지도(Concept Mapping)는 개념 간의 연결을 시각화하여 나타낼 수 있게 하는 기법이다. 해당 단원에서 탐구한 개념의 의미와 개념 간의 관계를 연결어로 표현하고, 개념 간 관계가 잘 드러나도록 구조화할 수 있다.

개념지도를 통해 학습자가 형성한 개념의 의미와 개념 간 관계를 시각적으로 쉽게 파악할 수 있고, 이를 통해 학습자의 이해 정도를 확인할 수 있어 평가의 도구로도 사용할 수 있다. 개념지도를 한 번에 완성하도록 할 수도 있지만, 탐구의 흐름에 따라 점진적으로 완성하도록 한다면 학습에 따른 새로운 정보와 기존 지식의 연결을 촉진할 수 있다.

가. 조사 및 연구 기능을 기르는 방법

개념지도는 조사 및 연구 기능 중 분석 및 해석 과정에서 활용될 수 있는데, 앞서 수집하고 기록한 정보를 분류하고, 비교하고, 관계를 파악하여 의미를 재구성하도록 돕는다.

개념지도를 만드는 과정에서 개념에 따라 조사한 자료를 유형별로 분류하고, 자료의 공통점과 차이점, 연결점을 분석하여 개념 간의 관계를 명확히 할 수 있다. 이렇게 해석한 내용은 개념과 개념을 연결하는 연결선이나 연결어를 통해 관계를 나타내고, 탐구가 이어짐에 따라 개념 간의 연결을 조정할 수도 있다.

나. 탐구를 촉진하는 방법

개념지도를 만들기 위해서 지금까지 탐구한 내용을 시각적으로 재구성하며 학습자들은 자연스럽게 '개념들이 왜, 그리고 어떻게 연결될까?' 하는 질문을 떠올린다. 그리고 개념 간 연결성을 찾기 위해 지금까지 수집하고 기록한 정보를 분석, 해석하는 과정에서 자신의 이해 수준을 점검하고 조정할 수 있다.

개념지도의 형태

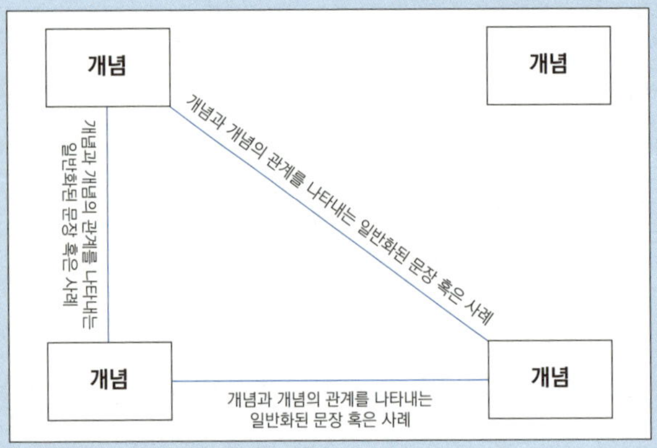

- 개념의 배치와 연결에 일정한 형식을 제공하지 않고, 학습자가 구성한 의미에 따라 자유롭게 구성할 수 있도록 하는 것이 바람직하다.
- 관계가 있는 개념 사이에 연결선을 그리고, 연결어를 작성한다.

다. 개념지도 기법 활용 방법

주제	학교 생활에 잘 적응하려면 어떻게 해야 할까?
교수·학습 활동	1학년 통합교과 〈학교〉 단원의 학습 요소를 '환경', '관계', '약속', '습관'의 개념으로 유목화하여 학습함. 1학년 학습자의 발달 단계를 고려하여 개념 간 연결어를 학생이 직접 작성하지 않고, 사례 카드를 교사가 배부한 후, 학생이 각각의 사례를 해당 되는 개념에 맞게 분류하도록 함. 개념 카드의 배치 및 사례카드를 활용한 개념 간 연결은 학생이 직접 구성하도록 함. 이때 활동은 목적에 따라 개별 혹은 협동 활동으로 진행함. 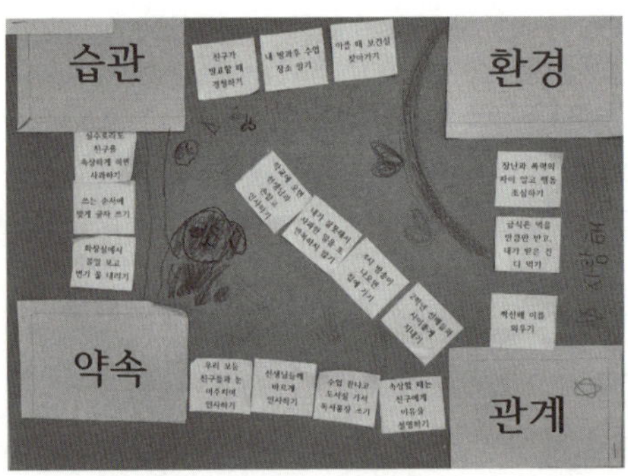

주제	덧셈, 뺄셈, 곱셈, 나눗셈은 어떤 관계가 있을까?
교수·학습 활동	2학년 수학과에서 사칙 연산을 학습한 후 덧셈, 뺄셈, 곱셈, 나눗셈의 관계를 파악하기 위한 개념지도 활동을 구성함. 학생들이 덧셈과 뺄셈, 덧셈과 곱셈, 곱셈과 나눗셈을 연결 지어 생각하고, 연결한 결과를 사례와 일반화된 문장으로 표현할 수 있도록 하여 연산의 관계에 대한 이해를 확인할 수 있음.

주제	시장경제는 어떻게 작동할까?
교수·학습 활동	6학년 사회과에서 시장경제의 원리에 대해 학습할 때 '시장경제', '생산', '소비'의 개념을 연결 짓는 활동을 구성함. 학생들은 시장경제의 핵심 요소인 생산과 소비가 어떤 방식으로 상호작용하며 경제가 운영되는지를 탐구한 사례를 바탕으로 시각적으로 정리하고, 일반화된 문장을 활용해 각 개념 사이의 관계를 나타냄.

라. 개념지도 기법을 활용한 수업 사례

1) 수업 개요

단원명	하루	학년	1학년
학습 주제	변화를 위한 하루의 중요성 파악하기		
교수·학습 활동	통합교과 〈하루〉 단원에서 '변화'라는 개념적 렌즈로 하루를 바라보며, 하루는 짧은 시간이지만 학생들이 '반복'을 통해 '주기'를 만들어 변화에 이를 수 있다는 것을 깨닫도록 한다. 또한 다양한 하루의 모습을 통해 '차이'를 발견하고, 그 차이를 존중하는 마음을 지니도록 한다. 본 단원 학습을 통해 학습자들은 '사람들은 반복되는 자신의 주기 속에서 변화를 만든다'는 일반화된 지식을 형성하고, 자신의 주기 속에서 하루의 가치를 느끼며 살아갈 수 있을 것이다.		

2) 수업 절차

인터뷰를 통해 수집한 결과 정리하기
하루의 흐름에 따라 사람들이 '반복'하는 일
반복의 결과를 예상하기
탐구질문: '나의 하루가 쌓여 어떻게 될까?'

개념지도 1차 작성하기

- '변화'의 관점에서 '반복'을 바라보기
- '변화'와 '반복'을 관련지어 사례를 들어 연결어 작성하기

'주기'가 만들어지는 과정을 통해 주기의 개념 익히기

탐구질문: 내가 원하는 모습이 되려면 어떤 하루를 보내야 할까?

개념지도 2차 작성하기

'반복'과 '주기'의 관계를 자신의 사례를 들어 설명하기

개념지도 3차 작성하기

탐구질문의 답을 생각하며 변화, 반복, 주기의 관계 만들기

3) 활동지

통합교과 2. 하루

개념 지도

우리가 배우고 실천한 것을 생각하며 <2. 하루> 단원에서 탐구한 개념 사이의 관계를 나타내는 개념 지도를 만들어봅시다.

변화	반복
주기	차이

4) 학생 활동 예시

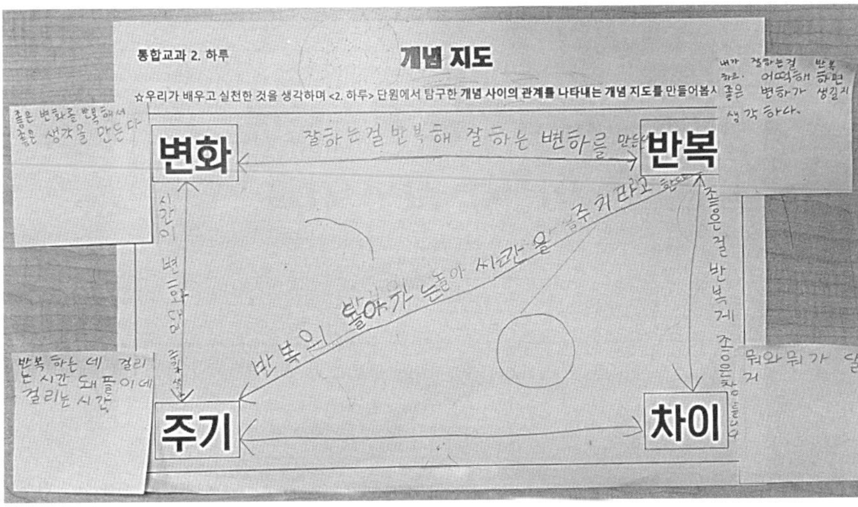
통합교과 2. 하루
개념 지도
☆우리가 배우고 실천한 것을 생각하며 <2. 하루> 단원에서 탐구한 개념 사이의 관계를 나타내는 개념 지도를 만들어봅시
변화
반복
주기
차이

PART 03

깊이 있는 학습으로 이끄는 탐구 기법

• 협력적 소통 기능 •

의미

협력적 소통 기능은 학습자가 다른 사람과 생각을 나누고 함께 협력할 수 있도록 돕는 기능이다. 학습자는 자신의 의견을 표현하고, 상대의 의견을 주의 깊게 경청하며, 질문과 피드백을 통해 생각을 구체화하고 시야를 넓혀 간다. 나아가 공동의 목표를 위해 협력적으로 소통하면서, 개인 혼자서는 해결하기 어려웠던 문제도 함께 풀어나가는 경험을 하게 된다. 이러한 과정에서 학습자는 타인과 함께 배우고 성장하는 법을 익히며, 더 나은 공동체를 만드는 데 기여할 수 있는 세계 시민으로 성장하게 된다.

하위 기능

협력적 소통 기능은 세부적으로 경청과 상호작용, 질문과 피드백, 협력적 문제해결 능력을 기르는 데에서 출발한다. 경청과 상호작용은 타인의 말을 주의 깊게 들으며 의미를 정확히 이해하고, 적절한 반응과 공감을 통해 관계를 형성하는 과정이다. 질문과 피드백은 주어진 주제나 의견에 대해 분석적, 비판적 질문을 던지고, 구체적인 피드백을 주고받는 기능이다. 협력적 문제해결은 앞의 두 기능을 기반으로 하여, 공동의 목표를 위해 의견을 조율하고, 역할을 나누어 과제를 함께 수행하는 능력이라 볼 수 있다.

관련 탐구 기법

협력적 소통 기능을 함양하기 위한 탐구 기법으로 아래의 몇 가지를 소개한다. 위에서 제시한 세 가지 하위 기능을 각각 기를 수 있는 기법으로, 경청과 상호작용 질문과 피드백, 협력적 문제 해결 기능을 단계적으로 익힘으로써 최종적으로 협력적 소통을 가능하게 한다.

듣고 수행하기	TPS (Think-Pair-Share)	회전 인터뷰 (Carousel Interview)	T.A.G. Peer Feedback	피드백 사다리 (Ladder of Feedback)
분필 대화 (Chalk Talk)	어항 토의 (Fish Bowl)	직소 (Jigsaw)	공청회 역할극 (Public Meetings)	디지털 협업 프로젝트 (패들렛)

기대되는 효과 및 유의점

협력적 소통기능은 다양한 관점을 이해하고 공동체 의식을 함양할 수 있도록 하는 중요한 기능이다. 이 기능이 효과적으로 발휘되기 위해서는 학습자가 배려와 존중을 바탕으로 주체적으로 참여할 수 있는 소통 환경과 분위기를 조성하는 것이 중요하다.

1 듣고 수행하기

듣고 수행하기 기법은 발화자와 수행자의 두 역할로 구성된다. 발화자는 특정 주제나 정보를 상대가 이해하기 쉽도록 설명하고, 수행자는 그 설명을 경청한 후 이해한 바를 바탕으로 수행한다. 이후 결과물을 함께 확인하며, 표현과 경청 과정에서의 오류나 미흡했던 점을 성찰하고 개선함으로써, 표현 능력과 경청 능력을 함께 기를 수 있다.

이 기법은 의사를 명확히 표현하고 주의 깊게 듣는 기본기를 자연스럽게 익히게 해줌으로써, 협력적 소통기능의 토대를 마련해 준다.

가. 협력적 소통 기능을 기르는 방법

발화자는 자신이 알고 있는 정보를 최대한 알기 쉽게 수행자에게 설명해야 한다. 이 과정에서 자기 생각의 핵심 내용을 효과적으로 전달하는 방법과 더불어 상대의 입장을 생각하며 설명하는 소통 태도를 기를 수 있다. 수행자는 발화자의 표현을 듣고, 그 의도를 정확히 파악하고자 노력한다. 이 과정에서 자신이 지닌 배경 지식을 바탕으로 문맥을 재구성하며 의미를 유추하는 등, 더욱 깊이 있는 이해로 나아가게 된다.

발화자와 수행자 모두 결과물을 통해 자신들의 소통 과정을 점검해 보며, 협력적 문제해결을 위해 더 효과적으로 소통하는 방법을 학습해 나간다.

역할별 활동 내용		
발화자의 역할	수행자의 역할	공동의 역할(성찰)
• 개념의 형태 파악하기 (추상 개념, 이미지 등) • 표현 방식이나 순서 구조화하기 • 수행자의 입장을 고려하여 설명하기 (표정, 손짓, 시선, 높낮이, 속도 등을 활용)	• 용어의 의미, 설명의 순서와 구조 파악하기 • 발화자의 의도를 파악하며 의미 이해하기 (목적에 따라 질문이나 피드백을 주고받을 수 있음) • 이해한 바를 바탕으로 정확히 수행하기	• 결과를 비교하여 소통의 정확도 파악하기 • 소통이 잘 이루어진 부분 파악하기 • 소통에서 오해나 오류의 원인 찾기 • 소통 방식의 개선점 나누기

나. 듣고 수행하기 기법 활용 방법

주제	[2학년 국어] 만나서 반가워요! 경청·공감하는 태도로 말차례를 지키며 대화하기
교수·학습 활동	• 대표 학생 한 명이 발화자 역할, 나머지 학생들은 수행자 역할 맡기 • 발화자만 교실 앞에서 교사가 준비한 그림 카드 보기 - 그림의 전체 구조를 보고, 어디부터 설명할지 생각하기 (전체에서 부분, 위에서 아래, 왼쪽에서 오른쪽 등) • 발화자는 그림을 수행자들에게 설명하기 - 발화자의 말차례에 수행자들은 고개 끄덕이기, 맞장구치기와 같은 상호작용해 보기, 상대의 이야기에 집중해서 듣고 이해하는 연습하기 • 수행자들은 설명을 듣고 이해한 내용을 그림으로 그리기 • 완성된 그림을 원본 그림과 비교해 보며, 잘된 점과 다른 점 찾기 - 어떤 부분이 이해하기 쉬웠고, 혹은 오해가 있었는지 되짚어 보기 - 나라면 어떻게 설명할지 생각해 보기

주제	[2학년 수학] 여러 가지 도형 쌓기나무를 이용해 수학적으로 의사소통하기
교수·학습 활동	• 짝 활동으로 한 명은 발화자, 한 명은 수행자 역할 맡기 • 두 학생 사이에 책이나 가방을 올려 시야 차단하기 • 발화자는 쌓기나무를 이용해 원하는 모양을 만들고, 짝이 자신과 똑같은 모양을 쌓아 올릴 수 있도록 설명하기 – 정확한 용어(오른쪽, 왼쪽, 앞, 뒤)에 유의하며 말하기 • 수행자는 짝이 설명하는 내용을 주의 깊게 들으며 쌓되, 이해가 가지 않는 부분은 질문하기 • 서로의 쌓기나무를 비교해 보며, 잘된 점과 다른 점 찾기

주제	[5학년 국어] 글을 요약해요 설명하는 글의 구조 파악하기
교수·학습 활동	• 대표 한 명이 발화자 역할, 나머지 학생들은 수행자 역할 맡기 • 발화자는 특정 동작을 나타내는 사진을 보고, 동작을 말로만 설명하기 • 수행자들은 설명을 듣고 몸으로 표현하기 • 발화자는 수행자들의 수행 과정을 보며 피드백하기(말로만) • 어떤 순서나 방식으로 설명했으면 더 효율적이었을지 논의해 보기 • 독자가 이해하기 쉽게 구조화하여 설명하는 글을 쓰는 방법 알기

다. 듣고 수행하기 기법을 활용한 수업 사례

1) 수업 개요

단원명	여러 가지 도형	학년·교과	2학년 수학
학습 주제	쌓기나무로 모양을 쌓고, 쌓은 모양을 위치나 방향을 이용하여 설명하기		
교수·학습 활동	이 수업은 쌓기나무의 모양을 위치나 방향 등, 수학적 언어를 통해 소통해보는 데에 목적이 있다. 발화자는 쌓기나무의 모양을 친구에게 설명하는 과정에서 정확한 용어의 사용이 소통에 중요하다는 점을 알게 되고, 정보를 전달할 때 '전체에서 부분', '아래에서 위'와 같이 구조화하여 설명하는 방식을 연습한다. 수행자는 친구의 설명을 경청하면서 용어를 바르게 이해하고, 말하는 이의 의도를 정확히 파악하는 방법을 익힌다. 이와 같은 활동을 통해 학생들은 수학적 사고와 더불어 서로 경청하고 상호작용하며 바르게 대화하는 방법을 익힐 수 있다.		

2) 수업 절차

용어 정립하기

- 나를 기준으로 했을 때 좌, 우, 앞, 뒤, 위, 아래의 방향이 어느 방향인지 익히기
- 쌓기나무를 5~6개 정도로 제한해 두고, 자유롭게 쌓아 보기
- 짝과 나의 쌓기나무 모양을 비교하며 어떤 점이 다른지 수학적 용어로 표현하기

역할 정하기

- 짝과 함께 발화자와 수행자의 역할 정하기
- 둘 사이에 책이나 가방 등을 올려두어 시야 차단하기

자세히 설명하기

- 발화자는 쌓기나무를 쌓아 모양을 만들고, 어떤 부분부터 설명할지 구조화하기
  예: 1층부터 위로 올라가면서 설명하기, 왼쪽부터 오른쪽으로 설명하기 등
- 수행자에게 쌓기나무 모양을 설명하기

귀 기울여 듣고 수행하기

- 수행자는 발화자의 말을 듣고 그대로 모양을 만들기
- 발화자의 의도를 생각하며 듣기
- 이해가 가지 않는 부분은 다시 질문하며 상호작용하기

성찰하기

- 결과를 비교하며 잘된 점과 어려운 점 나누기
- 다른 방식으로 표현해 보기
- 설명에 사용된 용어 짚어 보기

3) 활동지

들어봐, 맞춰봐!

이름 (　　　　　　)

1. 용어를 정리해봅시다.

앞	뒤
위	아래
오른쪽	왼쪽

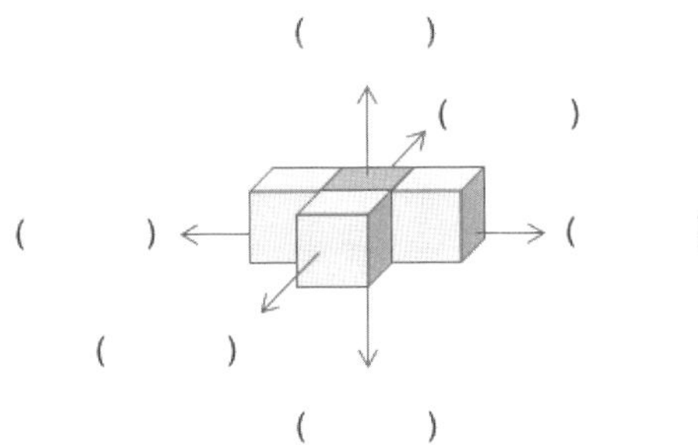

2. 쌓기나무 모양을 보고 단계적으로 설명해봅시다.

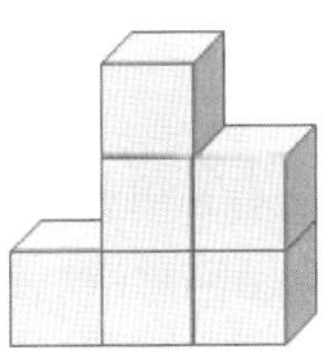

1층에는 ______________________

2층에는 ______________________

3층에는 ______________________

다른 방법으로도 설명해볼까요?

____

3. 짝꿍과 역할을 나누어, 쌓기나무를 활용한 '듣고 수행하기' 활동을 해봅시다.

4. 되돌아보기

- 서로 비교해봐요. 완전히 같은 가요? 다르다면 어떤 부분이 다른 가요?
- 내 설명에서 부족했던 부분은 어떤 부분이었나요?
- 친구의 설명에서 이해하기 어려웠던 부분은 어떤 부분이었나요?

2 TPS(Think-Pair-Share)[8)]

TPS(Think-Pair-Share) 기법은 학생들이 개별적으로 사고한 내용을 짝과 공유하고, 이를 다시 전체 앞에서 나누는 3단계 구조의 협력적 상호작용이다.

학생들은 먼저 제시된 질문이나 문제에 대해 혼자 생각(Think)한 뒤, 짝과 의견을 나누며(Pair) 자신의 생각을 조정하거나 구체화하고 확장시킨다. 이후 전체 모둠이나 학급과 공유(Share)하는 과정을 통해 다양한 관점과 생각들을 접하며, 교실 안에서는 활발한 소통과 상호작용이 일어나게 된다.

이 기법은 학습자가 자신의 의견을 말하기 전에 충분히 생각할 시간을 가지게 하며, 듣기, 말하기, 피드백 주고받기 등의 상호작용 기술을 자연스럽게 기를 수 있게 한다.

가. 협력적 소통 기능을 기르는 방법

처음에 스스로 생각해 보고, 소수의 친구와 조정의 시간을 갖게 하는 이 기법은 학습자에게 안정감을 주고, 소통 참여에 대한 심리적 부담을 줄여준다. 더불어 친구의 의견과 자신의 생각을 비교 및 조정해 보는 경험을 바탕으로 학습 과정에서 친구들과의 협력적인 관계를 만들어 나간다.

다수가 한 명의 발표를 듣는 일반적인 수업 형태에서는 집중력이 분산되기 쉽고, 경청의 책임이 약화될 수 있다. 이때 소수 인원끼리 먼저 생각을 나누게 함으로써 모든 구성원을 소통에 참여하게 하여, 주체적이고 책임감 있는 소통을 유도할 수 있다.

8) TPS(Think-Pair-Share) 사고 루틴은 하버드 교육대학원 Project Zero의 PZ Connect 프로젝트의 일환으로 개발되었음.

단계별 활동 내용		
Think(개인)	Pair(짝/모둠)	Share(전체)
• 내 생각 정리하기 (글이나 그림 활용 가능) • 경험이나 배경 지식 떠올리기	• 친구의 말을 경청한 후, 이해한 내용을 재진술하기 • 궁금한 점 질문하기 • 내 생각이나 관점과 비교하며 생각을 구체화하기	• 앞의 과정에서 구체화한 자기 생각을 발표하기 • 생각의 변화에 영향을 준 친구 언급하기 • 친구의 발표를 듣고 공감하거나 질문하기

나. TPS 기법 활용 방법

주제	[1학년 통합(학교)] 진짜 1학년이 되었어요 한 달간의 1학년 생활 돌아보며, 진짜 1학년이 된 나와 친구들 축하하기	
교수·학습 활동	나 (Think)	• 학교에서의 첫 한 달을 돌아보며, 학교에서 내가 잘한 일, 또는 성장한 일을 그림으로 표현하기 예: 글씨를 더 잘 쓰게 되었어요, 숙제를 스스로 챙겼어요 등
	짝 (Pair)	• 짝과 그림을 보며 이야기 나누기 - 짝에게 언제 있었던 일인지, 어떤 마음이었는지 등 자신의 경험 이야기하기 - 짝의 이야기를 들으며 비슷한 경험이 있었다면 공감해 주기
	전체 (Share)	• '우리는 1학년' 게시판 만들기 - 모든 그림을 모아 게시판에 붙이고, 자신의 그림에 대해 친구들 앞에서 발표하기 - 친구의 발표를 듣고, 나의 경험과 비슷하면 '공감' 스티커를, 다르다면 응원의 의미를 담아 '멋져요' 스티커 붙여주기 - 진짜 1학년이 된 우리를 다 함께 칭찬하기

<table>
<tr><td>주제</td><td colspan="2">[3-6학년 창체] 동아리 만들기
한 학기 동안 학급에서 운영할 동아리 활동 주제 정하기</td></tr>
<tr><td rowspan="3">교수·학습
활동</td><td>나
(Think)</td><td>• 나의 평소 관심사를 떠올려 포스트잇에 적고 칠판에 붙이기
• 포스트잇의 내용을 토대로 인기 활동 4~5가지 선정하기
• 선정된 활동 중 학급에서 하고 싶은 동아리를 생각해서 간단한 활동 계획 적어보기</td></tr>
<tr><td>모둠
(Pair)</td><td>• 같은 활동을 선택한 친구들끼리 모둠 형성하기
- 한 명씩 돌아가면서 서로의 동아리 아이디어 공유하기
- 친구의 말을 듣고 ‘재진술-반응(공감이나 질문)’ 하기
- 모둠에서 의견을 서로 조율 후에 4절지에 정리하기</td></tr>
<tr><td>전체
(Share)</td><td>• 모둠에서 정리된 의견을 전체 친구들에게 발표하기
• 다른 모둠의 의견을 듣고 질문이나 보완할 점 나누기
• 모든 의견을 다 들은 후에, 내가 하고 싶은 동아리 활동에 공감 스티커 붙이기 (복수 투표)
- 가장 많은 선택을 받은 활동으로 우리 학급의 동아리 정하기
• [협력적 관계 형성] 다른 주제에 투표한 소수의 친구를 위한 배려, 설득, 역할 조정의 시간 갖기</td></tr>
</table>

다. TPS 기법을 활용한 수업 사례

1) 수업 개요

<table>
<tr><td>단원명</td><td>학급 동아리 만들기</td><td rowspan="2">학년·
교과</td><td rowspan="2">3-6학년
창체</td></tr>
<tr><td>학습 주제</td><td>한 학기 동안 학급에서 운영할 동아리 활동 주제 정하기</td></tr>
<tr><td>교수·학습
활동</td><td colspan="3">동아리 활동은 학생의 관심사가 잘 반영될 때 흥미롭고 자발적인 활동이 가능하지만, 학교의 여건이나 환경적 제약도 고려해야 하기에 쉽지 않은 일이다. 학생들은 먼저 스스로 자신의 관심사를 깊이 고민(Think)해 보고, 모둠별 소통 활동으로 생각을 구체화하며 다양한 관점에서 아이디어를 조율(Pair)한다. 나아가 전체 공유 활동(Share)에서 서로의 의견을 경청하고, 공감 스티커를 이용해 가장 공감이 많이 간 주제를 선택함으로써, 모두가 참여하는 민주적 의사결정을 경험할 수 있다.</td></tr>
</table>

2) 수업 절차

동아리 활동의 의미 이야기하기

- 동아리는 교과 이외에 배우고 싶은 주제를 친구들과 함께 탐구하는 것임을 알기
- 동아리 활동에서 생각해야 하는 조건에 대해 알기(시간, 장소의 제약, 필요 인원수 등)

스스로 고민하기(Think)

- 내 평소 관심사를 종이에 자유롭게 적기
- 그중 학교에서 친구들과 동아리로 해 보고 싶은 활동에 ○ 표시하기
- 포스트잇에 해당 활동을 적어 칠판에 붙이고, 우리 반의 인기 활동 4~5가지 선정하기
- 그중 더 구체화하고 싶은 활동을 한 가지 정해서, 간단한 동아리 활동 계획 생각하기

같은 관심사 모둠으로 모여, 친구와 함께 생각 구체화하기(Pair)

- 같은 활동을 선택한 친구들끼리 모여 동아리 아이디어 공유하기
- 친구의 이야기를 경청하며 상호작용하기
  - [재진술] OO는 집에서 다양한 요리를 해 본 경험이 있구나.
  - [질문] 나도 요리를 해 보고 싶어. 시간 안에 활동할 수 있을까?
- 4절지에 모둠 친구들과 정리한 의견을 요약하여 적기

학급 친구들과 함께 의견 나누기(Share)

- 모둠별 아이디어 발표하기
- 친구 발표에 대한 반응 나누기

  예: 그림 동아리에서 연습한 서로의 그림을 모아서 전시회를 한다는 의견이 좋았어.
  나는 축구를 잘 못 하는데, 축구 동아리를 하게 되면 잘 참여할 수 있을지 걱정돼.
- 발표를 들은 후에, 내가 마음에 드는 동아리 주제에 공감 스티커 붙이기

우리 학급의 동아리 활동 주제 결정하기

- 공감 스티커가 가장 많이 붙은 주제로 우리 학급 동아리 결정하기
- 다른 주제를 선택한 소수의 친구를 배려하는 방안 찾기

3) 활동지

Think-Pair-Share

이름 (   )

우리 반의 1학기 학급 동아리를 정해봅시다.

Think 나의 관심사를 고민해봅시다.

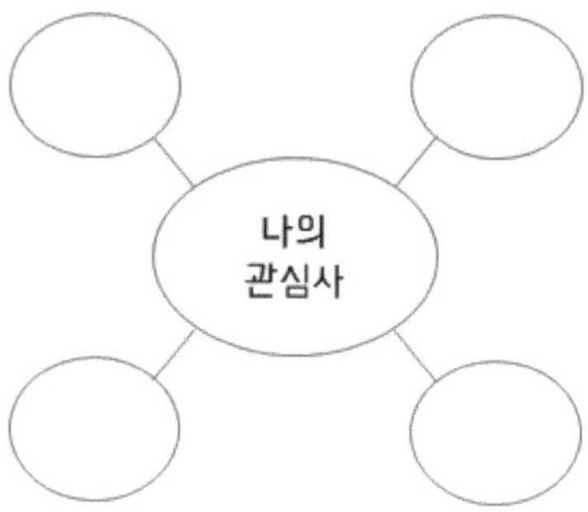

나의 관심사를 바탕으로,
학급에서 해보고 싶은 동아리 활동 내용을
간단하게 적어보세요.

Pair 관심사가 비슷한 친구들의 의견을 적어봅시다.

공통 관심사:

Share 학급 친구들의 의견을 적어봅시다.

3 회전 인터뷰(Carousel Interview)

회전 인터뷰(Carousel Interview) 기법은 특정 주제에 대해 학생들이 다양한 친구들과 짧은 인터뷰 활동을 하며, 서로의 관점과 생각을 나누는 활동이다. 학급 학생 수를 반으로 나누어 두 개의 그룹을 만들고, 한 그룹은 안쪽 원, 다른 그룹은 바깥쪽 원에 서로 마주 보게 자리를 배치한다. 활동이 시작되면 마주 앉은 두 사람은 인터뷰어와 인터뷰이가 되어 정해진 시간 동안 짝과 인터뷰를 진행한다(이후 역할을 바꾸어 다시 한번 인터뷰를 진행할 수 있다).

인터뷰 시간이 끝나면, 안쪽 원은 자리에 그대로 앉아 있고, 바깥쪽 원은 시계방향으로 한 칸씩 이동하여 새로운 짝과 인터뷰를 이어 간다. 이러한 방식으로 특정 주제에 대해 여러 친구와 인터뷰를 반복하면서 학생들은 다양한 관점을 접하고 의견을 나눈다. 이후 친구들의 의견을 정리해서 내 생각을 조율할 수도 있고, 매 인터뷰마다 '경청-반응-정리'의 루틴이 반복됨으로써 학생들은 협력적 관계를 형성하고 상호작용하는 방법을 자연스럽게 익히게 된다.

가. 협력적 소통 기능을 기르는 방법

반복적이고 구조화된 인터뷰 과정을 통해 학생들은 상호작용의 방법을 연습하며, 실질적인 소통기능을 향상시킬 수 있다. 또한 하고자 하는 말을 명확하게 표현하고, 들은 내용을 요약하고 정리하는 활동을 통해 말의 핵심을 파악하는 연습을 한다. 다양한 표현 방식과 관점을 접하면서 서로의 차이를 인식하고 존중하는 협력적 태도를 기를 수 있다.

그룹 구성 및 자리 배치

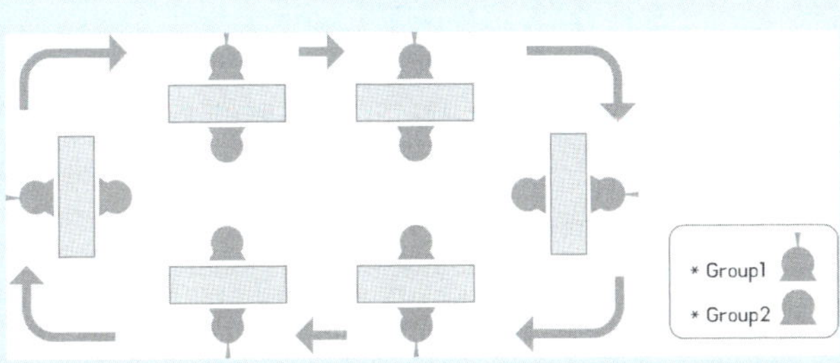

나. 회전 인터뷰 기법 활용 방법

주제	[2학년 통합(나)] 모두 다 꽃이야 우리 반 친구를 인터뷰하며 우리 모두 소중한 존재임을 알기
교수·학습 활동	• 인터뷰 짝이 바뀔 때마다 교사가 다양한 주제 제시하기 - 좋아하는 놀이 / 음식 / 색깔 등, 생일, 사는 곳 등 • 이동할 때는 간단한 손 유희나 노래와 율동을 곁들여 하나의 놀이처럼 즐겁게 진행하기 • 인터뷰 후에 친구의 답변을 정리해서 발표하기 예: OO이가 좋아하는 계절은 봄이에요. • 서로 좋아하는 취향이 겹치면 "너도? 나도!" 외치며 하이파이브하기(공감)

주제	[3-4학년 국어] 독서 단원 책을 읽고, 다양한 관점으로 이야기 나누기
교수·학습 활동	• 학생 수의 절반만큼 주제를 선정해 책상마다 하나씩 배치하기 - 학생 수가 20명이라면, 주제 10가지 정하기 • 1차 인터뷰 - 안쪽 학생을 인터뷰어 역할로 고정하고, 바깥쪽 학생이 인터뷰이가 되어 해당 자리 주제에 대한 자기 생각을 말하기 - 안쪽의 인터뷰어는 짝이 바뀔 때마다 동일한 질문을 하되, 상대의 의견을 경청하며 반응하고 요약하기 • 2차 인터뷰: 역할 바꾸어 반복하기 • 인터뷰가 모두 종료되면, 주제별로 정리된 다양한 의견을 게시하여 공유하기

주제	[5-6학년 도덕] 공정한 생활 도덕적 딜레마 상황에서 근거를 들어 나의 입장 표현하기
교수·학습 활동	• 도덕적 딜레마 상황 제시 예: 규칙을 어겼지만, 선한 의도였다면 용서받을 수 있을까? • 딜레마 상황에서 판단을 도울 수 있는 질문 주제 3-4가지 준비 예: 그 사람은 왜 규칙을 어길 수밖에 없었을까? 모두가 같은 행동을 하게 된다면 어떤 결과가 생길까? • 회전 인터뷰를 하며, 만나는 짝과 주제에 관한 이야기 나누기 - 인터뷰할 때 '경청 체크리스트'를 활용해 자신의 경청 태도 살피기 - 중간중간 생각의 변화를 기억할 수 있게 메모하기 • 인터뷰 후에 기억에 남는 친구의 말과 내 생각의 변화 정리하기 • 찬반으로 입장을 나누어 토론을 진행하고 최종 입장 정리 및 발표하기

다. 회전 인터뷰 기법을 활용한 수업 사례

1) 수업 개요

단원명	독서 단원	학년·교과	3-4학년 국어
학습 주제	책을 읽고, 다양한 관점으로 이야기 나누기		
교수·학습 활동	이 수업은 책을 읽고 다양한 관점에서 생각을 나누는 활동을 통해, 학생들이 깊이 있는 독서 경험을 하도록 돕는 수업이다. 특히 '회전 인터뷰' 기법을 활용하여, 여러 친구와 대화하는 과정을 통해, 자기 생각을 정리하고 타인의 관점을 이해하는 힘을 기를 수 있도록 설계되었다. 이처럼 서로의 생각이 자연스럽게 오가는 상호작용 속에서, 학생들은 책의 내용을 더욱 폭넓고 깊이 있게 이해하게 된다.		

2) 수업 절차

책 한 권을 선정하여 함께 읽기
책 한 권을 선정하여 함께 읽고, 줄거리, 등장인물 등 내용 파악하기
자리 배치 및 역할 나누기
• 반으로 나누어 안쪽 원, 바깥쪽 원으로 앉기 • 안쪽 학생은 인터뷰어, 바깥쪽 학생은 인터뷰이 역할 맡기 • 자리마다 교사가 제시한 생각할 거리(질문 카드)를 놓기 예: 이 책에서 가장 인상 깊었던 장면은? 이 책에서 가장 마음에 드는 인물은? 이 책의 주인공과 비슷한 경험이 있다면? 나라면 이 상황에서 어떻게 행동했을까? 등
1차 회전 인터뷰
• 안쪽 원의 인터뷰어는 자신이 맡은 주제에 대해 질문하고, 인터뷰이의 답변을 요약 정리하기 • '경청 체크리스트'를 활용하여 자신의 경청 태도 점검하기 예: 말 끊지 않기, 고개 끄덕이기, 맞장구치기, 질문하기, 요약하여 말하기 등 • 바깥쪽 원의 인터뷰이는 주제에 대해 자신의 생각을 표현하기 • 정해진 시간이 지나면 안쪽 원은 가만히 있고, 바깥쪽 원만 시계방향으로 한 칸 이동하기 • 새로운 짝과 주제에 대한 이야기 나누기
2차 회전 인터뷰
안쪽과 바깥쪽의 역할을 바꾸어 한 번 더 진행하기

활동 성찰 및 정리하기

- 가장 인상 깊게 들었던 친구의 생각 소개하기
- 인터뷰를 하면서 느낀 점이나 어려웠던 점, 나의 태도 돌아보기
- 활동 전후 내 생각의 변화 정리하기
- 각 주제별로 정리된 다양한 친구들의 의견을 게시하여 공유하기
- 인상 깊은 의견에 '좋아요' 스티커 붙이기

3) 활동지

회전 인터뷰

이름 (   )

인터뷰어 - 질문하는 사람 (Interviewer)

1. 내가 맡은 인터뷰 주제는?

2. 인터뷰 답변 요약 정리하기 (가장 인상깊은 의견에 '좋아요' 표시)

이름	답변 요약	👍

3. 바른 인터뷰 체크리스트

내용	자기평가
인터뷰의 처음과 끝에 인사했나요?	😆 🙂 🙁
상대를 바라보며 대화했나요?	😆 🙂 🙁
고개를 끄덕이거나 맞장구 치며 대화했나요?	😆 🙂 🙁
상대의 말을 끝까지 들어주었나요?	😆 🙂 🙁
궁금한 점을 정중히 질문하였나요?	😆 🙂 🙁

인터뷰이 - 대답하는 사람 (Interviewee)

1. 아래의 질문들을 체크하면서 회전 인터뷰 해보세요.

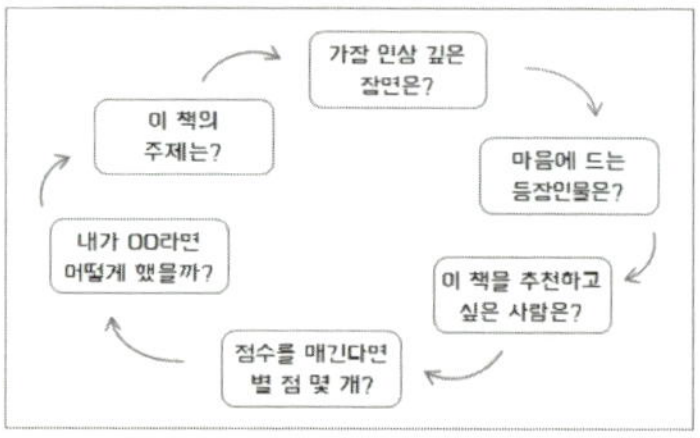

2. 바른 인터뷰 체크리스트

내용	자기평가
인터뷰의 처음과 끝에 인사했나요?	😆 🙂 🙁
상대를 바라보며 대화했나요?	😆 🙂 🙁
질문을 충분히 이해한 후, 알맞은 답변을 했나요?	😆 🙂 🙁
나의 생각을 이유와 함께 충실히 이야기했나요?	😆 🙂 🙁
궁금한 점을 정중히 질문하였나요?	😆 🙂 🙁

4) 학생 활동 예시

1. 내가 맡은 인터뷰 주제는?

책에서 가장 인상 깊은 장면은?

2. 인터뷰 답변 요약 정리하기 (가장 공감되는 의견에 '좋아요' 표시)

이름	답변 요약	👍
김OO	잎싹이가 족제비에게 목숨을 내어주는 장면	
이OO	초록이가 청둥오리 대표로 날아오르는 장면	
박OO	잎싹이가 처음으로 알을 품던 장면	
최OO	족제비에게도 어린 새끼가 있었다는 사실을 알게 된 장면	○

4 T.A.G. Peer Feedback

T.A.G. Peer Feedback 기법은 일반적으로 잘 알려진 동료 피드백 방법 중 하나이다. 친구의 의견에 피드백을 남길 때 보다 구조화된 형태로 피드백할 수 있도록 'Tell(칭찬) - Ask(질문) - Give(제안)'의 세 단계를 구성한 기법이다.

칭찬과 질문으로 시작하는 구조를 가진 덕분에 부드럽고 효과적인 피드백을 가능하게 하는 이 기법은 발표, 글쓰기, 미술, 토의 등 다양한 활동에 쉽게 적용할 수 있다. 이후에 나올 '피드백 사다리(Ladder of Feedback)' 기법에 비해 구조가 단순하고 정서적 교류가 잘 이루어지기에, 고학년보다는 저학년과 중학년 활동에 더 적합하게 잘 활용할 수 있다.

가. 협력적 소통 기능을 기르는 방법

학습자는 이 기법을 활용한 피드백을 할 때, 긍정적으로 먼저 탐색한 후 건설적인 제안을 하는 건강한 대화 구조를 자연스럽게 익힐 수 있으며, 이 과정에서 피드백을 '비판'이 아닌 '함께 성장하는 조언'으로 인식하게 된다. 피드백의 단계를 통해 학생들은 생각을 구조화하여 표현하기 쉬워지고, 보다 구체적이고 의미 있는 상호작용이 가능해진다.

단계별 활동 내용	
칭찬	• 잘한 점을 칭찬하기 - 나는 네가 ___한 부분이 정말 좋았어. - 나는 ___한 점이 인상 깊었어. 왜냐하면___. - 너의 활동을 보며 나도 ___한 마음이 들었어. - 나도 다음에 너처럼 ___해 보고 싶어.
질문	• 궁금한 점 묻기 - 나는 ___ 부분이 궁금했어. - 이 문장의 의미가 ___인 것이 맞아? - 왜 ___라고 했는지 궁금해. - 만약 ___했다면, 어떻게 됐을까? - 이 다음에 어떤 일이 생겼는지 궁금해.

제안	• 더 나아질 수 있는 방법 제안하기 - 혹시 ___를 더해 보면 어떨까? - ___한 내용을 한 문장 더 써주면 좋을 것 같아. - 나는 ___이 너무 좋았는데, 그걸 더 자세히 써 보면 어때? - ___을 추가하면 너의 생각이 더 잘 드러날 것 같아.

나. T.A.G. Peer Feedback 기법 활용 방법

<table>
<tr><td>주제</td><td>[2학년 국어] 서로 존중해요
칭찬이나 조언하는 방법을 알고, T.A.G. 피드백 기법 연습하기</td></tr>
<tr><td>교수·학습 활동</td><td>• 그림책 <크니프의 친구 사귀기>를 읽고 '칭찬'과 '조언'의 의미 알기
• 좋은 칭찬의 조건 알기
- 까닭을 함께 말하기, 너무 부풀리지 않고 진심을 담아 말하기, 표정이나 손짓 등 비언어적 요소 함께하기 등
• 좋은 조언의 조건 알기
- 듣는 사람의 어려움을 먼저 공감하기, 듣는 사람을 돕고자 하는 마음을 담기, 문제를 해결할 수 있는 방법 알려주기 등
• 잘못된 칭찬과 조언의 사례를 살펴보고, 바꿔 말하기
• 우리 반 고민 상담소
- 각자의 고민을 쪽지에 적어 내기
- 친구의 고민을 듣고, 그 친구에게 T.A.G. 피드백하기
<table>
<tr><td>칭찬</td><td>- 그런 고민을 적은 너의 마음이 참 따뜻한 것 같아.
- 줄넘기가 어려워도 끝까지 노력하는 모습이 멋져</td></tr>
<tr><td>질문</td><td>- 그럼 지금 너의 마음은 어때? 왜 그런 것 같아?
- 줄넘기할 때 가장 어려운 부분이 뭐야?</td></tr>
<tr><td>제안</td><td>- 부모님께 도움을 요청해보면 어떨까?
- 줄넘기 없이 손과 점프 동작을 먼저 연습해 보자.</td></tr>
</table>
• 받은 피드백 중 가장 도움이 됐던 말이나 기분이 좋았던 말 발표하기</td></tr>
</table>

주제	[3학년 체육] 움직임을 연결하여 표현하고 감상해요 동화 속 장면을 움직임 작품으로 만들고 감상하기
교수·학습 활동	• 모둠별로 동화 속 한 장면을 정해 움직임으로 표현하기 • 움직임을 연결하여 표현할 때, 고려해야 할 부분 알기 - 등장인물의 특징, 장면의 분위기, 이동·비이동 움직임, 도구의 사용 등

교수·학습 활동	• 작품 계획서를 만들고, 다른 모둠과 바꿔보며 T.A.G. 피드백하기 – 친구의 피드백을 바탕으로 계획서를 보완하기 • 계획서에 따라 실제 움직임 표현 연습하고, 친구들에게 발표하기 – 다른 모둠은 발표한 모둠에게 도움을 줄 수 있는 T.A.G. 피드백 적어주기 • 우리 모둠이 받은 피드백 중에 가장 도움이 되었거나 기분이 좋았던 피드백을 발표하며, 우리 반의 솔로몬 뽑기

다. T.A.G. Peer Feedback 기법을 활용한 수업 사례

1) 수업 개요

단원명	움직임을 연결하여 표현하고 감상해요	학년·교과	3학년 체육
학습 주제	동화 속 장면을 움직임 작품으로 만들고 감상하기		
교수·학습 활동	이 수업은 체육의 표현 영역 수업이다. 표현이란 그 범위가 무궁무진하며, 특히 여러 사람과 함께 만들어 가야 하는 작품이기 때문에, 친구 간의 소통이 어느 때보다 활발히 일어나야 한다. 혼자 생각하는 것보다 다른 사람들의 피드백을 듣고, 이를 반영하여 재구성하는 과정이 중요하게 작용하는 수업이다. 따라서 이 차시에서는 T.A.G. 피드백 기법을 활용하여, 학생들이 서로의 작품에 대해 의미 있는 칭찬과 건설적인 제안을 수고받을 수 있도록 지도한다. 피드백을 통해 학생들은 단순히 동작을 평가하는 것이 아니라, 협력적으로 더 나은 공동 작품을 만들어 가는 과정을 경험하게 된다. 나아가 어떤 피드백이 가장 의미 있었는지를 성찰하는 활동을 통해, 피드백의 방법과 태도를 연습하고 내면화할 수 있다.		

2) 수업 절차

움직임을 연결하여 표현하는 방법 알기
• 움직임을 연결할 때 고려해야 할 부분 알아보기 예: 등장인물의 특징, 장면의 분위기, 이동·비이동 움직임, 우리 모둠원의 특징, 도구의 사용 등 • 모둠별로 표현하고자 하는 동화책의 한 장면 정하기
작품 계획서 만들기
• 표현하고자 하는 장면과 필요한 움직임, 도구 등을 정리하여 작품 계획서 만들기 • 다른 모둠과 바꿔서 점검하며 'T.A.G. 피드백' 하기

칭찬	- 우리 모둠에서 생각하지 못한 아이디어가 있어서 정말 신선했어. - 역할을 잘 분배하고 다 함께 참여한 흔적이 보여. 정성이 느껴져. - 동화에서 표현하기 좋은 장면을 잘 선정한 것 같아.
질문	- [노래 부분에 맞춰 걷기]라는 동작은 어떤 의미가 있는 동작이야? - 이 장면에서는 어떤 분위기를 만들려고 했어? - 계획 단계에서 가장 어려운 점은 어떤 부분이야?
제안	- [말하는 장면]을 강조하려면 효과음을 넣으면 어때? - 마지막에 음악에 맞춰서 천천히 움직이면 더 효과적일 것 같아. - 역할 분배를 좀 더 명확히 해두면 실제 발표 때 헷갈리지 않을 거야.

작품 만들고 발표하기

- 다른 모둠의 피드백 중 필요하다고 생각되는 부분을 수정 및 반영하기
- 계획서에 따라 표현 연습하고 도구 등을 준비하기
- 친구들 앞에서 발표하고, 다른 모둠의 발표도 경청하기

다른 모둠의 발표를 보며 피드백하기

- 완성된 작품을 본 후 한 번 더 'T.A.G. 피드백' 하기
- 앞에서 배웠던 움직임을 연결하여 표현할 때 고려할 점들을 참고해서 피드백하기
- 모둠별로 논의해서 완성작품에 해줄 수 있는 피드백을 말풍선 포스트잇에 적어 붙여주기

칭찬	- 계획 단계에서 피드백을 반영해 움직임을 바꾼 점이 멋져. - OO이가 표정을 너무 잘 써서 유쾌한 분위기가 잘 느껴졌어. - 동작이 명확해서 이야기 흐름이 잘 느껴졌어.
궁금	- 그때 두 명이 같이 움직인 건 어떤 의미였어? - 그 동작을 할 때 어떤 기분이었어? - 작품을 만들면서 가장 힘들었던 부분은 어떤 부분이었어?
제안	- 마지막에 좀 더 동작이 컸다면 표현이 훨씬 잘 보였을 것 같아. - 음악이 끝날 때 타이밍을 맞춰 함께 멈추었다면 더 효과적이었을 것 같아. - 모둠원의 성격을 고려해서 너무 부끄러워하는 친구는 음악이나 효과음을 담당할 수 있도록 역할을 분배해줬어도 좋았을 것 같아.

정리 및 성찰하기

- 포스트잇에 붙은 피드백들을 살펴보며, 우리 모둠이 받은 피드백 중에 가장 도움이 되고 기분이 좋았던 피드백을 선정하고 이유 말하기
- 우리 학급에서 가장 진심 어린 피드백을 해 준 '우리 반 솔로몬' 뽑기

3) 활동지

우리 모둠 T.A.G. 보드

모둠 이름 (   )

1. 이 모둠의 작품 **계획서**를 보고, 피드백을 적어주세요.

칭찬해요	궁금해요	제안해요

2. 이 모둠의 **최종** 작품을 보고, 피드백을 적어주세요.

칭찬해요	궁금해요	제안해요

3. 가장 도움이 되었다고 생각하는 피드백에 ♡ 표시 해주세요.

5 피드백 사다리(Ladder of Feedback)[9)]

피드백 사다리(Ladder of Feedback) 기법은 친구의 생각이나 결과물에 대해 단계적인 흐름에 따라 피드백을 주고받는 기법이다. 앞서 소개한 'T.A.G. Peer Feedback'보다 더 정교하고 구조화된 단계로 구성되어 있으며, 피드백은 '확인(Clarify) - 칭찬(Value) - 고민(Concerns) - 제안(Suggest)'의 네 단계를 거쳐, 사다리를 차례로 밟아 올라가듯 점진적으로 진행된다. 'T.A.G.'처럼 좋은 점을 말하고 제안해 주는 데에 그치지 않고, 상대의 의도를 명확히 파악한 뒤 우려되는 점을 함께 고민하여 제안에 이르게 하는 과정은 학생들의 사고를 한층 더 깊이 있게 확장시킨다.

9) Ladder of Feedback 사고 루틴은 하버드 교육대학원 Project Zero의 PZ Connect 프로젝트의 일환으로 개발되었음.

가. 협력적 소통 기능을 기르는 방법

단계의 흐름은 다음과 같다. 제안을 하기 전 사실을 명확히 파악하고, 강점을 발견하며, 아쉬운 점은 조심스럽게 표현하고, 해결 방안을 함께 고민한다. 이 과정 자체가 피드백이란 친구의 생각과 입장을 존중하고 배려하는 소통임을 자연스럽게 내포한다. 학생들은 이 기법을 통해 공동체에서 협력하고 소통하며 함께 성장하는 방법을 익히게 된다.

단계별 활동 내용	
확인하기 (Clarify)	목표: 오해 없이 내용을 정확히 파악하기 • 친구의 생각이나 결과물에 궁금한 점이나, 더 알고 싶은 것을 질문하기 • 질문은 비난이나 평가가 아닌 진심 어린 이해를 위한 표현이어야 함. 예: 왜 그런 식으로 했어요? (X) / 이 부분의 의도가 궁금해요. (O)
칭찬하기 (Value)	목표: 긍정적인 피드백으로 동기를 부여하기 • 인상 깊었던 점, 잘한 점, 강점을 구체적으로 충분히 짚어 주기 • '좋아요. 그런데…'와 같이 형식적 칭찬 뒤에 바로 비판을 덧붙이지 않도록 주의하기
고민하기 (Concerns)	목표: 함께 성장하기 위한 문제의식을 함께 나누기 • 아쉬운 부분이나 고민되는 부분을 완곡하고 부드럽게 표현하기 • "이 부분은 잘못됐어"와 같이 단정적이고 비판적인 표현은 금지 • 비판의 대상은 사람이 아니라 아이디어, 결과물 등이어야 함.
제안하기 (Suggest)	목표: 협력적으로 문제를 해결하며 완성도를 높이기 • 발전을 위한 구체적인 제안을 하거나 다른 관점을 제시하기 • 고민하기 단계에서 우려스러운 부분을 표현했다면, 그 문제를 해결할 수 있는 제안을 이어서 말하기

나. 피드백 사다리 기법 활용 방법

주제	[3학년 과학] 소리의 성질 소리의 성질을 이용해 효과음 만들기
교수·학습 활동	• 효과음을 만드는 직업인 폴리아티스트에 대해 알아보며, 효과음을 만드는 과정을 이해하고, 간단한 효과음 만들기 연습하기

<table>
<tr><td>교수·학습 활동</td><td>
• 물건의 재질, 크기, 무게, 소리 내는 방법 등에 따라 소리의 진동이 달라지기 때문에 다양한 소리를 의도할 수 있음을 알기
• 소리가 없는 간단한 영상을 준비하고, 모둠별로 주변 물건을 탐색해서 영상에 어울리는 효과음 찾기
• 계획서에 영상 장면별 효과음 계획 작성하기(도구, 소리 내는 방법 등)

피드백 나누기
<table>
<tr><td>확인</td><td>- 이 소리를 고른 이유가 뭔지 말해줄 수 있어?
- 이 장면에서는 어떤 도구를 활용할 계획이야?</td></tr>
<tr><td>칭찬</td><td>- 주변에서 구하기 쉬운 물건을 사용한 점이 인상적이야.
- 이해하기 쉽게 정리한 계획서 덕분에 잘 이해했어.</td></tr>
<tr><td>고민</td><td>- 소리가 잘 어울리지만, 너무 작을 것 같아서 고민이 돼. 혹시 비슷한 다른 소리도 생각해 봤어?
- 한 친구가 여러 역할을 맡다 보니 힘들지 않을까? 역할을 좀 나눠보면 어때?</td></tr>
<tr><td>제안</td><td>- 효과음이 잘 들리게 하려면 옆에서 마이크를 보조해줘도 좋을 것 같아.
- OO이가 쉴 때 △△이의 역할을 조금 도와주면 어떨까?</td></tr>
</table>

• 친구들의 피드백을 반영하여 수정이 필요한 부분은 계획을 수정하고, 모둠별 효과음 연습하기
• 성찰하기
- 계획서 초안과 결과물을 비교해서 어떤 피드백이 잘 반영됐는지 보기
- 단계별 가장 도움이 되었던 피드백을 골라 감사 뱃지 수여하기
예: 확인: 명쾌상 / 칭찬: 칭찬상 / 고민: 꼼꼼상 / 제안: 도움상
</td></tr>
</table>

주제	[6학년 도덕] 내 힘으로 일어서서 우리 모두의 행복을 위해 나의 재능을 탐색하고, 공동체를 위해 재능 나눔하기 프로젝트
교수·학습 활동	• 실제 재능 나눔의 사례를 보며 프로젝트의 필요성 알기 • 학급 친구들 각자의 재능을 탐색하고, 나눌 수 있는 방안 찾기 • 재능 나눔 프로젝트 계획을 세우고, 피드백 사다리로 함께 피드백하기 • 프로젝트를 실행한 후, 프로젝트 단계별 과정 성찰하기

다. 피드백 사다리 기법을 활용한 수업 사례

1) 수업 개요

<table>
<tr><td>단원명</td><td>내 힘으로 일어서서 우리 모두의 행복을 위해</td><td rowspan="2">학년·
교과</td><td rowspan="2">6학년
도덕</td></tr>
<tr><td>학습 주제</td><td>나의 재능을 탐색하고, 공동체를 위해 재능 나눔하기 프로젝트</td></tr>
<tr><td>교수·학습
활동</td><td colspan="3">이 수업은 도덕과의 프로젝트 수업으로, 학생들이 자신이 가진 재능을 이용해 공동체에 기여해 보는 의미 있는 경험을 목표로 한다. 여러 사람이 참가하는 나눔의 장을 만들기 위해서는 시간, 장소, 비용 등 현실적 여건을 고려해야 하고, 혼자만의 힘으로는 어려운 일이기 때문에 다른 친구들과의 협력과 소통 과정이 필수적이다. '피드백 사다리' 기법은 실행 전 서로의 계획을 점검하고 보완하는 과정으로, 성공적인 실천과 협력적 소통 역량 함양에 도움이 된다.</td></tr>
</table>

2) 수업 절차

1차시: 재능 나눔의 필요성 알기

- 영상이나 사례를 통해 재능 나눔의 가치 인식하기
- 공동체 안에서 나눔이 주는 긍정적 영향 토의하기

2차시: 우리의 재능 탐색하기

- 나의 흥미, 잘하는 일, 친구의 피드백 등을 통해 나의 재능 탐색하기
- 현실적 여건을 고려하여 재능 나눔이 가능한 분야의 아이디어 떠올리기

3차시: 재능 나눔 계획 세우기

- 어떤 재능을, 누구를 위해, 어떤 방식으로 나눌지 계획 세우기
- 필요한 준비물이나 협력자를 고려하여 실행 계획서 짜기

4차시: 계획 피드백하기

• 그룹별로 계획서를 공유하고, 학급 친구들과 피드백 나누기

확인	• 계획에서 전체적 흐름, 의도, 실현 방식 등을 파악하기 • 친구의 의도를 왜곡 없이 이해하기 위한 질문이므로, '그게 될까?', '이건 이상한 것 같아'와 같이 판단을 섞지 않도록 주의하기 - 이 활동을 통해 사람들에게 어떤 도움을 주고 싶어? - 왜 이 활동을 선택했는지 설명해 줄 수 있어? - 도구나 준비물이 필요할 것 같은데, 어떻게 준비할 계획이야?
칭찬	• 좋은 아이디어나 강점 칭찬하기 • 무엇이 왜 좋은지 까닭과 함께 구체적으로 표현하기 - 이 아이디어가 좋은 이유는 ___때문이야. - 이 부분에서 네가 정말 많은 생각과 고민이 있었다는 게 느껴졌어. - 함께 나누는 사람에 대한 배려가 드러나서 인상 깊었어. - 너의 재능이 너를 한층 더 빛나게 하는 것 같아서 멋지다고 느꼈어.
고민	• 걱정되는 점이나 아쉬운 부분 부드럽게 표현하기 • 비판이 아니라 함께 걱정한다는 뉘앙스 유지하기 - 혹시 야외에서 하는 경우, 날씨가 좋지 않았을 때 어떻게 할지 고민해 봤어? - 이 계획에서 준비 도구를 챙기기가 조금 어려울 수 있을 것 같은데, 혹시 생각해 둔 방법이 있을까? - 나도 비슷한 활동을 해 봤는데, ___한 점이 힘들었거든. 이 부분도 참고해 줘.
제안	• 고민과 연결해서 대안이나 개선 아이디어를 정중하게 제안하기 • 친구가 선택할 수 있도록 존중해야 하며, 강요가 되지 않도록 조심하기 - 날씨를 고려해서 장소를 넓은 실내강당으로 옮겨 보면 어때? - 그 도구 준비가 어렵다면 대신 ___를 활용해 보면 좋을 것 같아. - 활동 시간이 짧을 수 있으니 시간을 길게 잡고 나눠서 해 보는 건 어때?

• 피드백을 반영하여 계획서 수정하기

5차시: 재능 나눔 실천하기

• 계획에 따라 실제 재능 나눔 실천하기
• 사진, 동영상 등 기록을 남겨 정리하기

6차시: 성찰하기

• 프로젝트 결과와 과정을 되돌아보며 성찰하기
• 실행 전후의 계획서를 비교하며, 어떤 피드백이 반영되었는지 확인하기

- 피드백 반영 전후의 차이를 통해 소통의 힘 느끼기
- 나의 재능 나눔이 공동체에 어떤 변화를 주었는지 성찰하기
- 협력적 소통을 통해 배운 점, 느낀 점 쓰기

3) 활동지

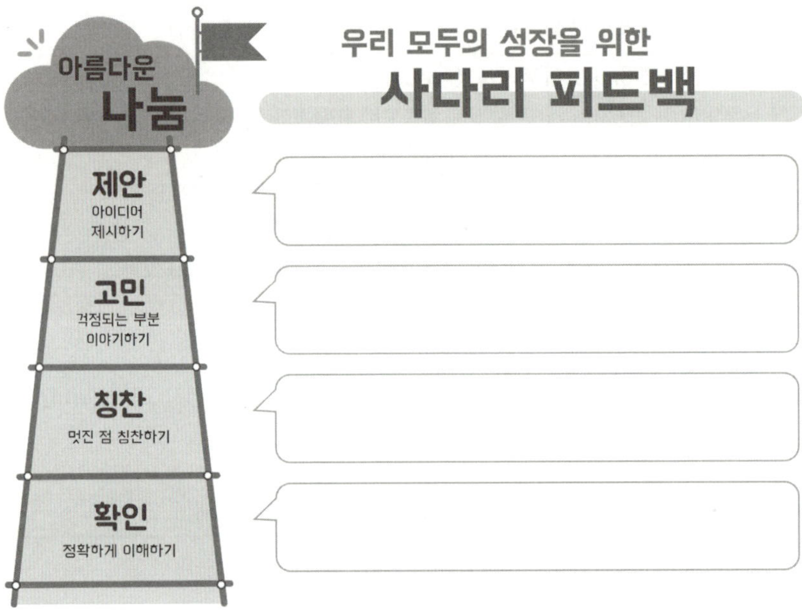

6 분필 대화(Chalk Talk)[10)]

분필 대화(Chalk Talk) 기법은 의미 그대로 말 대신 글을 통해 이루어지는 대화 방식이다. 지금까지 협력적 소통기능을 위한 기법으로 주로 대면해서 말로 상호작용하는 방식이 중심이었는데, 이 기법은 음성 언어 없이 텍스트로만 소통한다는 독특한 특징을 지닌다. 글로 소통하기 때문에 자기 생각을 머릿속에서 한 번 더 정제하고 구조화하여 표현할 수 있으며, 특히 대면하여 말하는 것을 부담스러워하는 내향

10) 분필 대화(Chalk Talk) 사고 루틴은 하버드 교육대학원 Project Zero의 PZ Connect 프로젝트의 일환으로 개발되었음.

적인 학생들에게 적합하다. 질문이나 피드백을 제시할 때도 다소 비판적인 시각이나 날카로운 질문을 보다 편안하게 표현할 수 있다. 또한, 학생들은 친구들이 남긴 질문과 피드백을 자유롭게 읽고, 그에 이어서 자기 생각을 덧붙일 수 있으므로, 개별 의견이 단절되지 않고 서로 연결되며 확장된다. 이러한 과정은 더욱 성찰적이고 다각적인 생각들이 모이는 장을 만들어 준다.

가. 협력적 소통 기능을 기르는 방법

분필 대화는 글을 기반으로 한 상호작용으로, 질문과 피드백을 보다 정돈된 형태로 시도할 수 있다. 즉, 말보다 덜 공격적이고, 더 신중한 방식으로 서로의 생각을 주고받을 수 있는 협력적 소통 연습의 장이 될 수 있다.

활동 장면 예시

* 이미지 chat GPT 생성

나. 분필 대화 기법 활용 방법

주제	[2학년 통합(자연)] 오늘은 천천히 자연을 주제로 한 음악 감상하기
교수·학습 활동	• 자연을 주제로 한 클래식 한 곡 함께 듣기 • A5 정도 크기의 종이에 음악을 들으며 떠오르는 생각을 시각적으로 자유롭게 표현하기 - 점, 선, 면, 색, 도형, 이미지, 문자 등 다양한 기법이 있음을 사전에 연습 • 분필 대화로 감상 나누기 - 그림들을 커다란 전지나 게시판 등에 모아 전시하기 - 학생들은 각 그림 주변에 작은 스티커나 메모지 등을 이용해 반응 남기기 예: 친구의 그림을 보고 어떤 느낌이나 생각이 들었는지? 친구의 표현 의도가 무엇인 것 같은지? 어떤 부분이 특히 좋은지? 나와 비슷하거나 다른 생각을 한 부분은 어떤 부분인지? • 각자의 피드백을 보고 모둠별로 이야기 나누기 예: 내 의도를 새롭게 해석한 친구는 누구인지? 어떤 피드백이 가장 흥미로운지? 친구의 표현을 보고 생각이 달라진 점이 있는지? • 다시 음악을 들어 보고, 처음과 감상이 어떻게 달라졌는지 발표하기 - 친구와 나의 감상 차이를 비교하며, 서로의 표현 방식 이해하기

주제	[3학년 도덕] 너와 나의 공감 여러 감정에 대한 나의 경험을 이야기하며 함께 공감해 보기
교수·학습 활동	• 모둠 수만큼의 감정을 준비하기(긍정적, 부정적 감정이 고루 들어가도록) 예: 6모둠 - 행복, 자랑스러움, 설렘, 좌절, 분노, 무기력 • 커다란 종이 가운데에 감정어를 하나씩 적어 분필 대화 종이 만들기 • 각 모둠별로 친구들 가운데에 분필 대화 종이를 놓고, 그 주변에 자신이 해당 감정을 느꼈던 경험을 짧게 적거나 그림으로 표현하기 • 2~3분 정도 적은 후에 분필 대화 종이를 옆 모둠으로 넘기기(시계 방향) - 새로운 감정을 받으면 앞 모둠에서 쓴 경험을 읽고 반응 남기기 - 새롭게 받은 감정과 관련한 나의 경험도 덧붙이기 • 같은 방식으로 한 바퀴를 모두 돌고, 다시 처음의 분필 대화 종이가 우리 모둠으로 돌아오면 종이에 남겨져 있는 피드백 살펴보기 - 나의 감정을 털어놓고, 공감과 위로를 받았을 때 나의 기분 이야기하기

다. 분필 대화 기법을 활용한 수업 사례

1) 수업 개요

<table>
<tr><td>단원명</td><td>너와 나의 공감</td><td rowspan="2">학년·교과</td><td rowspan="2">3학년
도덕</td></tr>
<tr><td>학습 주제</td><td>여러 감정에 대한 경험을 이야기하며 함께 공감해 보기</td></tr>
<tr><td>교수·학습 활동</td><td colspan="3">이 수업은 감정을 말보다 글로 표현하는 과정을 통해 학생들이 감정의 인식, 공유, 존중, 공감, 반응에까지 이르는 깊은 감정 교류를 경험하게 한다. 감정은 말로 하기에는 복잡하고 쑥스러운 경우가 많지만, 글로 표현하면 내면의 감정을 정리하고 표현할 수 있으며, 휘발되지 않고 남겨지므로 상대방이 천천히 이해하고 공감할 시간을 제공할 수 있다. 이러한 맥락에서 분필 대화 기법은 더욱 빛을 발한다. 학생들은 분필 대화를 통해 자신과 타인의 감정에 귀 기울이며 관계를 맺는 방법을 익히는 의미 있는 시간을 보낼 수 있다.</td></tr>
</table>

2) 수업 절차

우리가 느끼는 수많은 감정 알기

- 그림책이나 영화 〈인사이드 아웃〉 등 다양한 매체를 이용해서 우리가 느끼는 다양한 감정 단어들 알아보기
- 긍정적인 감정과 부정적인 감정이 너무 치우쳐지지 않도록 고루 브레인스토밍하기

감정에 대한 경험 떠올리기

- 모둠 수 정도의 감정을 선정하기(6모둠 기준 - 행복, 자랑스러움, 설렘, 좌절, 분노, 무기력 등)
  - 학생 수가 적어서 모둠이 많지 않다면, 감정어를 교실 곳곳에 붙여놓고, 학생이 이동하며 경험을 남길 수 있도록 변형
- 4절지 정도 크기의 종이 가운데에 감정어 하나를 크게 적어서 분필 대화지 만들기
- 모둠에 하나씩 분필 대화지를 놓고, 해당 감정을 느꼈던 경험을 대화지에 자유롭게 적기

감정에 대한 경험을 나누고 공감하기

- 2~3분 정도 시간이 지나면 분필 대화지를 옆 모둠으로 넘기기(시계 방향 이동)
- 앞 모둠 친구들이 남겨놓은 경험을 읽으며 공감 반응 해 주기

  예: 공감되는 경험에는 옆에 하트 그리기

  위로해 주고 싶다면 옆에 위로의 댓글 달기

  궁금한 점이 있으면 질문하기
- 새롭게 받은 감정에 대한 나의 경험도 적어 보기

피드백 확인하기

• 분필 대화지를 칠판 앞에 쭉 전시해 두고, 피드백 읽어 보기
• 나의 경험에 대한 친구들의 반응이나, 내가 남긴 반응에 대한 원작자의 반응 등 살펴보기

활동 성찰 및 정리하기

• 나의 경험과 감정을 털어놓고, 친구들에게 공감받았을 때 나의 감정 이야기하기
• 부정적 감정이라도 의미가 있으며, 감정을 느끼고 표현하는 것은 자연스러운 일임을 알기

3) 활동지

분필 대화

★ 여러분은 언제 이런 감정을 느끼나요?

슬퍼요

4) 학생 활동

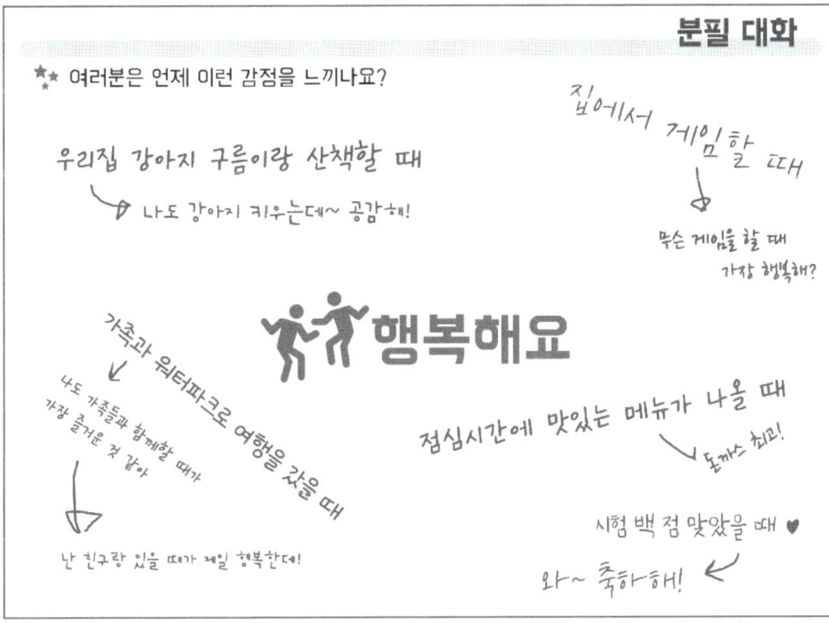

7 어항 토의(Fish Bowl)

어항 토의(Fish Bowl) 기법은 사람들이 종종 어항 속 물고기를 유심히 관찰하며 무엇을 하고 있는지 생각해 보는 모습을 토의 활동에 적용한 기법이다. 친구들이 토의하는 모습을 제3자의 시선으로 바라보면서, 논점의 흐름, 듣고 말하는 태도, 상호작용 등 소통의 전반적 과정을 성찰할 수 있다.

학생들을 토의자와 관찰자, 두 그룹으로 나눈다. 토의자 학생은 중심(어항 안)에서 토의를 진행하고, 관찰자 학생은 그 과정을 조용히 지켜보며 중요한 포인트나 빠진 관점을 발견한다.

한 차례 토의가 끝난 뒤에는 피드백을 통해 성찰의 시간을 갖고, 역할을 바꾸어 다시 토의를 진행한다.

가. 협력적 소통 기능을 기르는 방법

관찰자들은 단순한 참관을 넘어서, 토의자들이 미처 생각하지 못한 점을 관찰자가 포착하고 성찰할 수 있게 한다. 이를 통해 학생들은 말하는 사람뿐 아니라 듣는 사람 역시 토의의 적극적인 참여자임을 경험할 수 있다.

어항 토의 기법을 통해, 토의와 경청, 관찰과 피드백이 자연스럽게 어우러지는 수업 구조를 형성할 수 있다.

그룹 구성 및 자리 배치

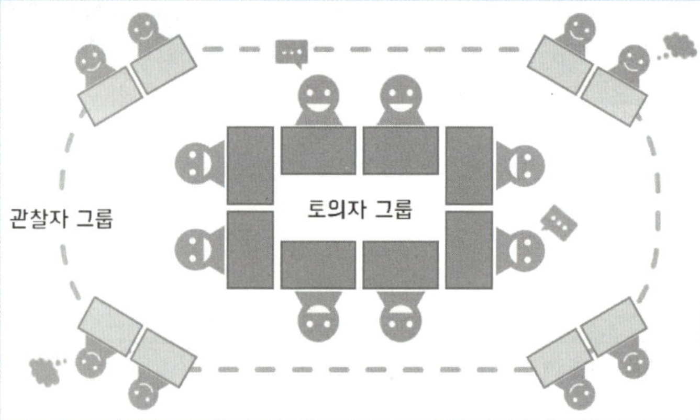

나. 어항 토의 기법 활용 방법

<table>
<tr><td>주제</td><td>[2학년 국어] 말차례를 지키며 대화하기
우리 반의 규칙 정하기</td></tr>
<tr><td>교수·학습 활동</td><td>• 토의 구성
<table><tr><td>토의자
(어항 안)</td><td>- 우리 반에 꼭 필요한 규칙 제안하기
- 우리 반에서 가장 필요한 규칙 뽑기</td></tr><tr><td>관찰자
(어항 밖)</td><td>- 친구가 말한 규칙 중 기억에 남는 말 정리하기
- 누구의 말에 가장 공감이 갔는지 이유 말해 보기
- 말차례를 잘 지키며 의견을 듣고 말한 친구 뽑기</td></tr></table>• 저학년은 말하기 태도, 경청 훈련, 짧은 의견 나누기에 초점을 맞춤.</td></tr>
</table>

<table>
<tr><td>주제</td><td>[4학년 사회] 사회 변화와 문화 다양성
문화적 편견과 차별의 문제를 해결하기 위한 방안을 생각해 보기</td></tr>
<tr><td>교수·학습 활동</td><td>• 토의 구성
<table><tr><td>토의자
(어항 안)</td><td>- 다양한 문화를 존중하기 위한 구체적인 방법 제안하기
- 학교나 일상에서 겪을 수 있는 편견 사례 나누기</td></tr><tr><td>관찰자
(어항 밖)</td><td>- 친구들의 의견이 편견 없이 다양한 관점을 존중한 의견인지 생각해 보고, 그 이유를 적어 보기
- 제안한 해결책이 실현 가능한 방안인지 생각해 보기</td></tr></table>• 서로를 존중하고, 차별을 줄이기 위한 학교 내 캠페인 아이디어를 골라 함께 실천하기</td></tr>
</table>

<table>
<tr><td>주제</td><td>[6학년 사회] 지속 가능한 지구촌
지속 가능한 미래를 만들기 위해 세계 시민으로서 실천 방안 토의하기</td></tr>
<tr><td>교수·학습 활동</td><td>• 토의 구성
<table><tr><td>토의자
(어항 안)</td><td>- 지구촌 문제 중 하나(환경, 빈곤, 전쟁 등)를 선정하여 설명하기
- 세계 시민으로서 내가 할 수 있는 실천 방안 제안하기</td></tr><tr><td>관찰자
(어항 밖)</td><td>- 친구들이 말한 실천 방안 중 인상 깊었던 것을 정리하기
- 누구의 말이 가장 실현 가능성이 높았는지 정리하기
- 공감되는 실천 방안 한 가지를 골라 그 이유를 적어 보기</td></tr></table>• 토의에서 나온 실천 방안 중, 내가 할 수 있는 일을 한 가지 골라 캠페인 홍보물이나 포스터 등으로 표현하기</td></tr>
</table>

다. 어항 토의 기법을 활용한 수업 사례

1) 수업 개요

<table>
<tr><td>단원명</td><td>3. 지속 가능한 지구촌</td><td rowspan="2">학년·교과</td><td rowspan="2">6학년 사회</td></tr>
<tr><td>학습 주제</td><td>세계 시민으로서 지속 가능한 미래를 만들기 위한 과제에 참여하기</td></tr>
<tr><td>교수·학습 활동</td><td colspan="3">이 수업은 세계 시민의 관점에서 지구촌 갈등 문제를 이해하고, 이를 해결하기 위한 다양한 방법을 탐색하며, 그중 하나를 캠페인이나 프로젝트 등의 실천 활동으로 확장하는 과정을 담고 있다.</td></tr>
</table>

	학생들은 어항 토의 기법을 활용해 세계 시민으로서 지속 가능한 미래를 만들기 위해 어떠한 실천들이 가능한지 의견을 나누며, 사고를 확장해 간다. 나아가 이 활동을 통해 지구촌 문제는 함께 해결해야 할 공동의 과제임을 인식하고, 공감과 협력을 바탕으로 실천하는 세계 시민의 태도를 기를 수 있다.

2) 수업 절차

지구촌 갈등의 원인 알아보기

- 빈곤, 기아, 환경, 차별 등 실제 사례 중심으로 제시 및 탐색하기
- 가장 중점적으로 알아볼 갈등 문제 두 가지를 선정하기(예: 환경문제, 차별문제)

1차 어항 토의(환경문제)

- 관찰자, 토의자 그룹 선정 및 자리 배치하기
- 각 그룹에서의 역할 안내하기
  - 토의자(어항 안): 돌아가면서 환경문제에 대한 자기 생각 밝히기
세계 시민으로서 내가 할 수 있는 실천 방안 제안하기
서로의 의견에 대한 질문 및 피드백 주고받기
  - 관찰자(어항 밖): 친구들이 말한 실천 방안 중 인상 깊었던 내용 정리하기
누구의 말이 가장 실현 가능성이 컸는지 이야기하기
공감되는 실천 방안 한 가지를 골라 이유 발표하기

2차 어항 토의(차별문제)

1차 토의와 같은 방식으로 진행하되, 관찰자와 토의자 그룹을 서로 바꾸어 진행하기

참여 방법을 정하여 실행하기

- 토의를 통해 발견한 의견 중, 모둠별로 가장 참여하고 싶은 과제 한 가지 고르기
예: 폐건전지와 우유 팩 교환 정책 알리기 캠페인
- 역할을 나누고 참여 계획 세우기, 캠페인 및 프로젝트 활동하기

세계 시민 프로젝트 발표하기

- 세계 시민으로서 친구들과 실천한 과제를 발표하기
- 느낀 점과 앞으로의 다짐 나누기

3) 활동지

어항 토의 이름 ( )

[우리가 해결해야 할 **지구촌의 문제:**]

1. 토의자가 제안한 방법 중, 가장 인상 깊은 방법과 그 이유

2. 토의자의 이야기 중, 질문하거나 제안하고 싶은 부분

어항 속의 **토의자**

1. 내가 제안하고 싶은 실천 방법과 근거

2. 친구의 의견에 공감되는 점과 다르게 생각하는 점

3. 토의에서 나온 의견 중, 가장 의미 있고 실천 가능한 방법은?

3. 토의의 태도가 가장 설득력 있고 좋았다고 생각하는 친구의 이름, 그렇게 생각한 이유

4. 내가 직접 실천해보고 싶은 방법은?

어항 밖의 **관찰자**

4) 학생 활동 예시

어항 속의 **토의자**

1. 내가 제안하고 싶은 실천 방법과 근거

재활용 쓰레기를 이용한 작품을 만들어 나누는 캠페인 열기
버려지는 쓰레기의 양을 줄일 수 있고, 다른 사람들에게도 의미 있는 메시지를 전달할 수 있음.

2. 친구의 의견에 공감되는 점과 다르게 생각하는 점

텀블러 활용을 생활화하자는 의견은 일회용 플라스틱 쓰레기를 줄일 수 있어 좋은 방안이 될 수 있음.
하지만 예쁜 텀블러를 많이 사들이고 쉽게 버리는 등의 방식으로 의도가 변질될 수 있음. 하나의 텀블러를 오랫동안 꾸준히 사용하는 태도가 중요하다는 점을 함께 알려야 함.

8 직소(Jigsaw)

직소(Jigsaw) 기법은 Elliot Aronson이 최초 개발하여 널리 활용되고 있는 학습 모형으로, 퍼즐 조각을 맞추듯 학습 내용을 나누어 구성하고, 학생들이 각자 맡은 내용을 공유하며 하나의 완성된 지식을 함께 만들어 가는 협동 학습 방식이다.

이 기법에서 각 학생은 과제를 완성하는 데 필요한 정보 일부분을 맡고, 이를 충분히 숙지한 뒤 모둠원들에게 설명하거나 가르친다. 동시에 다른 구성원들이 제시한 정보를 배우며, 서로의 역할에 의지하고 기여함으로써 학습의 퍼즐을 완성해 나간다.

가. 협력적 소통 기능을 기르는 방법

학생들이 각자 맡은 정보를 정확히 이해하고, 이를 다른 모둠원들에게 명확하게 설명하는 과정에서 말하기와 경청, 질문과 피드백의 소통 경험이 자연스럽게 일어난다. 또한 자신이 맡은 역할에 책임을 다하고, 타인의 설명을 주의 깊게 듣는 과정을 통해 의견을 조율하고 의미를 함께 구성하는 협력적 소통 태도를 기를 수 있다.

이처럼 서로가 배우고 가르치는 쌍방향 상호작용을 반복하면서, 학생들은 집단 속에서 개인의 책임감과 상대를 존중하는 태도를 내면화하게 된다.

그룹 구성 및 자리 배치

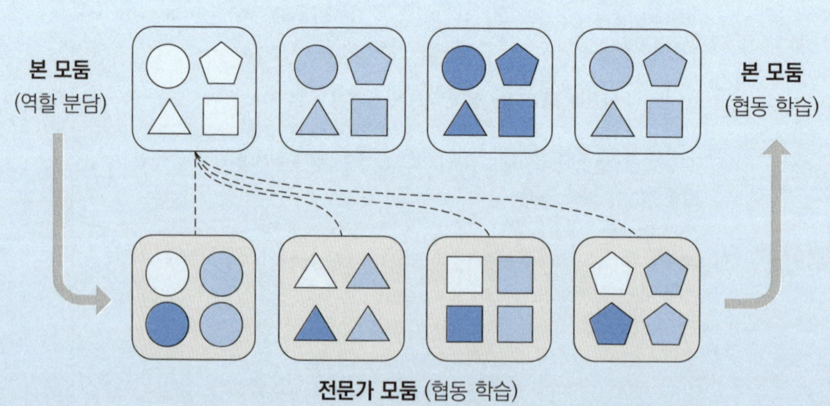

나. 직소 기법 활용 방법

주제	[2학년 통합(계절)] 사계절 동식물 사계절을 알려주는 동물과 식물 알아보기
교수·학습 활동	• 계절별 소주제(봄, 여름, 가을, 겨울)를 나누어 집단 구성하기 • 각 집단은 해당 계절의 동식물을 조사하고 정리하기 • 전문가 활동 후, 본 모둠으로 돌아가 내용을 서로 설명하기 • 사계절에 대한 정보를 모아 모둠별 사계절 책을 만들고 발표하기 • 함께 공부하며 느낀 점 발표하기

주제	[3학년 사회] 환경에 따라 다른 삶의 모습 환경에 따른 생활 모습의 차이 알아보기
교수·학습 활동	• 환경별 소주제(산, 들, 바다, 계절)를 나누어 집단 구성하기 • 각 집단은 해당 환경에 따른 사람들의 생활 모습을 조사하고 정리하기 • 전문가 활동 후, 본 모둠으로 돌아가 내용을 서로 설명하기 • 환경에 따른 정보를 모아 모둠별 포스터를 만들어 발표하기 • 함께 공부하며 느낀 점 발표하기

주제	[5학년 과학] 생물과 환경 생태계 구성 요소가 서로 어떤 영향을 주고받는지 알아보기
교수·학습 활동	• 생태계 구성 요소별 소주제(생산자, 소비자, 분해자)를 나누어 집단 구성하기 • 각 집단은 주제에 해당하는 동식물을 찾고, 그들의 역할을 조사 및 정리하기 • 전문가 활동 후, 본 모둠으로 돌아가 내용을 서로 설명하기 • 각 구성 요소의 상호작용이 잘 드러나도록 모둠별 생태 지도를 만들고 발표하기 • 함께 공부하며 느낀 점 발표하기

주제	[3-6학년 음악] 합주하기 악기의 특색 및 주법을 익히고, 모둠별로 합주하기
교수·학습 활동	• 악기별 소주제(리듬악기, 선율악기, 화성악기 등)를 나누어 집단 구성하기 • 같은 악기끼리 모여 '전문가 집단' 활동 후, 본 모둠으로 돌아가 악기 연주법, 역할, 리듬 등을 서로 들어보고, 가르쳐주기 • 모둠별 합주를 통해 전체 곡을 완성하고 친구들에게 들려주기 • 감상 후 느낌과 활동 소감 나누기

다. 직소 기법을 활용한 수업 사례

1) 수업 개요

단원명	합주하기	학년·교과	3-6학년 음악
학습 주제	악기의 특색 및 주법을 익히고, 모둠별로 합주하기		
교수·학습 활동	이 수업은 학생들이 악기의 특성과 주법을 익힌 뒤, 모둠별로 역할을 나누어 연습하고, 협력하여 하나의 합주를 완성해 나가는 과정을 담고 있다. 합주는 각자의 역할을 성실히 수행하고, 서로의 소리에 귀 기울이며 조화를 이루는 과정에서 이루어진다. 직소 기법을 활용함으로써, 학생들은 맡은 파트에 대한 책임감과 애정을 가지고 학습하며, 이를 또래에게 설명하는 과정에서 이해를 더욱 깊이 있게 다질 수 있다. 또한 서로의 연주를 경청하고 조율하는 경험을 통해 협력적 소통 능력과 상호 존중의 태도를 자연스럽게 기르게 된다.		

2) 수업 절차

함께 연주하고자 하는 악곡 알아보기

- 함께 연주할 악곡 감상하기
- 악곡의 구조 및 분위기 이해하기
- 연주에 필요한 악기 탐색하기

전문가 집단 활동(악기별 연습)

- 연주에 사용되는 악기를 확인하고, 역할별로 소주제(리듬악기, 선율악기, 화성악기) 분류하기
- 같은 악기 그룹끼리 모여 '전문가 집단' 구성하기
- 각 집단은 자신이 맡은 악기의 악보를 분석하고, 특징, 주법, 연주 시 유의사항 등을 탐색하기
- 같은 악기(전문가 집단)끼리 충분히 연습해서 몸에 익히기

본 모둠 활동(합주 연습)

- 본 모둠으로 돌아가 자신이 익힌 내용을 모둠원들에게 설명하기
- 친구의 연주를 들으며 본인 악기 이외에 다른 악기의 리듬과 선율의 흐름 익히기
- 각자 맡은 악기를 연주하며 함께 맞춰 보기
- 파트 간 타이밍, 셈여림, 음정 조절 등 조율 과정 거치기

모둠별 연주하기

- 모둠별로 연습한 악곡을 연주하며, 다른 모둠의 연주도 경청하기
- 연주 후 합주에 대한 피드백 나누기

활동 성찰 및 정리하기

- 합주 과정에서 느낀 점, 어려웠던 점, 협력이 필요했던 부분 나누기
- 악기 연주의 책임감과 협력의 중요성 되새기기

3) 활동지

직소

이름 (   )

★ 모둠별 오스티나토 합주를 해봅시다

글로켄슈필

1. 악기의 특징:
2. 악기의 주법:
3. 연주할 때 주요 포인트:

알토 실로폰

1. 악기의 특징:
2. 악기의 주법:
3. 연주할 때 주요 포인트:

연주곡

Heart and Soul

- 영화 <Big> 삽입곡

* 주 멜로디는 함께 노래하거나 소프라노 실로폰으로 연주하기

젬베

1. 악기의 특징:
2. 악기의 주법:
3. 연주할 때 주요 포인트:

베이스 실로폰

1. 악기의 특징:
2. 악기의 주법:
3. 연주할 때 주요 포인트:

9 공청회 역할극(Public Meetings)

공청회 역할극(Public Meetings) 기법은 학생들이 특정 인물의 역할을 맡아 그 입장에서 의견을 제시하고 토의에 참여하는 방식이다. 이 과정을 통해 학생들은 상황을 타인의 시각에서 이해해보며, 세상에는 다양한 입장과 관점이 존재함을 자연스럽게 체득하게 된다.

특히 사회적 갈등이나 윤리적 딜레마 상황에서는 '누구의 입장에서 바라보는가'에 따라 생각이 달라질 수 있음을 경험하게 되며, 이는 감정이입과 몰입도를 높여 수업 참여도를 높이는 데 큰 도움이 된다. 나아가 공동체 문제를 바라보는 시선도 더욱 입체적이고 성찰적으로 변화할 수 있다.

이 기법은 사회적 갈등, 윤리적 딜레마, 세계 여러 나라에서 벌어지는 사회 문제 등 다양한 도덕 · 사회과 수업에서 효과적으로 활용될 수 있다.

가. 협력적 소통 기능을 기르는 방법

학생들은 서로 다른 입장을 이해하기 위해 다른 사람의 주장과 이유를 주의 깊게 듣고 공감하며, 관점을 전환하는 경험을 통해 열린 사고를 함양하게 된다. 또한 역할에 맞는 질문을 던지고, 토의 도중 입장 간 차이를 성찰하고 조율하는 과정을 통해 피드백과 협상 감각을 익힐 수 있다.

현실 속 사회적 갈등 상황을 모의해 보는 이 기법은 타협점 찾기, 공동 이익 제안하기, 입장 조정하기 등을 통해 실제 문제 해결력과 소통 전략을 배우게 한다.

단계별 활동 내용	
주제 선정	• 사회적 갈등, 윤리적 딜레마 등 다양한 입장이 충돌하는 주제 선정하기 • 문제 상황의 배경과 맥락 이해하기
역할 설정	• 주제와 관련된 이해당사자, 결정권자 등을 고려하여 역할 설정하기 • 역할별로 팀을 나누어 모둠 구성하기
토의 준비	• 맡은 역할의 관점에서, 주제에 대한 입장 정하기 • 주장과 근거 자료 조사하기
토의 실행	• 각 역할에 따른 토의 진행하기 • 청중과의 질의응답 시간 갖기
정리 및 성찰	• 토의 결과 정리하기 • 토의에서 아쉬웠거나 인상 깊었던 부분 의견 나누기

나. 공청회 역할극 기법 활용 방법

주제	[2학년 국어] 자신의 생각을 표현해요 글을 읽고 자신의 생각 표현하기	
교수·학습 활동	주제 선정	• 글 〈누구를 보낼까요〉를 읽고, 함께 의논할 주제 찾기 예: 주제: 지구를 대표해서 별나라에 갈 동물은 누가 좋을까?
	역할 설정	• 이야기에 등장하는 동물들을 바탕으로 역할 설정하기 - 학생들이 생각하는 동물 역할을 추가할 수 있음.
	토의 준비	• 맡은 동물이 별나라에 가야 하는 까닭을 정리하기
	토의 실행	• 서로 주장과 근거를 이야기하고, 질의응답 하기 예: 주장: 거북 할아버지가 별나라에 가야 합니다. 근거: 가장 오래 살았기 때문에 지구에 대해 누구보다 잘 알고 있습니다. 질문: 걸음이 느리시다고 들었는데, 별나라에서 많은 것들을 보고 듣고 오실 수 있을까요? - 청중도 토의자에게 질문을 던질 수 있음.
	정리 및 성찰	• 청중 투표로 가장 적합한 동물 뽑기 • 토의에서 가장 인상 깊었던 의견 이야기하기

<table>
<tr><td>주제</td><td colspan="2">[6학년 사회] 우리나라의 정치 발전
민주적 의사결정 원리에 따라 문제 해결하기</td></tr>
<tr><td rowspan="4">교수·학습</td><td>주제 선정</td><td>• 스토리텔링으로 문제 상황을 제시하며 토의 주제 찾기
예: 자연이 아름다운 OO 마을에 터널 공사를 한다고 합니다.</td></tr>
<tr><td>활동</td><td>• 관련 뉴스 기사를 통해 여러 입장을 생각해보고, 역할 설정하기
예: 마을 주민, 공사 업체, 환경 단체, 정부 담당자 등</td></tr>
<tr><td>토의 준비</td><td>• 맡은 역할에 대한 주장과 근거 자료 정리하기</td></tr>
<tr><td>토의 실행</td><td>• 서로의 주장과 근거를 발표하고, 청중과의 질의응답 시간 갖기
• 청중 투표로 더욱 설득력 있는 주장을 선정하고, 소수의 입장도 배려할 수 있는 절충안 생각하기</td></tr>
<tr><td></td><td>정리 및 성찰</td><td>• 비슷한 실제 사례에서 어떻게 해결했는지 살펴보고, 공청회 역할극 활동 과정 및 결과와 비교해 보기
• 민주적 의사결정 원리(대화와 타협, 다수결, 소수 의견 존중) 되짚어 보기
• 역할을 바꾸어, 새로운 입장에서 주장이나 근거 생각해 보기</td></tr>
</table>

다. 공청회 역할극 기법을 활용한 수업 사례

1) 수업 개요

<table>
<tr><td>단원명</td><td>우리나라의 정치 발전</td><td rowspan="2">학년·교과</td><td rowspan="2">6학년
사회</td></tr>
<tr><td>학습 주제</td><td>민주적 의사결정 원리에 따라 문제 해결하기</td></tr>
<tr><td>교수·학습 활동</td><td colspan="3">이 수업은 민주적 의사결정 원리에 따라 공동의 문제를 해결하는 과정을 직접 체험함으로써, 학생들이 민주적 의사결정에 직접 참여해보는 데에 의의가 있다. 실제 사회에서 문제를 해결할 때는 자기 뜻만을 주장하기보다, 상대의 입장을 고려하고, 필요에 따라 자신의 의견을 조율하거나 절충해 나가는 태도가 필요하다. 이러한 점에서 공청회 역할극 기법을 활용한 수업은 학생들의 몰입도를 높여 주체적인 사고를 가능하게 하고, 우리 주변의 다양한 사회 문제에 관심 갖게 하며, 서로의 주장과 근거를 면밀히 듣고 판단하는 비판적 듣기 태도를 기를 수 있도록 돕는다.</td></tr>
</table>

2) 수업 절차

주제 선정하기

- 스토리텔링으로 문제 상황 제시하며 몰입도 높이기(학습지 내용 참고)
- 토의 주제를 명료화하기

역할 설정하기

- 해당 주제와 관련하여 직간접적인 이득이나 손해를 보게 되는 이해당사자, 관련 결정권자 등 필요한 역할 설정하기
- 역할을 나누어 모둠 구성하기
  예: 마을 주민, 환경 단체, 터널 공사 업체, 정부 등

공청회 역할극(토의) 준비하기

- 모둠별로 맡은 역할에 대한 주장과 근거 자료 정리하기
- 상대의 입장에서도 생각해 보며, 자신의 주장 및 근거를 보완하기
- 시각 자료를 만들어 설득력 강화하기

공청회 역할극(토의) 실행하기

- 각 모둠에서 대변인들은 모둠을 대표하여 주장 및 근거 발표하고, 상호 질의응답 하기
- 나머지는 청중의 역할을 맡아 대변인들의 주장에 질문하기
- 청중 두표로 더욱 설득력 있는 주장을 선정하고, 소수의 입장을 배려할 수 있는 절충안 모색하기
  예: 터널을 만들되, 생태통로를 함께 만들어 동물들의 피해를 최소화합니다.

정리 및 성찰하기

- 오늘 공청회 주제에 대한 개인의 의견을 글로 써 보기
- 공청회 역할극 전후로 생각이 달라진 부분이 있다면 적어 보기
- 실제 비슷한 사례에서 어떻게 해결하였는지 뉴스 기사 등을 살펴보며 비교하기
- 민주적 의사결정 원리(대화와 타협, 다수결, 소수 의견 존중)를 되짚어 보며, 이에 대한 자기 생각 발표하기

3) 활동지

공청회 역할극

이름 (   )

1. 다음 글을 읽고, 내용을 파악해봅시다.

OO마을 한가운데에는 오래된 나무들이 울창하게 자라고, 다람쥐와 고라니같은 다양한 동물들이 살아가는 아름다운 숲이 있습니다. 하지만 이 숲 때문에 마을 사람들은 이동에 큰 불편을 겪고 있습니다. 아이들은 학교에 가기 위해 숲을 한참 돌아가야 하고, 거동이 불편한 어르신들은 병원을 가는 데에도 많은 시간과 힘이 듭니다.

그러던 어느 날, 정부에서 이 숲을 가로질러 터널을 만들겠다는 계획을 발표했습니다. 이 터널이 완성되면, 마을의 이동 시간은 크게 줄고, 사람들은 더 빠르고 편리하게 생활할 수 있게 됩니다.

하지만 문제는, 터널을 만들기 위해 숲의 나무를 많이 베어내야 하고, 그 과정에서 동물들이 살 곳을 잃게 됩니다. 이에 환경을 걱정하는 단체에서는 강하게 반대하며, 터널 공사가 정말 필요한지 다시 논의해 달라고 요청하고 있습니다.

2. 공청회에 필요한 역할은 어떤 역할이 있을까요?

3. 내가 맡을 역할과 입장을 정리해봅시다.

4. 나의 주장과 근거를 정리해봅시다.

나의 주장 ________________________________

근거 ________________________________

5. 다른 입장에게 묻고 싶은 질문을 정리해봅시다.

?

6. 공청회 역할극을 하면서 느낀 점을 적어봅시다.

- ✓ 가장 설득력 있었던 주장은 어떤 주장이었나요?
- ✓ 공청회 역할극 전후로 생각이 달라진 부분이 있나요?
- ✓ 실제 비슷한 사례가 있었는지 찾아봅시다.
- ✓ 민주적 의사 결정 원리에는 어떤 것들이 있나요? 이에 대한 여러분의 생각은?

10 디지털 협업 프로젝트(패들렛 활용)

프로젝트 완수를 위한 공동의 목표를 이루기 위해서는 다양한 방식의 협력적 소통이 필요하다. 이전에는 아날로그 게시판, 대면 발표, 출력물 공유 등의 방법을 주로 활용했지만, 우린 이미 일상에서 SNS나 온라인 커뮤니티 등을 이용해 전 세계의 사람들과 의견을 나누고 정보를 교환하는 것에 익숙하다. 이 방식을 교육 현장에 접목한다면 학생들은 더욱 편리하고 효율적으로 협력적 소통하는 방법을 익힐 수 있다.

이미 널리 알려진 '프로젝트 기반 수업(Project Based Learning, PBL)'에서 '패들렛(Padlet)'이라는 디지털 도구를 접목하여, 협력적 소통기능을 보다 정교하게 기를 수 있는 방법을 제안하고자 한다.

가. 협력적 소통 기능을 기르는 방법

프로젝트 기반 수업 자체만으로도 전 과정에 걸쳐 경청과 상호작용, 질문과 피드백, 협력적 문제해결의 모든 하위기능을 고루 활용할 수 있으며, 학생들에게 익숙한 디지털 매체를 통해, 보다 편안하게 소통할 수 있는 장이 마련된다. 더불어 디지털 도구는 과정의 기록이 잘 손실되지 않고, 언제든지 되돌아가 찾아볼 수 있기에 소통의 흐름을 가시화하고, 성찰하는 데 도움이 된다.

단계별 활동 안내		패들렛 활용
준비	• 문제 탐색 및 파악 • 프로젝트 주제 선정	• 브레인스토밍을 위한 [프리폼] 게시판 - 자유로운 의견이나 키워드 제시 - 댓글과 좋아요 등을 활용한 경청과 상호작용 - 게시물 연결 기능을 활용한 아이디어 확장 - 각종 레퍼런스 자료 링크 등 모음
계획	• 주제에 따른 계획 수립 • 역할 분담 및 피드백	• 계획의 전체 흐름 파악을 위한 [타임라인] 게시판 - 전체적인 계획을 단계 순서대로 제시 - 댓글을 통해 단계별 역할 분담 혹은 마감 일정 협의 - 다른 모둠과 링크 공유를 통한 상호 피드백

실행	• 계획에 따른 실행 • 실행 과정 중 피드백	• 진행 상황을 기록하기 위한 [그리드] 게시판 - 프로젝트를 실행하는 사진이나 영상을 업로드 • 실시간 의견 공유 및 협업 요청을 위한 [프리폼, 담벼락] 게시판 - 실행 중 예상치 못한 변수를 공유하며 해결책을 함께 모색 - 교사의 댓글을 통한 중간 피드백
발표	• 결과 보고 • 피드백	• 발표자료 제작을 위한 [샌드박스] 페이지 - 모둠별 발표자료 공동 제작 - 발표자료 페이지의 링크를 공유해서 댓글로 피드백 주고받기 - TAG 등 피드백 구조를 제시하여 구체화된 피드백이 가능하도록 도움.
성찰	• 전체 과정과 결과에 대한 피드백	• 개인 의견 공유를 위한 익명의 게시판 - '가장 즐거웠던 순간', '가장 좋았던 피드백', '아쉬운 점' 등 섹션을 나누어 구조화된 반응을 나눌 수 있도록 도움. - 처음 준비 단계와 결과를 비교하며, 성장한 점 찾기 - 지금까지 기록된 과정들을 보며, 과정별 자기 평가하기

나. 디지털 협업 프로젝트 기법 활용 방법

주제	[4학년 미술] 우리 반 작품 전시회 열기
패들렛 활용 예시	• 각종 전시회 레퍼런스 링크를 패들렛에 공유하고, 댓글과 좋아요를 활용한 의견 나누기 • 전시회 일정, 장소, 콘셉트, 역할 분담 등의 계획 과정을 패들렛에 기록하고, 담임 선생님은 댓글을 통해 피드백하고, 총괄하기 • 전시 준비 및 실행 과정에 있어 예상치 못한 어려움이 있을 경우, 패들렛의 실시간 공유 기능을 활용하여 도움 요청하기 • 전시 작품들을 사진이나 영상으로 모아 온라인 전시회를 개최하여, 학교에 방문하지 못하는 부모님이나 친구들에게도 홍보하기 • 전시회 중간중간 사진이나 영상자료를 찍어 패들렛에 공유하고, 패들렛의 '샌드박스' 기능을 이용하여 발표자료 공동 작업하기 • '온라인 방명록' 게시판을 만들어 외부 방문객의 피드백 받기 • '칭찬해요' 게시판을 통해 프로젝트 과정에서 큰 도움을 준 친구 뽑기 • 위의 모든 기록을 하나의 패들렛 대시보드로 관리하며, 프로젝트 포트폴리오로 남기기

주제	[5-6학년 음악] 온라인 음악회 개최하기
패들렛 활용 예시	• 패들렛의 [프리폼] 형식 게시판을 활용해 음악회 콘셉트 브레인스토밍하기 • 연주하고 싶은 곡의 영상, 악보, 음원 파일 등을 패들렛에 공유하기 • 실시간 공유 게시판을 만들어 함께 연주할 친구 모집하기 - 연주자 이외에도 촬영자, 편집자, 무용가 등 필요한 역할 모집하기 • 연주하고자 하는 곡의 분위기, 형태 등을 소개하는 게시글을 올리고, 드래그 앤드 드롭 방식으로 프로그램 순서 정하기 • 연주 영상을 패들렛에 공유하고, 댓글과 좋아요 등을 통해 감상 나누기

다. 디지털 협업 프로젝트 기법을 활용한 수업 사례

1) 수업 개요

단원명	온라인 음악회 개최하기	학년·교과	5-6학년 음악
학습 주제	학급 친구들과 온라인 음악회를 준비하고, 개최하기		
교수·학습 활동	하나의 연주회가 완성되기까지는 연주자 이외에도 다양한 역할이 필요하다. 메시지 기획, 콘셉트, 홍보, 촬영 등 여러 분야와의 유기적인 협업이 필요하다. 다수가 함께하는 프로젝트이기에, 더더욱 긴밀한 상호 협력과 소통이 요구된다. 학생들은 음악회의 준비부터 홍보, 실행, 성찰에 이르기까지 전 과정을 주체적으로 기획하고 준비해 나간다. 패들렛을 이용해 진행 상황을 실시간으로 공유하고, 공동 작업의 과정을 함께 축적해 나감으로써, 최종적으로 개인으로서는 느낄 수 없는 협업의 성취와 기쁨을 느끼게 된다.		

2) 수업 절차

주제 및 콘셉트 정하기

- 패들렛의 [프리폼] 게시판을 활용, 각자 원하는 콘셉트를 브레인스토밍하기
- 참고하고 싶은 다른 연주회의 링크를 공유하며 친구들과 의견 나누기
  예: 마음에 드는 연주에 '좋은 점 + 더 궁금한 점' 댓글 남기기
- 패들렛 투표 기능을 활용해 주제 정하기

계획 세우기

- 연주 일정, 장소 등을 정하고, 앞으로의 큰 흐름을 패들렛 [타임라인] 게시판으로 정리하기
- 패들렛에 '팀 모집' 게시판을 만들어 연주자, 촬영자, 스텝 등 함께 연주할 팀 구하기
- 게시글과 댓글을 통해 서로 중복되지 않게 팀 구성하기

- 팀별 [칼럼] 게시판에 연주 계획서 공유하기
- 담임 교사는 패들렛을 통해 진행 상황을 파악하고, 피드백 남기기
- 역할별로 진행 상황을 패들렛에 공유하며, 다른 팀에서는 제안할 점 남기기
- 패들렛의 '홍보' 섹션을 만들어, 팜플렛 등 홍보 관련한 자료 모아두기

연주회 개최하기

- 팀별로 연주 영상을 업로드하고, 곡의 설명과 영상 제작에 함께한 친구들 소개하기
- 연주 게시판의 링크를 초대 팜플렛 이미지와 함께 부모님, 친구들에게 홍보하기
- 연주를 감상한 사람들의 댓글을 통해 감상 나누기

결과 나누기 및 성찰하기

- 연주회 준비 과정을 틈틈이 사진과 영상으로 남겨, 각 과정에서의 소감 나누기
- '칭찬해요' 게시판을 통해 연주회에서 큰 도움이 되었던 친구 칭찬하기
- 익명 게시판을 통해 '어려웠던 점', '다시 도전해보고 싶은 점' 나누기

▲ 이상의 모든 내용을 하나의 패들렛 대시보드에 정리함으로써, 프로젝트 포트폴리오로 남기기

3) 활동 예시

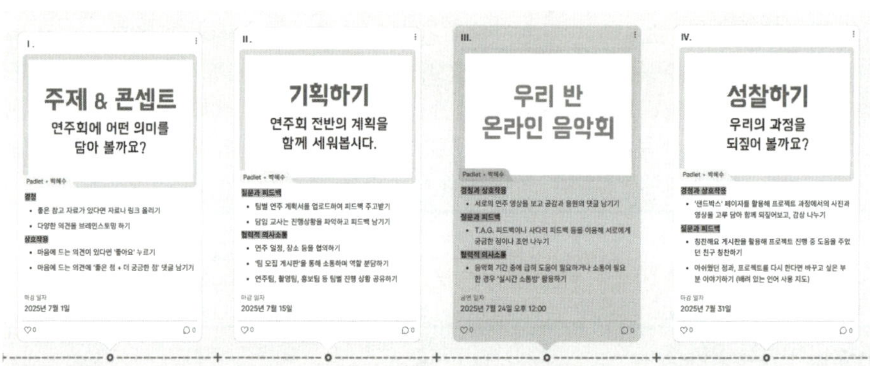

▲ **타임라인 보드:** 프로젝트의 큰 흐름을 살펴볼 수 있는 링크를 모아두는 페이지. 각 게시물을 클릭하면 원하는 단계의 페이지로 이동할 수 있음.

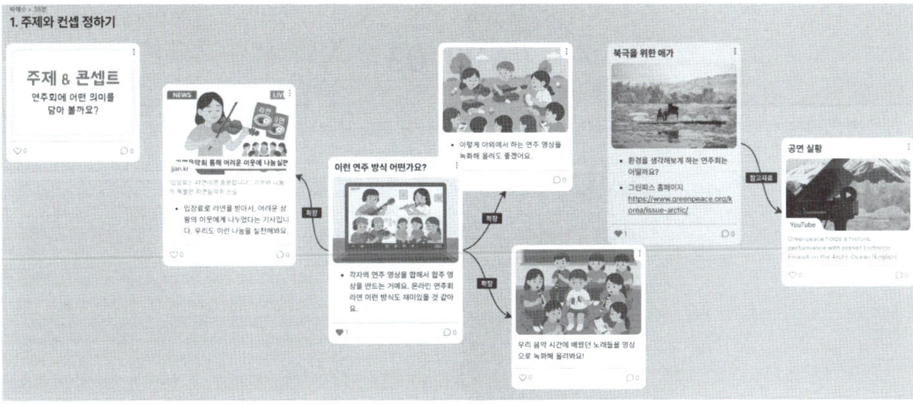

▲ **프리폼 보드:** 주제나 콘셉트 등을 정하기 위해 브레인스토밍할 수 있는 페이지. 자료의 공유가 편리하며, 서로 생각을 확장하고 소통하는 모습을 가시화하기.

▲ **스트림 보드:** 영상이나 사진 전시하기

▲ **샌드박스:** 그간의 자료들을 모아 프로젝트 과정을 되짚어 보며 성찰하기(협업 발표자료 만들기)

* 이미지 chat GPT 생성

PART 03

깊이 있는 학습으로 이끄는 탐구 기법

• 표현 기능 •

의미

표현 기능은 학습자가 탐구한 내용을 발표하거나, 나의 생각을 표현할 수 있도록 하는 능력을 말한다. 단순히 발표하고 싶은 내용을 읽는 것이라기 보다는 학생들이 자신의 발표를 구조화하고, 이를 효과적으로 나타내기 위해 다양한 전략을 활용할 수 있도록 한다. 이 표현 기능을 탐구 기능 중 하나의 큰 범주로 정함으로써 학생들이 자신의 생각을 더욱 효과적으로 표현할 수 있는 역량 함양을 강조한다고 할 수 있다.

하위 기능

표현 기능은 생각을 정리하고 조직하기, 다양한 매체를 통해 표현하기, 설득력 있게 전달하기의 세 가지 하위 기능이 있다. 이 하위 기능 중 첫 번째 생각을 정리하고 조직하기는 표현하고 싶은 많은 정보를 가시화하여 정리하고 이를 통해 내가 표현하고자 하는 것을 더욱 효과적으로 표현할 수 있도록 하는 기법이다. 두 번째 다양한 매체를 통해 표현하기는 미술, 음악, 신체적 요소뿐만 아니라 디지털 기기를 활용한 표현 등 나의 생각이나 감정을 예술적인 방식으로 다양하게 표현할 수 있도록 하는 것이다. 소개된 여러 가지 기법이 가교 역할을 하여 학생들의 사고를 다각도로 확장시키고 이를 예술적으로 표현할 수 있도록 한다. 마지막으로 설득력 있게 전달하기는 순차적으로 기법이 가진 단계를 사고해 나감으로써 표현을 설득력 있게 쌓아 올릴 수 있도록 하는 것이다.

관련탐구기법

Y-차트	11시강통키	CSI(Color-Symbol-Image)	말하는 조각상	핫시팅 (Hot Seat)
RAFT 역할극	4C	바르손눈미	PREP 말하기	연결-확장-도전 (Connect-Extend-Challenge)

기대되는 효과 및 유의점

책에서 제시한 표현 기능 함양을 위한 10가지 기법을 익히고, 이를 루틴화함으로써 자신이 표현하고자 하는 바를 더욱 효과적으로 표현하고 전달할 수 있다. 교실에서는 한 번에 여러 가지를 익히기보다는 기법이 익숙해져 학생들의 사고과정에서 자유자재로 활용될 수 있도록 한두 가지씩 적용하는 것이 좋다. 기법은 또한 학생들의 발달 단계와 학습의 상황에 따라 선택적으로 적용해야 하며, 변형하거나 혹은 2가지를 연결하여 사용하는 방법도 필요하다.

1 Y 차트[11)]

Y차트는 활동지를 Y모양으로 3개 구역을 나누고, 각 공간에 조사한 내용을 나누어 표현해야 하는 상황에서 효과적이다. 본래 Y차트는 보이는 것, 들은 것, 느껴지는 것 세 가지를 각 칸에 기입하는 기법으로 많이 쓰이지만 표현하기에서 효과적으로 활용할 수 있는 방법을 소개한다.

가. 표현 기능을 기르는 방법

Y차트를 글자로만 표현하는 방법에서 더 나아가 간단한 그림, 혹은 사례 등을 번호로 제시하여 조사한 내용을 구역을 나누어 효과적으로 표현할 수 있도록 한다.

11) Y-차트 사고 루틴은 하버드 교육대학원 Project Zero의 PZ Connect 프로젝트의 일환으로 개발되었음.

나. 탐구를 촉진하는 방법

학생들이 탐구 과정에서 얻은 다양한 정보를 가시적이고 가독성 있게 표현할 수 있도록 함으로써 각각의 요소를 가장 적절하게 표현하는 방법을 알고 자신의 생각을 더욱 효과적으로 전달하는 데 도움이 된다.

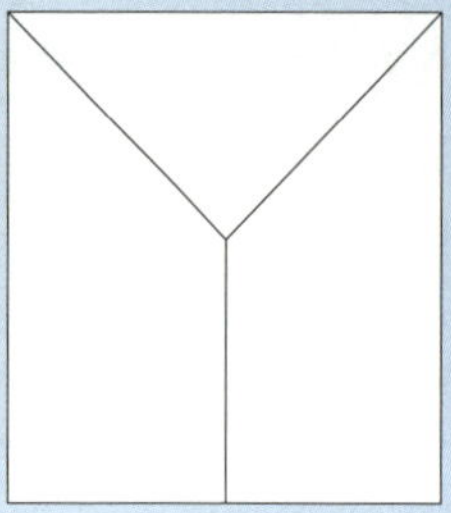

활용방법

① 왼쪽 그림과 같은 활동지를 준비
(학생들이 빈 종이에 스스로 그리기도 가능)

② 각각에 무엇이 들어갈지 정하기
(교사가 안내하거나 학생이 선택하는 것 모두 가능)

③ 각각의 요소를 표현하기 적절한 방식을 선정하고 나타내기

다. Y차트 기법 활용 방법

주제	2학년 통합교과 나 '나는 누굴까'
교수·학습 활동	• 나에 대한 것(꿈, 좋아하는 것, 싫어하는 것, 좋아하는 음식, 좋아하는 동물 등) 중 세 가지를 선택해 표현 • 혹은 내가 좋아하는 것 한 칸, 두 명의 친구가 좋아하는 것을 조사하고 이것을 다른 두 칸에 각각 기록할 수 있도록 활용 • 글자, 그림 등 다양한 표현 방법으로 Y차트 작성 및 공유

주제	3학년 수학 분수와 소수 '분수와 소수'
교수·학습 활동	• 분수와 소수를 표현하고 싶은 3가지 방법 선택 • 각 요소를 가장 효과적인 방법(그림, 글, 사진)을 선정 • Y차트에 작성 및 공유

주제	4학년 사회 지도로 만나는 우리 지역 '우리 지역의 다양한 정보 소개하기'
교수·학습 활동	• 우리 지역에 대해 조사한 내용(위치, 면적과 인구, 기온과 강수량, 관광지 등) 중 발표하고 싶은 3개 요소 선택 • 각 요소를 가장 효과적인 방법(그림, 글, 사진)을 선정 • Y차트에 작성 및 공유

주제	6학년 음악 국악 관련 문화재 찾기
교수·학습 활동	• 국악 관련 문화재 조사 내용 중 발표하고 싶은 3개 요소 선택 • Y차트 활동지를 온라인 공유 문서 형태로 안내 • 영상 썸네일, 사진, 글자, 도표 등을 활용해 표현

라. Y차트 기법을 활용한 수업 사례

1) 수업 개요

단원명	온도와 열	학년	5학년
학습 주제	전도, 대류에 대해 정리하기		
교수·학습 활동	이 수업은 5학년 과학과 '온도와 열' 단원에서 대류와 전도를 주제로 한 수업이다. 학생들은 이전 차시에 대류와 전도에 관련된 실험을 각각 실행해 보았으며 온도와 열에 대한 사례들도 조사하였다. 이렇게 다각도로 탐구한 내용을 효과적으로 표현하기 위해서 Y차트를 도입하였으며 학생들이 탐구한 내용을 가시적으로 표현하여 효과적으로 정리할 수 있도록 한다.		

2) 수업 절차

준비하기
• 지난 시간에 공부한 내용 상기하기 • 대류와 전도에 대한 각각의 실험, 각각의 사례 등을 떠올리기
Y차트 활용법 안내하기
• Y차트를 8절 도화지에 그리는 방법 설명하기 • 각각의 구역에 표현할 것 정하기(의미, 그림, 예시)

우리 모둠의 주제어 선택하기

• 전도, 대류 중에서 어떠한 것을 표현할 것인지 정하기

가장 효과적인 표현을 위해 어떤 내용을 담을지 정하기

• 각 부분에 어떤 내용을 담으면 효과적으로 표현할 수 있을지 정하기
• 그림 아이디어 제시하기, 사례 중 가장 적절한 것 선정하기 등

역할 분담하기

• 그림 그리기, 사례를 글로 나타내기, 의미를 잘 정리하여 글씨 쓰기 등

발표하기

• 게시하고 갤러리 워크 방식으로 살펴보며 알게 된 점 탐구노트에 쓰기

3) 활동지

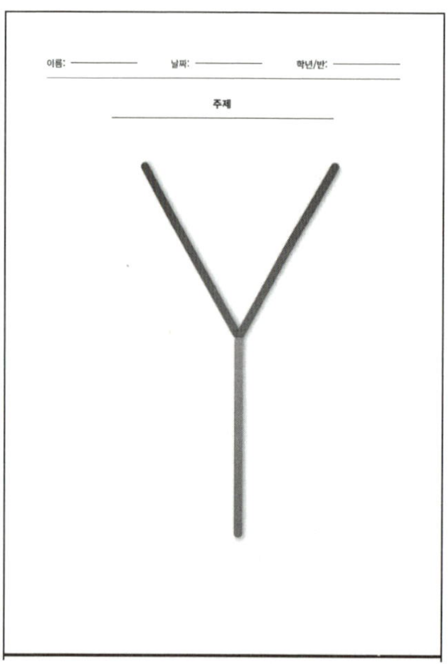

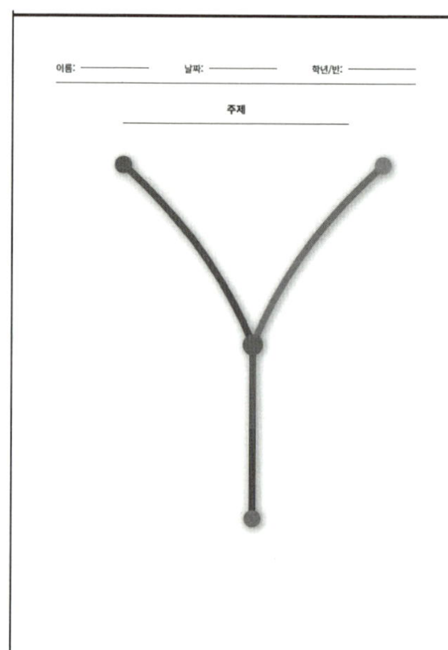

* 이미지 Canva AI 활용

4) 학생 활동 예시

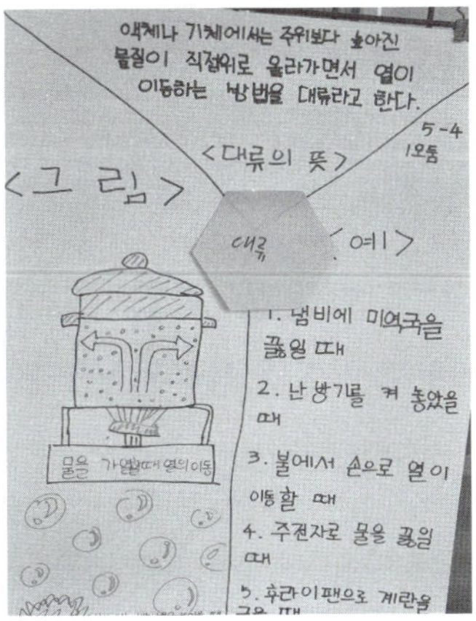

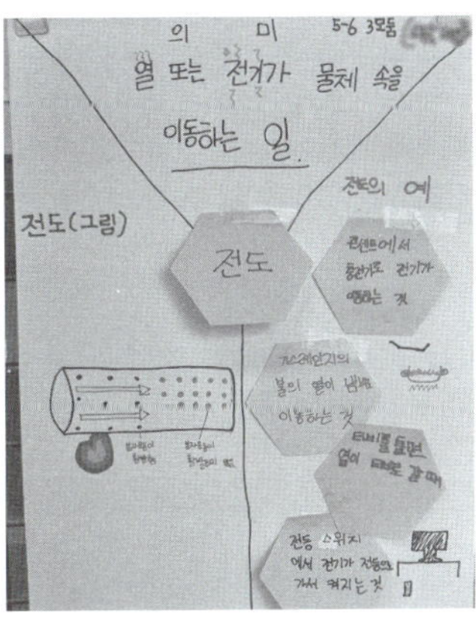

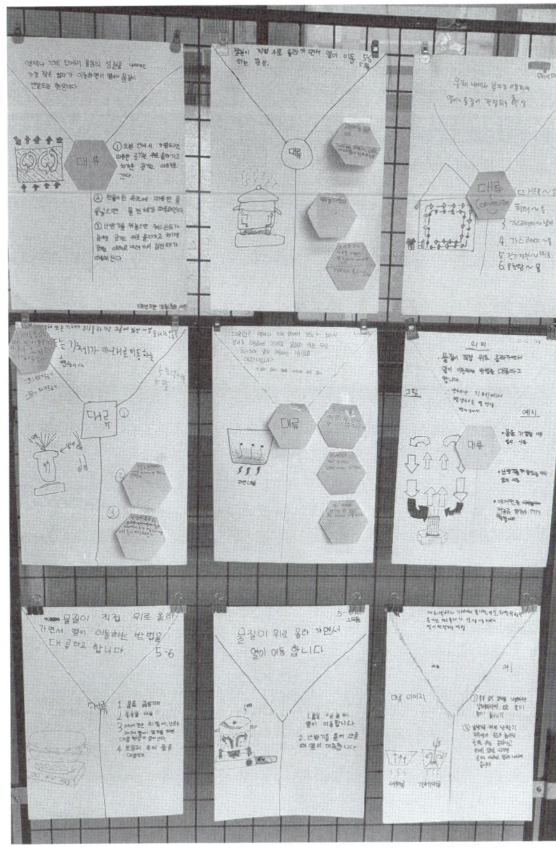

2 11시강통키

11시강통키 기법은 학생들이 발표자료(PPT, 슬라이드 등)를 제작할 때 활용할 수 있는 기법이다. 자신의 발표 내용을 잘 전달하기 위한 다섯 가지 방법을 제시하고 각 방법의 중요한 글자를 가져와 이름을 붙였다.

가. 표현 기능을 기르는 방법

학생들이 발표자료를 제작할 때 흔히 보이는 문제점 다섯 가지를 선별하여 이를 개선할 수 있게 도와주는 방법으로 다섯 가지를 제시함으로써 자신의 발표내용을 효과적으로 전달할 수 있게 된다.

나. 탐구를 촉진하는 방법

학생들이 탐구 과정에서 얻은 다양한 정보를 발표할 때, 이를 간결하고 명확한 발표자료를 제작해 표현할 수 있도록 도와줄 수 있다. 또한 타인의 정리된 발표를 통해 자신의 지적 호기심이 유발되거나 해결할 수 있는 기회가 된다.

11시강통키 기법에 담긴 다섯 가지

① 한 장(1)에 한 개(1)의 메시지를 담기
- 슬라이드 한 장에 너무 많은 내용을 담으려고 하는 것을 방지

② 사진, 그래프, 아이콘 등 시각 자료를 중심으로 제작하기
- 글로만 작성하는 것보다 시각적 자료가 정보 전달에 용이

③ 중요한 내용은 색, 굵기, 아이콘으로 눈에 띄게 강조하기
- 글자색, 크기 등을 임의로 변경하지 않고 중요한 곳만 강조

④ 통일된 디자인을 유지하기
- 페이지마다 다른 배경, 다른 글자체 등으로 작성하는 것을 방지

⑤ 문장이 아니라 키워드 중심으로 작성하기
- 발표는 자료를 읽는 것이 아니라 말로 설명하는 것

다. 11시강통키 기법 활용 방법

특정 학년과 교과에 국한되지 않고, 발표자료(PPT, 슬라이드, 손으로 제작하는 발표자료 등)를 만들어 발표하는 활동에서 손쉽게 활용 가능하다.

발표자료 제작이 서툰 학생들을 위해, 교사가 초반에 하나의 슬라이드에 하나의 내용이 들어갈 수 있도록 조사할 내용을 먼저 안내하는 것을 추천한다. 학생들이 조사를 할 때 목표하는 방향으로 잘 나아갈 수 있게 해주며 표현을 할 때에도 주어진 조사내용을 한 장에 하나씩 표현하기에 수월하기 때문이다.

주제	3학년 과학 생물의 한살이 '생물의 한살이 소개하기'
교수·학습 활동	• 생물의 한살이 과정을 모둠별(혹은 개별)로 조사 • 조사한 내용을 분류하여 생물의 한살이 유형이 다양함을 알고 이를 소개하는 자료를 제작 • 11시강통키 기법을 활용하여 발표하고자 하는 내용을 효과적으로 표현

주제	4학년 국어 '매체를 활용하여 발표 자료 제작하기'
교수·학습 활동	• 매체를 활용하여 발표자료를 조사하고 간단한 발표자료를 제작 • 어떠한 매체를 어떻게 활용하여 조사할 것인지 정한 후, 11시강통키를 활용하여 효과적으로 표현할 수 있도록 자료 제작

주제	5학년 사회 '유적과 유물로 살펴본 옛사람들의 생활' '다양한 역사 자료를 활용하여 고려 시대 사회 모습과 사람들의 생활 추론하기'
교수·학습 활동	• 다양한 유적과 유물 등을 조사하고 이와 관련된 다양한 자료들을 찾아 분석 • 고려 시대 사회 모습과 생활을 어떠한 영역으로 나누어 발표할지 모둠별 토의를 통해 아이디어 선정 • 적절한 시각적 자료 등을 반영하여 11시강통키 기법 활용

라. 11시강통키 기법을 활용한 수업 사례

1) 수업 개요

단원명	용액의 진하기	학년	5학년
학습 주제	용액의 진하기 실험결과 정리하기		
교수·학습 활동	이 수업은 5학년 과학과 '용해와 용액' 단원에서 용액의 진하기를 비교하는 수업이다. 학생들은 각설탕의 개수, 용액에 띄우는 물질을 자유롭게 선정하여 용액의 진하기 실험을 각각 실행해 본다. 그 후 다각도로 탐구한 내용을 효과적으로 표현하기 위해서 슬라이드를 활용한 발표를 준비한다. 이때 11시강통키 기법을 도입하였으며 학생들이 탐구한 내용을 효과적으로 정리하여 표현할 수 있도록 한다.		

2) 수업 절차

준비하기

- 지난 시간에 공부한 내용 상기하기
- 초콜릿 가루를 우유에 녹여 본 경험 나누기(진한 맛, 연한 맛)

용액의 진하기 실험 설계하기

- 얼마만큼의 각설탕 양으로, 어떤 도구를 활용할 것인지 정하기
- 실험 설계하고 준비물 챙기기

용액의 진하기 실험하기

- 각 모둠이 설계한 실험을 해 보기
- 실험 장면을 사진으로 촬영하기(11시강통키 기법 활용을 위해)

실험한 내용을 11시강통키 기법을 활용해 표현하기

- 각 부분에 어떤 내용을 담으면 효과적으로 표현할 수 있을지 정하기
  - 처음 해당 기법을 사용할 경우 교사가 각각의 슬라이드에 꼭 들어가야 할 것(성취기준 내용 요소 참고)을 미리 소제목으로 제시하여 제공하는 것도 좋음.
- 글자체, 크기, 사진 등 발표 슬라이드에 가장 적절한 것 선정하기
- 11시강통키의 방법을 잘 실행하고 있는지 확인하며 제작하기

발표하기

게시하고 갤러리 워크 방식으로 살펴보며 알게 된 점 탐구노트에 쓰기

3) 활동 안내 슬라이드

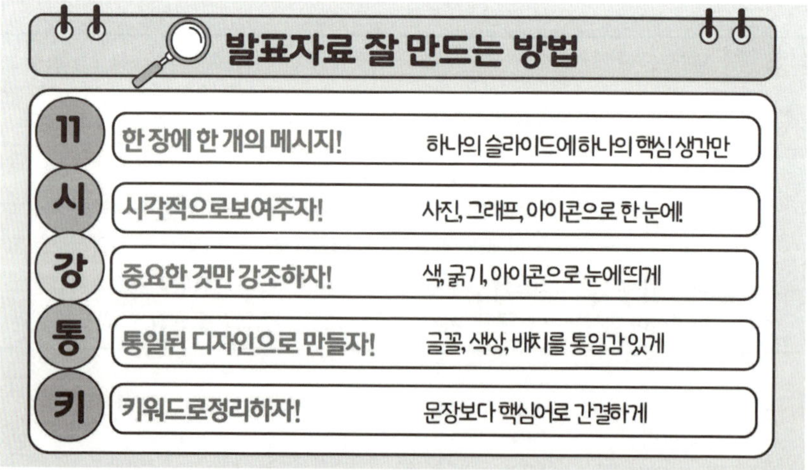

* 이미지 Canva AI 활용

4) 학생 활동 예시

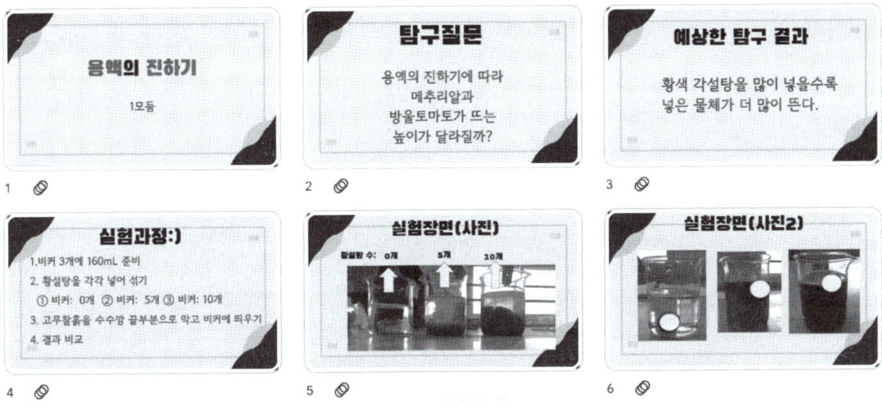

* 구글 슬라이드 활용

3 CSI(Color-Symbol-Image)[12]

CSI는 Color(색), Symbol(상징), Image(이미지)의 약자로, 학생들의 생각을 색, 상징, 이미지를 선택하여 나타내고 그에 대한 이유를 함께 작성하거나 혹은 말해 보는 방법이다. 이 세 가지에 빗대어 비유적으로 표현할 수 있으며 꼭 세 가지를 한 번에 활용하지 않고, 필요한 것을 한 가지나 두 가지 선택하여 활동의 마지막 부분이나 수업의 마지막 부분에서 활용하는 것도 좋다.

가. 표현 기능을 기르는 방법

학생들에게 "네 생각을 말해 보자"라고 하면 "좋아요", "재미있었어요"와 같이 단순하게 답변하기 쉽다. 학생들이 자신의 생각을 더 구체적으로 말할 수 있도록 색, 상징, 이미지를 골라 왜 그러한지 표현할 수 있도록 함으로써 생각을 더욱 정확하고 효과적으로 표현하도록 북돋울 수 있다.

12) CSI 사고 루틴은 하버드 교육대학원 Project Zero의 PZ Connect 프로젝트의 일환으로 개발되었음.

나. 탐구를 촉진하는 방법

학생들이 탐구 과정에서 생각한 내용을 풍부하게 표현하기 위해 색, 상징, 이미지 발표 내용을 선택한다. 이는 탐구한 내용이 비유적 표현을 통해 더욱 효과적으로 전달되게 한다.

활용 방법

단계	의미	활동 방법
C	Color(색)	학생들이 색을 골라 칸을 채우기
S	Symbol(상징)	디지털 기기로 검색하거나 직접 그리기
I	Image(이미지)	디지털 기기로 검색하거나 직접 촬영하기

다. CSI 기법 활용 방법

주제	2학기 세계 '내가 조사한 나라'
교수·학습 활동	• 세계 단원에서 내가 선정한 나라에 대해 탐구 – 관광 명소, 사람들이 즐겨먹는 것, 특징이 있는 지형 등을 탐구하여 간략한 보고서로 작성 • 내가 조사한 내용을 꼼꼼히 살핌. • CSI에 해당하는 요소에 색깔, 상징, 이미지를 찾아 활동지에 작성 및 공유

주제	4학년 사회 우리 지역의 국가유산 '우리 지역의 역사'
교수·학습 활동	• 우리 지역의 역사에 대해 각자 탐구한 내용을 다시 상기하기 • 각 요소를 가장 효과적인 아이템을 선정 • CSI에 활동지에 작성 및 공유

주제	4학년 도덕 바르고 곧은 길 '정직'
교수·학습 활동	• 정직에 대한 나의 생각 정리 • 정직을 CSI로 표현할 때, 표현하고 싶은 것 선정 • 왜 해당 아이템을 선정하였는지 이유를 자세히 작성 • CSI에 활동지에 작성 및 공유

주제	6학년 사회 우리나라의 정치 발전 '민주주의란?'
교수·학습 활동	• 우리나라의 민주주의 발전에 대해 탐구 • 탐구한 내용을 바탕으로 CSI 로 표현하고 싶은 것 선정 • 디지털 기기를 활용해 CSI 활동지를 작성하고 공유

라. CSI 기법을 활용한 수업 사례

1) 수업 개요

단원명	1학기 과학수업 정리	학년	5학년
학습 주제	과학 수업에 대한 생각 표현하기		
교수·학습 활동	이 수업은 5학년 1학기 과학수업을 한 후, 학생들의 생각을 CSI 기법으로 표현할 수 있도록 하였다. 학생들은 IB 수업을 처음 경험해 보았고, 마지막에는 자유탐구를 통한 작은 Exhibition을 통해 의미있는 과정을 종료하였다. 이렇게 새로운 방식으로 과학수업를 경험해 본 후, 학생들이 과학교과에 대한 생각이 어떠한지 파악해 보고자 한다. 또 2학기 IB 수업을 준비하기 위해, CSI를 활용하여 학생들의 생각을 더욱 효과적으로 표현하며 정리할 수 있도록 한다.		

2) 수업 절차

준비하기
• 한 학기 동안 공부한 내용 상기하기 • 실험 및 자유 탐구 경험 등을 떠올리기
CSI 기법 안내하기
• CSI의 Color(색), Symbol(상징), Image(이미지)의 의미 알기 • 디지털 기기를 활용해 활동지를 작성하는 방법 안내하기

내가 표현하고 싶은 CSI 선택하기
Color(색), Symbol(상징), Image(이미지)에서 각각 어떠한 것을 선정해 표현할 것인지 정하기
가장 효과적인 표현을 위해 어떤 내용을 담을지 정하기
• 각각의 CSI를 선택한 이유를 내가 탐구한 내용에 근거하여 작성하기 • 내가 찾은 요소가 적절한지 살펴보기
발표하기
모둠별 혹은 전체 학생들 앞에서 발표하고 서로의 생각 공유하기

3) 활동지

CSI (주제:)

C 색깔	S 상징	I 이미지
이유	이유	이유

4) 학생 활동 예시

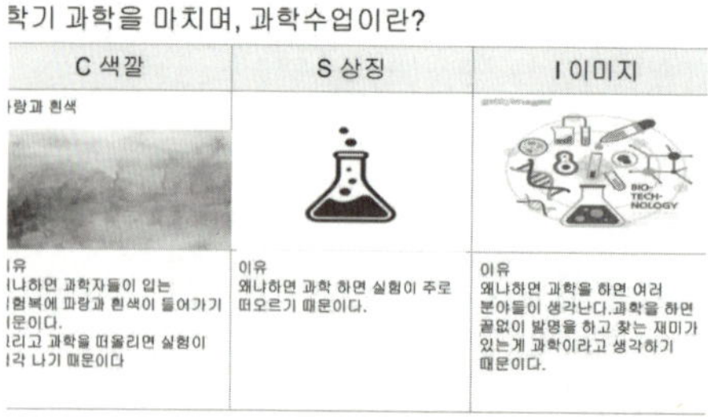
학기 과학을 마치며, 과학수업이란?

C 색깔	S 상징	I 이미지
랑과 흰색		
유 나하면 과학자들이 입는 험복에 파랑과 흰색이 들어가기 문이다. 리고 과학을 떠올리면 실험이 각 나기 때문이다	이유 왜나하면 과학 하면 실험이 주로 떠오르기 때문이다.	이유 왜나하면 과학을 하면 여러 분야들이 생각난다.과학을 하면 끝없이 발명을 하고 찾는 재미가 있는게 과학이라고 생각하기 때문이다.

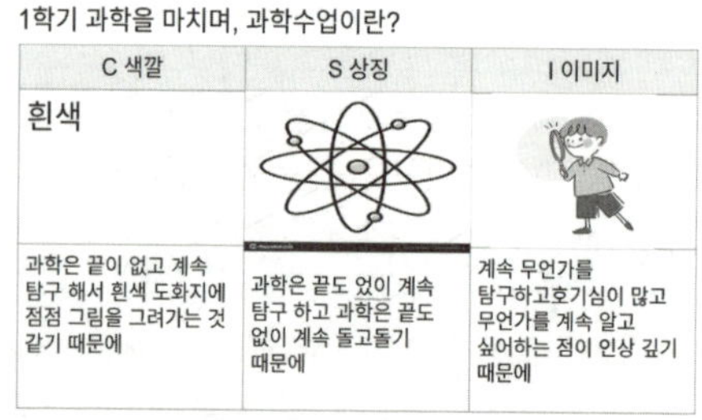
1학기 과학을 마치며, 과학수업이란?

C 색깔	S 상징	I 이미지
흰색		
과학은 끝이 없고 계속 탐구 해서 흰색 도화지에 점점 그림을 그려가는 것 같기 때문에	과학은 끝도 없이 계속 탐구 하고 과학은 끝도 없이 계속 돌고돌기 때문에	계속 무언가를 탐구하고호기심이 많고 무언가를 계속 알고 싶어하는 점이 인상 깊기 때문에

1학기 IB 과학수업을 마치며 CSI로 자신의 생각 표현하기

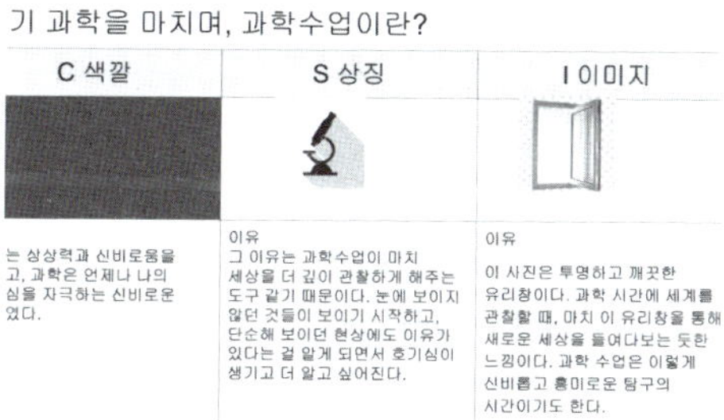

1학기 IB 과학수업을 마치며
CSI로 자신의 생각 표현하기

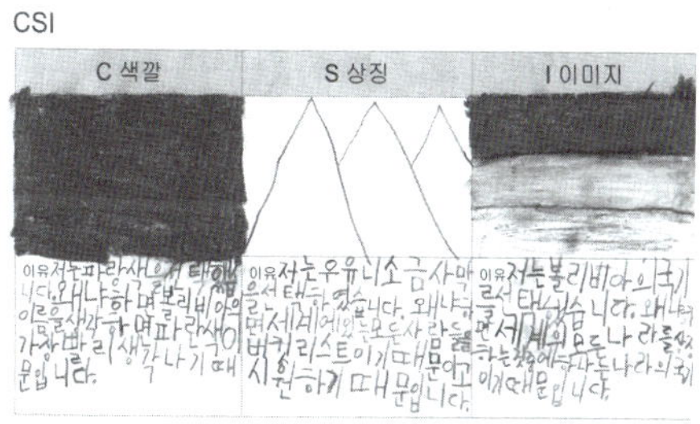

2학년 세계 단원을 마치고
내가 탐구한 나라에 대한 CSI

* 이미지 구글검색 활용

4 말하는 조각상

말하는 조각상 기법은 흔히 타블로라는 연극 놀이 기법으로 학생들이 어떠한 상황을 설명할 때 활용할 수 있는 기법이다. 가장 큰 특징은 신체로 자신의 생각을 표현할 수 있다는 점이다.

가. 표현 기능을 기르는 방법

어떠한 주제에 대해 몸으로 표현하는 능력을 향상시키는 기법으로, 특정한 제한 없이 자신의 생각을 몸으로 표현할 수 있도록 한다. 따라서 신체적 표현도 표현에 있어서 중요함을 인식하고 움직임을 통한 표현능력도 발달하게 된다.

나. 탐구를 촉진하는 방법

학생들이 탐구 과정에서 얻은 다양한 정보 혹은 감정을 표현할 때, 신체를 활용하여 더욱 효과적으로 표현할 수 있음을 알고 자신의 감정에 대한 탐구를 촉진하고, 표현을 풍부하게 할 수 있다. 또한 타인의 발표를 보고, 신체 표현을 더 잘할 수 있는 방법을 터득할 수 있는 기회가 된다.

다. 말하는 조각상 기법 활용 방법

주제	2학년 통합교과 세계 '세계의 춤'
교수·학습 활동	• 세계의(여러 국가의) 춤 영상 감상 • 기억에 남는 동작을 선생님의 구호에 알맞게 몸으로 정지한 장면을 표현(조각상) • 각 나라별 영상을 살펴보고 동작을 해 보며 나와 같은 동작을 표현한 친구 찾기, 다른 동작을 한 친구도 관찰 • (선택) 선생님이 살짝 건드리면 나의 생각이나 대사로 표현

주제	3학년 음악 '다양한 종류의 음악을 듣고 음악의 분위기를 묘사하기'
교수·학습 활동	• '동물의 사육제' 음악 감상 • 각각의 동물 부분을 나누어 듣고 어떤 동물을 표현한 것인지 그 특징을 살려 몸으로 정지한 동작을 표현 • 왜 그 동물이라고 생각했는지 또 왜 그러한 동작을 했는지 발표 • 음악을 듣고 몸으로 표현하면 좋은 점에 대해 생각하고 발표

주제	3학년 국어 생생하게 표현해요 '감각적 표현 이해하기'
교수·학습 활동	• 시 속에서 감각적 표현이 무엇인지 파악 • 다른 시에서 감각적 표현을 탐색하여 수집 • 감각적 표현을 선택하여 말하는 조각상으로 표현 • 어떠한 감각적 표현인지 친구들이 정지한 동작으로 맞히고 말하는 조각상 수행

주제	4학년 사회 우리 지역의 국가유산 '지역의 역사를 알 수 있는 장소'
교수·학습 활동	- 지역의 역사를 알 수 있는 장소를 탐구하고 이와 관련된 다양한 자료들을 찾아 분석 - 모둠별로 장소를 한 군데 골라 이 장소를 어떤 장면으로 표현하면 좋을지 의논하고 조각상의 역할을 나누어 표현 연습 - 모둠별로 조각상을 발표하고 어떠한 장소인지 맞히기

라. 말하는 조각상 기법을 활용한 수업 사례

1) 수업 개요

단원명	이야기	학년	1학년
학습 주제	기억에 남는 장면		
교수·학습 활동	이 수업은 1학년 통합교과 '이야기' 단원에서 1년 동안의 학교생활을 돌아보며 기억에 남는 장면을 찾아보는 차시이다. 사전에 학생들과 1년의 기억을 상기시키는 활동을 실시하고 그중에서 가장 기억에 남는 활동을 각자 선택하게 한다. 활동별로 학생들이 모이고 활동의 순간 중 가장 기억에 남는 장면을 조각상이 되어 표현한다. 다른 친구들은 어떠한 상황인지 생각하여 맞혀 보고, 맞히기 어려워할 경우 교사가 돌아다니며 학생의 어깨를 살짝 건드려 조각상이 말을 하도록 해 자신의 생각과 감정을 표현하도록 한다.		

2) 수업 절차

준비하기
• 1년 동안 우리가 함께 했던 추억 발표하기 • 칠판에 쓰인 추억을 살펴보기
1년 동안 활동 중 기억에 남는 것 선택하기
• 각각의 활동 중에서 내가 가장 기억에 남는 것 선택하기 • 주제가 같은 친구끼리 모이기
표현하고 싶은 장면 정하기
• 주제 내에서 몸으로 표현하고 싶은 장면 의논하기 • 각자의 역할을 정해서 어떻게 표현하면 좋을지 정하기
말하는 조각상으로 표현하기
• 모둠별로 나와서 조각상을 몸으로 표현하기 • 어떤 장면인지 맞히기 • 답이 나오지 않을 경우 교사가 어깨를 살짝 두드려 조각상이 그때의 생각과 감정을 말할 수 있게 하기
정리하기
우리가 함께 보낸 1년에 대한 나의 마음을 말하는 조각상으로 표현하기

3) 활동 설명 안내 슬라이드

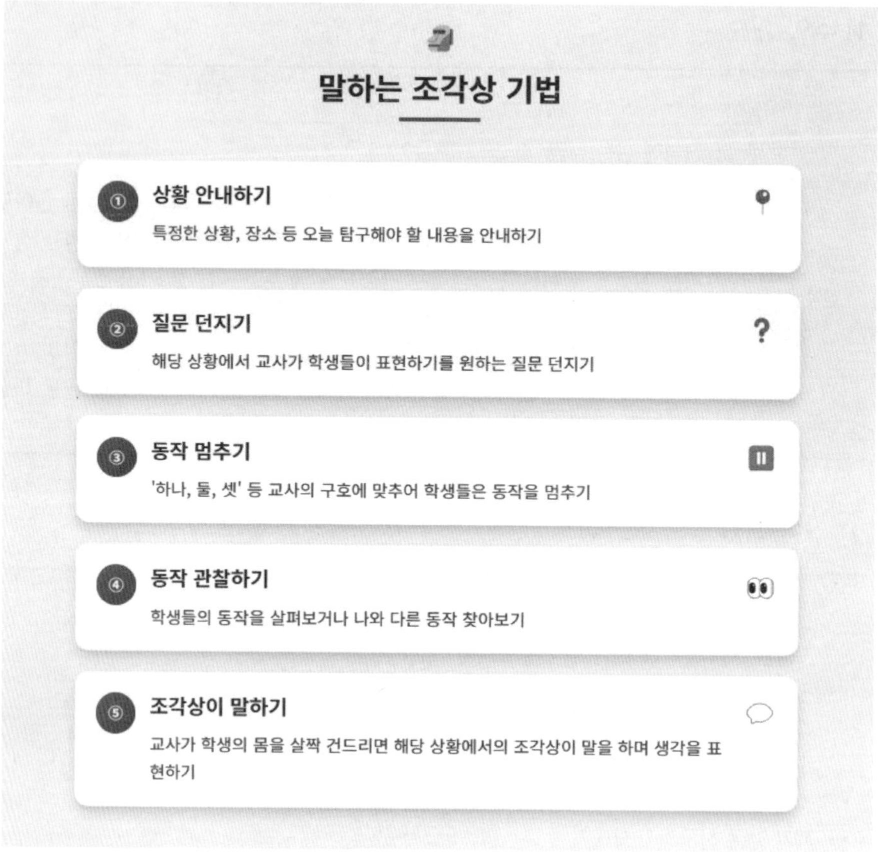

* 이미지 캔바 AI 활용

4) 학생 활동 예시

5 핫시팅(Hot Seat)

핫시팅 기법은 한 학생이 특정한 인물이 되고 나머지 학생들이 인물에게 질문을 하면 해당 인물의 관점에서 대답을 하는 방법이다. 인물의 특성을 파악하는 능력이 함께 향상되며 자신의 생각이 아니라 인물에게 자신의 생각을 빗대어 표현할 수 있어서 발표의 부담을 줄일 수 있다.

가. 표현 기능을 기르는 방법

학생들이 인물의 관점에서 사고할 수 있으므로 타인의 상황이나 감정을 이해하고 이를 표현하는 능력을 기를 수 있다. 이렇게 탐구한 인물을 가장 비슷하게 표현하기 위해서 말투, 표정, 제스처 등을 활용해 봄으로써 표현을 더욱 풍성하게 할 수 있게 된다.

나. 탐구를 촉진하는 방법

학생들은 탐구 과정에서 인물이 처한 다양한 상황이나 배경 등을 유심히 살펴보고, 이러한 것들이 인물의 의사결정이나 성격 형성에 영향을 미칠 수 있다는 것을 알게 된다. 이렇게 탐구를 촉진하여 학생들은 다각도로 사고할 수 있는 힘을 기를 수 있고, 인물의 주변 요소들도 함께 탐구할 수 있게 된다.

핫시팅 방법

① 역할 정하기
- 누가 어떠한 인물을 맡게 될지 정하기

② 인물의 상황, 성격 등 파악하기

③ 관객들은 인물에게 할 질문 생각하기

④ 핫시팅 인물이 앞으로 나와 의자에 앉고, 질의 응답 하기
- 인물 역할을 맡은 사람은 자신이 실제 인물이라고 생각한 후 행동

다. 핫시팅 기법 활용 방법

주제	2학년 국어 마음을 짐작해요 '인물의 마음 짐작하기'
교수·학습 활동	• 그림책 읽으며 내용 파악 • 그림책 속 인물이 처한 상황, 인물의 마음 짐작 • 맡은 인물이 되어 관객(다른 학생들)의 질문에 답하며 인물의 마음을 진심으로 공감 및 이해

주제	2학년 통합교과 인물 '인물이 남긴 말'
교수·학습 활동	• 각자 인물을 정하고 각 인물이 남긴 말을 읽어 보며 어떤 의미인지, 왜 그러한 말을 했는지 짐작 • 인물 이름표를 붙이고 앞에 나와 친구들의 질문 받으며 인물이 그런 말을 하는 까닭을 발표

주제	4학년 도덕 바람직한 디지털 사회 '디지털 사회의 도덕 문제'
교수·학습 활동	• 디지털 사회의 도덕 문제가 일어나는 상황을 파악 • 그 속의 각 인물이 되어 인물이 처한 상황, 왜 그러한 행동을 하였는지 등을 충분히 탐구 • 이름표를 부착하고 앞에 나와 다른 학생들(관객)들이 묻는 질문에 대답, 다른 학생들은 해당 인물이 그렇게 한 이유를 파악

주제	각 학년 국어 독서 단원 '인물의 성격, 인물이 처한 상황 파악하기'
교수·학습 활동	• 독서 단원에서 이야기를 읽고 이야기 속에서 되어 보고 싶은 인물 정하고 인물에 대해 깊이 있는 탐구 • 왜 그러한 행동을 하였는지 등을 관객이 질문하고, 인물이 된 사람은 인물의 말과 행동에서 파악한 의미를 토대로 대답

라. 핫시팅 기법을 활용한 수업 사례

1) 수업 개요

단원명	깊이 있게 읽어요	학년	4학년
학습 주제	인물들의 관계를 중심으로 이야기 흐름 파악하기		
교수·학습 활동	이 수업은 4학년 국어과 '깊이 있게 읽어요' 단원에서 인물들의 관계를 중심으로 이야기의 흐름을 파악하는 수업이다. 책을 읽으며 학생들은 글 속에 나오는 인물의 말과 행동 등을 토대로 성격을 탐구하고, 그들이 어떠한 관계를 맺고 있는지 탐색한다. 인물이 된 친구는 앞에 준비된 자리에 이름표를 붙이고 앉고 다른 친구들은 인물에게 질문을 한다. 이때 인물이 된 친구는 탐구한 내용을 토대로 해당 인물이 되어 진지하게 답변에 임한다.		

2) 수업 절차

준비하기

- 지난 시간에 공부한 내용 상기하기
- 우리가 읽는 책 속에서 기억에 남는 사건 떠올려 보기

인물 탐색하기

- 각자 맡은 인물의 성격을 탐구하기
- 각 인물들 간의 관계를 탐구하기

핫시팅하기

- 각 인물이 되어 진지하게 질문에 답하기
- 관객들은 질문을 통해 인물들의 관계를 더 파악하기

이야기의 흐름 파악하기

- 핫시팅을 통해 더욱 깊이 있게 알게 된 각 인물의 성격과 관계 정리하기
- 이를 활용해 인물들의 관계를 인물관계도로 표현하기

정리하기

인물들의 관계를 중심으로 이야기 흐름을 파악해 써보기

3) 활동 설명 안내 슬라이드

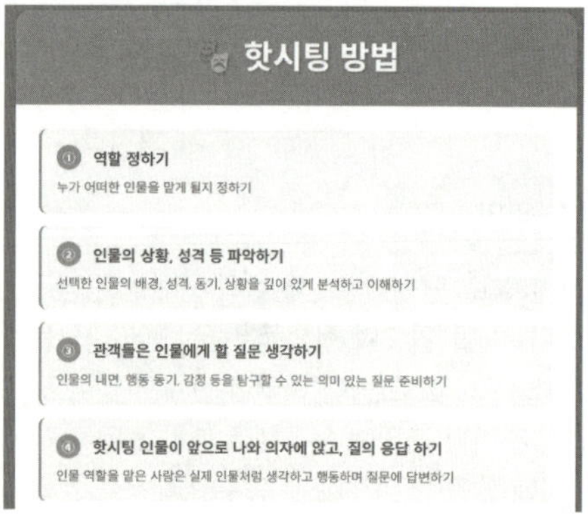

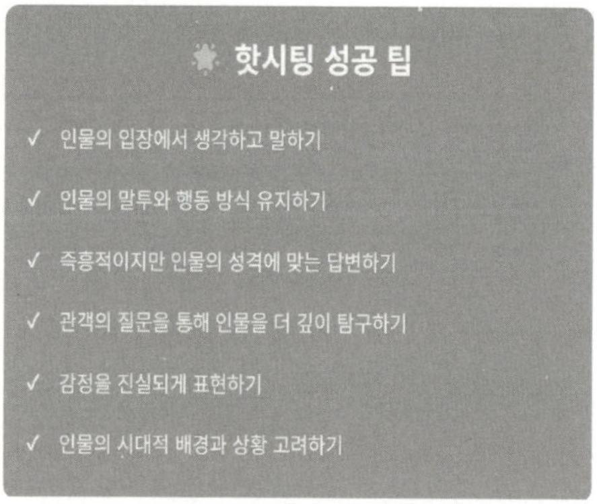

* 이미지 Claude 활용

4) 학생 활동 예시

▲ 동그랗게 앉고 주인공이 일어나 활동

▲ 주인공들이 앞에 나와서 하는 핫시팅 활동

6 RAFT 역할극

RAFT 기법은 학생들이 글을 쓸 때, 목적과 형식을 분명히 인식하고 글을 구조화하여 체계적으로 작성할 수 있도록 도와주는 기법이다. 이 도구를 역할극을 위한 도구로 재구성하면, 역할극으로 자신의 생각을 표현하는 수업 시간에 더욱 효과적으로 활용할 수 있다.

가. 표현 기능을 기르는 방법

어떠한 목적으로 누구에게 전달하기 위함인지 정하고, 역할극 내 역할을 명확히 하여 글의 형식과 주제, 읽는 사람에게 강하게 전하고 싶은 바를 제시할 수 있게 한다. 따라서 역할극 내용을 짜임새 있게 구성하고 목적에 맞게 대본을 써서 발표할 수 있다.

나. 탐구를 촉진하는 방법

학생들이 탐구 결과 발표할 때 자주 활용하는 역할극 방식을 더욱 잘 표현하기 위해, 각 요소를 사전에 떠올려 보게 한다. 따라서 탐구를 할 때도 각 요소를 고려하여 더욱 효과적으로 표현할 수 있는 방법을 찾아 탐구할 수 있는 기회가 된다.

각 단계별 요소 안내

단계	의미	설명
R(Role)	역할	역할극 속 역할에는 무엇이 있는가?
A(Audience)	독자	누구를 대상으로 쓰는가?
F(Format)	형식	어떤 형식으로 쓰는가?
T(Topic)	주제	글의 핵심 내용은 무엇인가?

다. RAFT 기법 활용 방법

주제	2학년 마을 '직업 체험을 해요'
교수·학습 활동	• 우리 마을 사람들의 직업을 모둠별(혹은 개별)로 조사 • 사람들이 어떤 일을 하는지, 어떠한 말을 자주하는지 조사 • RAFT 역할극 기법을 활용하여 학생들이 발표하고자 하는 내용을 더욱 명확하게 정리 • 역할극을 통해 탐구한 내용을 효과적으로 표현

주제	3학년 과학 감염병과 건강한 생활 '감염병 예방, 함께 실천해요'
교수·학습 활동	• 탐구한 내용을 바탕으로 RAFT 역할극 주제 선정 • 각 요소에 알맞게 선정하고 역할극 대본을 작성 • 역할극을 발표하고, 여러 가지 상황에서 감염병 예방을 위해 내가 할 수 있는 일을 다른 학생들이 더욱 잘 이해하고 실천하도록 안내

주제	4학년 미술 '관찰과 상상으로 아이디어를 떠올려 표현 주제 구체화하기'
교수·학습 활동	• 우리가 표현하고 싶은 작품의 주제를 상상하여 선정하기 • 어떠한 일이 있을지 상상하여 RAFT 역할극 요소를 작성 • RAFT 역할극 요소에 알맞게 대본 작성하여 발표 • 상상의 아이디어가 구체화 되어 작품을 만들기에 더욱 효과적

주제	6학년 사회 '세계 사람들의 삶의 모습'
교수·학습 활동	• 우리 모둠이 탐구하고 싶은 나라 선정 • 해당 국가의 기후, 생활모습 등에 대해 탐구하고 결과 정리 • 탐구한 내용을 바탕으로 RAFT 역할극 요소에 알맞게 해당 나라 사람들의 삶을 잘 드러낼 수 있는 대본 작성 • 역할극 발표를 통해 학생들이 다양한 나라의 생활 모습에 대해 더욱 실제적으로 이해 가능

라. RAFT 기법을 활용한 수업 사례

1) 수업 개요

단원명	용해와 용액	학년	5학년
학습 주제	용해와 용액 단원 정리하기		
교수·학습 활동	이 수업은 5학년 과학과 '용해와 용액' 단원에서 배운 내용을 정리하는 수업이다. 학생들은 다양하게 실험을 하며 탐구한 내용을 효과적으로 표현하기 위해서 '역할극'이라는 방식을 활용한 발표를 준비한다. 이때 RAFT 기법을 도입하여 역할극 표현 시, 학생들이 재미 요소에만 집중하지 않고 탐구한 내용을 명확하게 전달할 수 있도록 각 요소별로 명확하게 정리하여 표현할 수 있도록 한다.		

2) 수업 절차

준비하기

- 이번 단원에서 공부한 내용 상기하기
- 가장 기억에 남거나 재미있었던 내용 발표하기

우리 모둠이 표현할 내용 정하기

- 어떤 부분을 역할극으로 표현하면 좋을지 의논하기
- RAFT의 각 요소를 떠올리며 표현할 내용 명확하게 하기

역할극 작성하기

- RAFT의 각 요소를 떠올리며 역할극 대본 쓰기
- 역할극 연습하기

발표하기

- 다른 모둠의 역할극 발표를 잘 살펴보기
- 새롭게 알게 된 점 등을 탐구 노트에 작성하기

단원의 마무리하기

- 각 모둠의 발표내용을 토대로 단원에서 탐구한 내용 전반을 정리하기

3) 활동지

* 이미지 캔바 AI 생성

4) 학생 활동 예시

(뉴스 시작음~~)

앵커:안녕하십니까? 과학 뉴스입니다.

오늘은 빨리 녹는 제티를 개발한 김 박사님을 인터뷰 해보겠습니다

이 기자 나와주세요

이 기자:네 여기는 제티 연구소입니다. 여기에는 김 박사님이 계신다고 하는데요 한번 방문해보겠습니다. (연구실 문을 두드리며) 김 박사님 계십니까?

김 박사님: 네 김 박사입니다.

이 기자: 안녕하십니까? 빨리 녹는 제티를 개발하셨다고 하는데요?

김 박사님:맞습니다~

이 기자:그것을 만든 목적이 무엇입니까?

김 박사님: 제가 항상 아침에 초코우유를 먹고 싶은데, 제티가 너무 느리게 녹아서 만들어봤는데 이렇게 유명해질 줄은.....몰랐네요.ㅎㅎ

이 기자:그것을 어떻게 만들었나요? 이름은 어떻게 할 건가요?

김 박사: 원래 잘 녹는 용질과 안 녹는 용질이 있는데요, 기존의 제티는 용질이 빨리 녹지 않기 때문에 설탕이나, 소금같이 빨리 녹는 용질을 이용했습니다. 더 빨리 드시고 싶다면 제티는 따뜻한 물에 넣어서 드세요. 그럼 더욱더 빨리 녹을 것 입니다.

이 기자: 그럼 그 제티는 어디에 있나요?

역할극 대사

학생1:이번에는 용액을 만들어 볼거야.
학생2: 그래 그럼 용질은 설탕으로 하자! (실험하기 전 손 씻는 중)
물이든 비커: 용질은 뭐지?
달콤한 설탕: (등장하며 크게 말한다) 여기서 용질은 바로 나! 나 용질이 너 물에 들어가서 녹으면 용액이 되지!
물이든 비커: 그럼 나는 뭐야?
달콤한 설탕:(어? 고민하며) 너는 용매야. (당연해 하며) 나같은 용질을 녹이는 물질을 용매, 너같은 용매에 녹는 물질이 나 용질, 우리 둘이 섞이는 현상이 용해잖아!
물이든 비커: (끄덕이며)그럼 우리 둘이 섞이면 무엇이 되?
달콤한 설탕: 당연히 우리 둘이 섞이면 용액인 설탕물이 되지.
학생1. (돌아오며)설탕을 넣자
물이 든 비커: 어? 너가 나에게 용해되지 않아.
달콤한 설탕: 그럼 너의 온도를 높이면 돼. 일방적으로 온도가 높으면 용해가 더 많이 되지.
학생2:온도를 높이자(온도를 높이는 중)
학생1:다 녹았다. 오늘 실험 끝!! (정리하는 중)

설탕물이 용해되어 있는 비커: 아~~ 알게 됐어. 용질을 녹이는 물질을 용매, 용매에 녹여지는 물질을 용질, 둘이 고르게 섞이는 현상이 용해이고 두가지 이상의 물질이 섞여있는 물질이 용액이야.
(녹은 설탕이 박수를 치며 말한다.):맞아,맞아!!!
학생1:(무서워 하면서 놀란다) 비커가 말을 하는 것 같지 않아?
학생2: 몰라.

7 4C

4C 기법은 특정 텍스트, 작품, 현상 또는 아이디어 자체를 다각도로 분석하고 이해하는 데 집중하는 기법이다. 작품의 내적인 것을 나와 연결하여 다양하게 표현할 수 있도록 해 준다.

가. 표현 기능을 기르는 방법

학생들이 작품이나 아이디어를 접할 때, 4C의 각 관점에서 이해하고 표현할 수 있는 능력이 길러진다. 이 관점들이 학생들의 생각을 예술적(미술, 음악적 방식 등)으로 표현할 수 있는 연결고리로 작용하여 표현의 범위를 더욱 풍성하게 한다.

나. 탐구를 촉진하는 방법

4C는 탐구한 내용을 창의적으로 표현하고 싶을 때 활용하면 좋은 기법으로, 탐구를 할 때 이 단계를 따라가다 보면 생각지 못한 질문을 하게 되어 생각의 폭이 넓어지게 된다. 따라서 이 4C의 관점을 도입하면 학생들의 탐구를 깊이 있게 만들어 주고, 탐구를 촉진할 수 있다.

4C 단계 설명

<table>
<tr><th colspan="2">작품 이해</th><th>▶</th><th>예술적 표현</th></tr>
<tr><td>단계</td><td>설명</td><td></td><td>분야</td></tr>
<tr><td>Context
(맥락)</td><td>작품의 배경, 역사, 상황 등에 대한
맥락적인 파악</td><td rowspan="4">▶</td><td rowspan="4">미술 작품
음악곡
움직임
등</td></tr>
<tr><td>Composition
(구성)</td><td>작품의 형식, 구조, 재료, 요소들의 관계를 파악</td></tr>
<tr><td>Connection
(연결)</td><td>작품이 다른 아이디어, 작품, 나, 다른 분야
지식과 어떻게 연결되는지 파악</td></tr>
<tr><td>Conclusion (결론)</td><td>작품의 핵심 메시지(주제), 목적 등을 파악</td></tr>
</table>

다. 4C 기법 활용 방법

주제	1학년 통합교과 사람들 '그림 속 사람들'
교수·학습 활동	• 경험을 떠올리며 우리 마을 사람들 찾기 • 마을 사람들이 하는 일 파악 • 사람들을 그림으로 나타낸다면 어떤 색이나 모양으로 나타낼지 결정 • 사람들을 나타낼 때 내가 이야기하고 싶은 것이 무엇인지 안내

주제	2학년 통합교과 계절 '계절은 무슨 색'
교수·학습 활동	• 나의 경험을 봄, 여름, 가을, 겨울과 연결 • 계절의 특징에 해당하는 색, 물체, 하는 일 등을 탐색 • 탐색 내용을 미술작품으로 나타내기 위해 어떠한 색과 물건, 일 등이 떠오르는지 나열 • 계절과 관련하여 내가 미술작품으로 나타내고 싶은 생각을 명확히 정리하여 작품으로 표현

주제	4학년 음악 '느낌과 상상을 즉흥적으로 표현하기'
교수·학습 활동	• 내가 아는 전래 동화의 내용을 파악 • 어떠한 리듬, 가락이 있는지 탐구 • 이 동화가 음악으로 표현했을 때 어떻게 연결할 수 있을지 탐색 • 작품이 전달하고자 하는 주제를 바탕으로 느낌과 상상으로 즉흥적 음악 표현

주제	4학년 음악 '기초적인 음악요소를 활용하여 소리나 음악으로 표현하기'
교수·학습 활동	• 익숙한 생활 속에서 나는 소리나 장면 탐색 • 소리가 어떠한 특징이 있으며 어떤 리듬이 될 수 있는지 생각 • 생활 속 소리를 리듬을 만들어 음악과 연결하여 제작 • 이 음악을 통해 말하고자 하는 바를 함께 발표

라. 4C 기법을 활용한 수업 사례

1) 수업 개요

단원명	독서. 읽은 책을 소개해요	학년	4학년
학습 주제	책을 다양한 방법으로 소개하기		
교수·학습 활동	이 수업은 4학년 국어과 '독서. 읽은 책을 소개해요' 단원에서 내가 읽은 책을 다양한 방법으로 소개하는 부분이다. 책을 읽고 나의 생각을 잘 표현하는 것이 중요한 것으로 4C기법을 활용해 책 속의 맥락에서부터 시작하여 책의 흐름을 정리하기, 또 어떻게 나와 연결되는지, 마지막으로 이 작품에서 무엇을 말하고자 하는 것인지를 그림으로 표현할 수 있도록 활동지를 제작하였다. 이 4C 단계를 따라가면서 학생들은 어렵지 않게 나의 생각의 미술 작품으로 표현할 수 있게 된다.		

2) 수업 절차

준비하기

- 지난 시간까지 읽은 내용 상기하기
- 우리기 읽는 책 속에서 기억에 남는 사건 떠올려 보기

책 속의 맥락 파악하기

- 이야기의 배경은 어떠한지 생각하기
- 각 인물들 간의 관계를 탐구하기

이야기의 구성요소 파악하기

- 인물, 사건, 배경을 중심으로 이야기의 흐름 파악하기
- 이야기의 내용 짐작하며 책 읽기

작품이 나의 삶과 어떻게 연결되는지 탐색하기

- 작품 속 인물과 나와의 닮은 점 연결하기
- 작품 속 사건 중에서 나에게 일어났던 사건과 연결하여 기분 떠올리기

미술작품으로 나타내기

나의 생각을 정리하여 이 책을 읽고 전달하고 싶은 내용을 그림으로 나타내기

3) 활동지(온라인 구현)

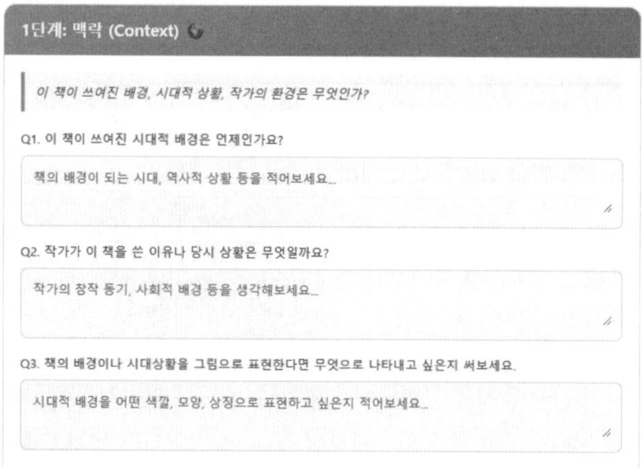

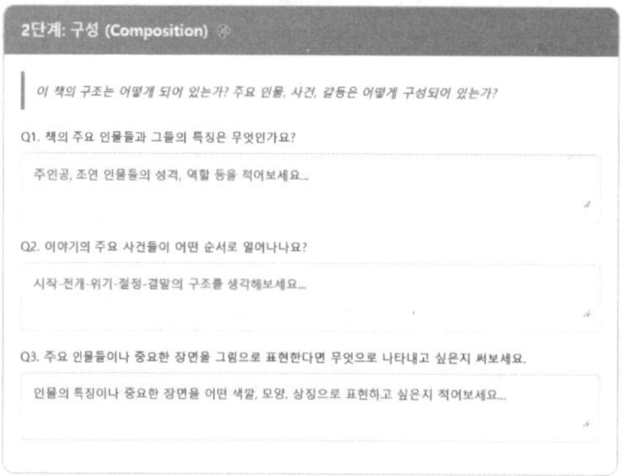

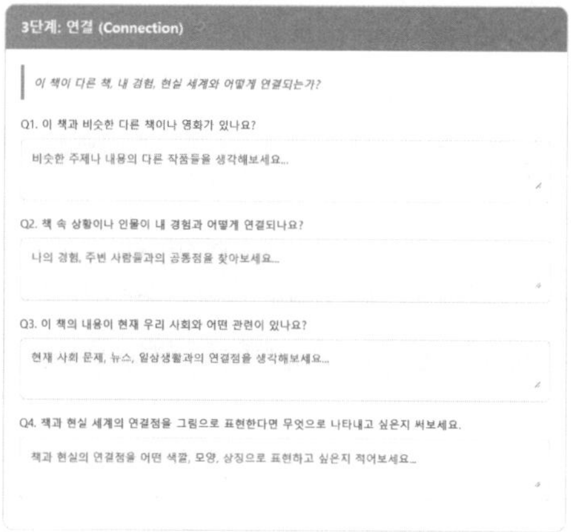

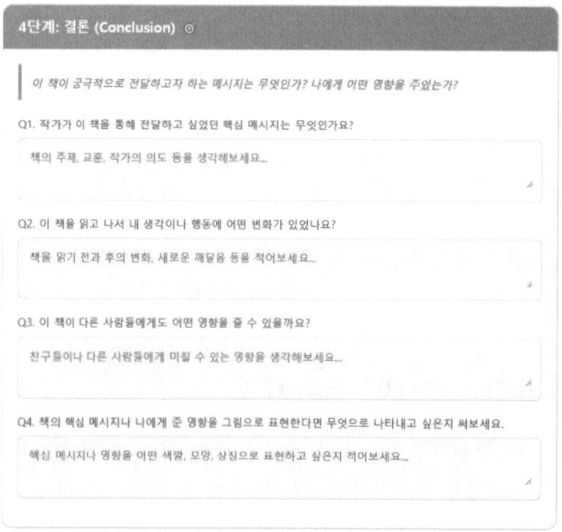

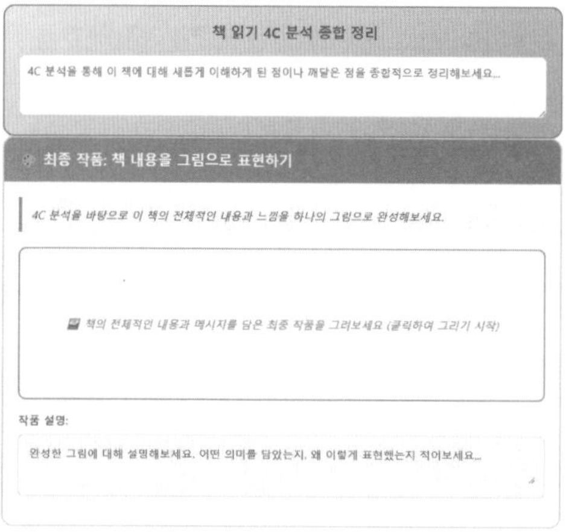

* 이미지 캔바 AI 생성

4) 학생 활동 예시

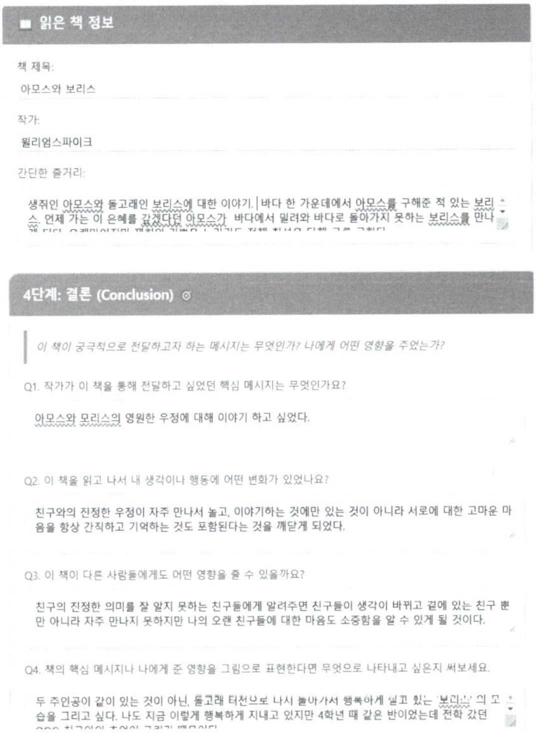

■ 읽은 책 정보

책 제목:

아모스와 보리스

작가:

윌리엄스파이크

간단한 줄거리:

생쥐인 아모스와 돌고래인 보리스에 대한 이야기. 바다 한 가운데에서 아모스를 구해준 적 있는 보리스. 언제 가는 이 은혜를 갚겠다던 아모스가 바다에서 밀려와 바다로 돌아가지 못하는 보리스를 만나

4단계: 결론 (Conclusion)

이 책이 궁극적으로 전달하고자 하는 메시지는 무엇인가? 나에게 어떤 영향을 주었는가?

Q1. 작가가 이 책을 통해 전달하고 싶었던 핵심 메시지는 무엇인가요?

아모스와 모리스의 영원한 우정에 대해 이야기 하고 싶었다.

Q2. 이 책을 읽고 나서 내 생각이나 행동에 어떤 변화가 있었나요?

친구와의 진정한 우정이 자주 만나서 놀고, 이야기하는 것에만 있는 것이 아니라 서로에 대한 고마운 마음을 항상 간직하고 기억하는 것도 포함된다는 것을 깨닫게 되었다.

Q3. 이 책이 다른 사람들에게도 어떤 영향을 줄 수 있을까요?

친구의 진정한 의미를 잘 알지 못하는 친구들에게 알려주면 친구들이 생각이 바뀌고 곁에 있는 친구 뿐만 아니라 자주 만나지 못하지만 나의 오랜 친구들에 대한 마음도 소중함을 알 수 있게 될 것이다.

Q4. 책의 핵심 메시지나 나에게 준 영향을 그림으로 표현한다면 무엇으로 나타내고 싶은지 써보세요.

두 주인공이 같이 있는 것이 아닌, 돌고래 터전으로 다시 돌아가서 행복하게 살고 있는 '보리스' 의 모습을 그리고 싶다. 나도 지금 이렇게 행복하게 지내고 있지만 4학년 때 같은 반이었는데 전학 갔던

8 바르손눈미

바르손눈미 기법은 각각의 글자 순서대로 바른 자세를 갖추어 발표를 할 수 있도록 도와준다. 고학년에게도 필요하지만 처음 의견이나 주장을 전달하는 말하기를 배우는 학년에서 매우 유용하게 활용할 수 있다.

가. 표현 기능을 기르는 방법

바르손눈미 기법은 자신의 생각을 발표로 표현해야 하는 상황에서 자신감 있고 긍정적인 이미지를 줄 수 있는 자세를 만들어 신뢰감을 주고, 나의 의견을 정확하게

표현하기에 효과적이다. 긴 발표뿐만 아니라 짧은 개별 발표나 인터뷰 등에서도 활용하기에 좋다.

나. 탐구를 촉진하는 방법

학생들이 특별히 신경 쓰지 않고도 바른 자세와 안정된 손동작, 청자를 바라보는 시선 처리와 미소 띤 얼굴이 가능한 상태, 즉 숙달된 상태가 되면 긴장하지 않고 준비한 내용을 전달력 있게 발표할 수 있다. 이는 곧 발표에 대한 두려움을 없애고 탐구 내용에 집중하여 표현할 수 있게 한다.

각 단계별 요소 안내

단계	설명
바르	**바르**고 자신감 있게 서요
E(Example)	흔들거나 만지작하지 않고 안정된 **손**동작을 해요.
눈	원고나 화면이 아닌 듣는 사람 **눈**을 보아요.
P(Point)	자연스러운 **미**소를 띠며 발표해요.

다. 바르손눈미 기법 활용 방법

주제	학급 운영 시 활용 '바른 자세로 발표하기'
교수·학습 활동	• 해당 기법은 특정 학년이나 교과에서 사용되기도 하지만, 새 학년 초반 학급에서 발표하는 자세를 안내하여 발표 규칙을 세울 때도 활용 가능 • 다른 친구들 앞에서 나의 생각을 발표할 때, 바른 자세로 서지 않거나 자신감이 부족한 경우도 있고 청중을 바라보지 않고 발표자료만 보고 읽기에 급급한 학생들이 알아야 할 기법 • 바르손눈미 기법을 활용해 자신감 있게 나의 의견을 발표하는 연습을 통해 더욱 효과적으로 생각을 전달하고 표현 가능

주제	2학년 국어 자신의 생각을 표현해요 '글을 읽고 내 생각말하기'
교수·학습 활동	• 글을 읽고 인물의 생각과 그 까닭 파악 • 이에 대한 나의 생각 정리 • 바르손눈미 기법을 떠올리며 앞에 나와 발표 • 나의 발표 모습을 짝이 피드백

주제	4학년 과학 다양한 생물과 우리 생활 '균류·원생생물·세균이 우리 생활에 미치는 영향을 조사, 발표하기'
교수·학습 활동	• 균류·원생생물·세균이 우리 생활에 미치는 영향을 조사 • 조사한 내용을 슬라이드에 정리 • 바르손눈미 기법을 떠올리며 발표 연습을 실시하고 실제로 발표

라. 바르손눈미 기법을 활용한 수업 사례

1) 수업 개요

단원명	세계	학년	2학년
학습 주제	조사한 나라에 대해 발표하기		
교수·학습 활동	이 수업은 2학년 통합교과 '세계' 단원에서 각 모둠마다 세계의 여러 나라를 조사한 내용 발표하기를 주제로 한 수업이다. 학생들은 세계라는 단원 속에서 여러 나라에 대해서 알아본다. 인사하는 방법, 음식, 옷, 사는 곳 등을 다양하게 알아보고 각 모둠별로 원하는 나라를 정해 해당 나라를 더 조사하고, 조사한 내용을 모아 발표 자료를 만든다. 만든 자료를 많은 친구들 앞에서 발표할 때 바르손눈미 기법을 익히고, 각자의 발표 태도에서 수정할 곳을 찾아 피드백 하여 보완한 뒤 나라에 대해 조사한 내용을 발표한다.		

2) 수업 절차

준비하기
• 짝에게 나의 발표 모습 보여주기 • 나의 발표 모습 중 어색한 곳 찾아보기
바르손눈미 기법 안내하기
• 슬라이드를 보며 교사가 시범을 통해 바르손눈미를 알려주기 • 모두 제자리에서 일어나 바르손눈미 자세 해보고 짝끼리 피드백하기

바르손눈미 기법 안내하기
바르미손눈미 기법을 생각하며 조사한 나라에 대해 친구들 앞에서 모둠별로 발표하기
오늘의 배움 정리하기
바르손눈미를 활용하여 지속적으로 발표할 수 있도록 다짐하기

3) 활용 안내 슬라이드

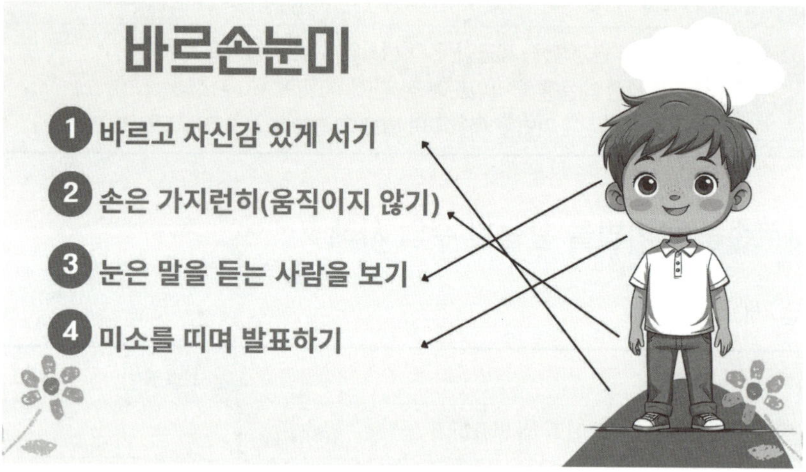

* 이미지 캔바 활용

4) 학생 활동 예시

▲ 바르손눈미 기법을 연습하고 이를 많은 학생들 앞에서 발표할 때 활용함.

9 PREP 말하기

PREP 말하기 기법은 각각의 글자 순서대로 주장-이유-예시-재강조의 순으로 나의 의견이나 주장을 전달력 있게 말할 수 있도록 도와준다. 고학년에게도 필요하지만 처음 의견이나 주장을 전달하는 말하기를 배우는 학년에서 매우 유용하게 활용할 수 있다.

가. 표현 기능을 기르는 방법

PREP 말하기 기법은 자신의 생각을 말해야 하는 상황에서 논리적인 말하기 구조를 만들어 나의 생각을 표현하기에 효과적이다. 발표뿐만 아니라 글쓰기에서도 설득력을 높여 줄 수 있다.

나. 탐구를 촉진하는 방법

자신의 생각을 명확하게 표현할 수 있도록 함으로써 각 단계에 맞추어 다른 학생들과 함께 협력적 소통 역량을 발휘하며 더욱 주도적이고 폭넓은 탐구를 할 수 있다. 또 논리적인 구조를 따라 표현하는 방법을 통해 사고과정에도 해당 단계를 적용하여 더 논리적인 탐구가 가능해진다.

각 단계별 요소 안내

단계	의미	설명
P(Point)	주장	내가 생각하는 바를 명확히 말해요.
R(Reason)	이유	그렇게 생각하는 이유를 말해요.
E(Example)	예시	실제 경험이나 구체적인 사례를 들어요.
P(Point)	재강조	다시 한번 내 주장을 강조하며 마무리해요.

다. PREP 말하기 기법 활용 방법

말하기 주제	학급 운영 시 활용 '나의 의견 말하기'
교수·학습 활동	• 해당 기법은 특정 학년이나 교과에서 사용되기도 하지만, 저학년 학생들이 일상생활 속에서 자신의 의견을 종종 정확하게 표현하지 못하는 경우에도 활용 가능 • 학급에서 자신의 생각을 잘 전달하는 것은 의사소통 및 협력적 소통을 위한 중요한 출발 단계이므로 해당 기법 활용을 추천 • PREP 기법을 활용해 자신의 생각을 표현하는 연습을 해 봄으로써 정확하고 효과적인 표현을 도움.

말하기 주제	4학년 과학 기후 변화와 우리 생활 '기후 변화가 인간의 활동과 관련되어 있음을 토의하기'
교수·학습 활동	• 기후 변화로 인한 문제점 조사하고 심각성 알기 • 기후 변화의 원인을 탐색하기 • PREP 말하기 기법에 따라 기후변화가 인간의 활동과 관련이 있는지 나의 생각을 정리하여 학습지에 작성 • 모둠(혹은 학급 전체)에서 토의를 통해 의견을 정리

말하기 주제	5학년 국어 '의견을 조정하며 토의해요' '타당한 이유와 근거를 제시하며 토의하기'
교수·학습 활동	• 토론 절차를 살피고 토론 주제를 정하고 그에 알맞은 자신의 주장을 마련하는 방법을 배움. • 자신의 주장과 이를 뒷받침하는 증거를 조사하고 토론을 위한 발표문을 준비할 때, PREP 기법을 활용하여 작성 • 구조인 방식인 PREP 기법을 활용하여 토론 시 자신의 주장을 발표하게 되면 더욱 유창하고 효과적으로 전달하는 말하기 가능

라. PREP 말하기 기법을 활용한 수업 사례

1) 수업 개요

단원명	서로 다른 의견	학년	4학년
학습 주제	절차에 따라 토의하기		
교수·학습 활동	이 수업은 4학년 국어과 '서로 다른 의견' 단원에서 절차에 따라 토의하기를 주제로 한 수업이다. 학생들은 첫 차시에 토의 절차를 살피고 토의 주제를 정하고 알맞은 의견을 마련하는 방법을 알아본다. 이때 이유도 함께 정리하게 되는데 더 활발한 토의를 위해 PREP기법을 사용하여 발표할 수 있도록 하였다. 자신의 의견과 단순한 이유만 말하기보다는 예시를 통해 자신의 의견에 대한 설득력을 높이고, 마지막에 주장을 강조해 줌으로써 실제적인 토의 상황처럼 수업을 진행할 수 있다.		

2) 수업 절차

준비하기
• 지난 시간에 공부한 내용 상기 • 토의 절차 확인 및 알맞은 의견을 마련하는 방법 발표
우리 반의 토의 주제 정하기
토의 주제를 정하고 자신의 의견 생각
PREP 말하기 기법 안내하기
예시가 담긴 학습지를 배부하고, 해당 문장을 함께 살피며 자신의 의견과 이유, 예시, 강조할 내용을 문장으로 작성할 수 있도록 안내
PREP 말하기 기법을 활용하여 토의 실시
• PREP 활동지를 작성하고 모둠 내에서 토의 • 모둠의 의견 선정
오늘의 배움 정리하기
PREP를 활용하여 토의한 느낌 발표

3) 활동지

PREP 말하기 전략 학습지

발표를 준비할 때 효과적으로 의견을 전달하는 방법 중 하나는 PREP 전략입니다.
각 항목에 따라 자신의 생각을 작성해 보세요.

P (Point) 나는 이렇게 생각해요.

예시1. "저는 독서는 매우 중요하다고 생각해요."
2. "저는 환경 보호가 우리 모두의 책임이라고 생각해요."

→

R (Reason) 그 이유는요.

예시1. "왜냐하면 책을 읽으면 다양한 지식을 얻을 수 있기 때문이에요."
2. "왜냐하면 환경을 보호하지 않으면 미래 세대가 삶의 질이 떨어질 수 있기 때문이에요."

→

E (Example) 예를 들면요.

예시1. "예를 들어, 과학책을 읽고 실험에 관심이 생겨 직접 해본 적이 있어요."
2. "예를 들어, 재활용을 실천하면서 쓰레기 배출량을 줄인 경험이 있어요."

→

P (Point) 그래서 나는 이렇게 생각해요.

예시1. "그래서 저는 독서가 정말 중요하다고 생각해요."
2. "그래서 저는 환경 보호가 우리가 모두 지켜야 할 최우선 과제라고 생각해요."

→

4) 학생 활동 예시

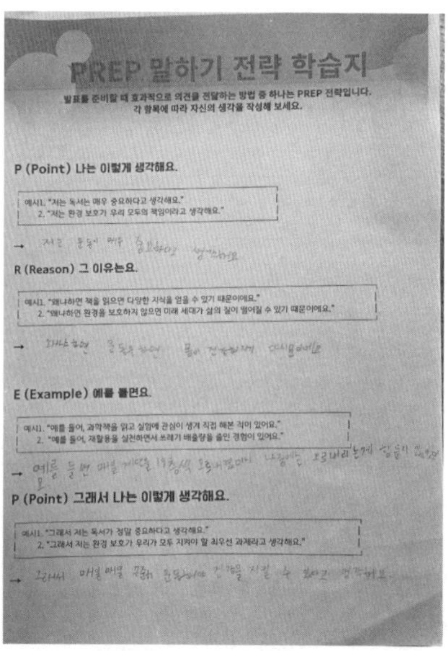

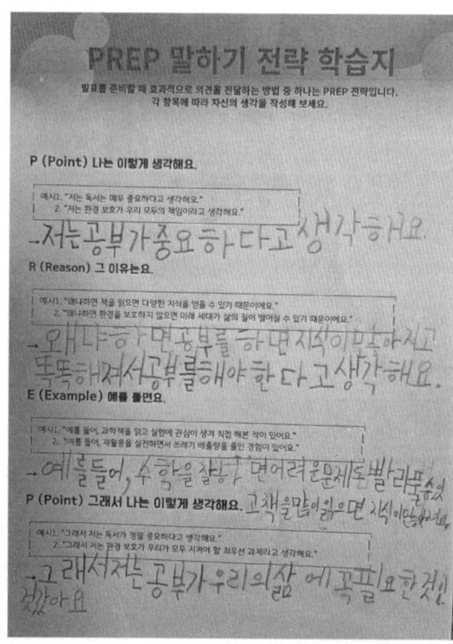

10 연결-확장-도전(Connect-Extend-Challenge)

연결-확장-도전 기법을 통해 새롭게 만난 무언가를 기존에 알고 있던 것과 연결시켜 보고, 더 나아가 생각을 확장시켜 변화를 추구하고, 더 알아보고 싶은 것까지 생각해 볼 수 있다.

가. 표현 기능을 기르는 방법

연결-확장-도전 기법은 다양하게 활용할 수 있으며, 특히 글로 나의 생각을 표현하는 데에도 효과적이다. 또 글뿐만 아니라, 연결-확장-도전의 방법으로 나의 생각을 정리하여 발표를 위한 원고를 작성하거나, 예술적인 방법으로도 표현할 수 있다. 이 때, 연결-확장-도전 기법을 통해 생각을 더욱 논리적으로 표현할 수 있게 된다.

나. 탐구를 촉진하는 방법

학생들이 탐구를 시작하기 전 내가 아는 것과 주제를 연결시키는 시간을 통해 나의 사전 지식 활성화 및 확장을 한다. 또 어떠한 내용을 탐구하기 위해 도전할 것인가를 생각하며 탐구에 대한 동기를 높일 수 있다. 또한 글로 표현하는 활동에서도 나의 생각을 명확하게 표현할 수 있어 나의 탐구가 향하고자 하는 바를 정확히 제시할 수 있다.

연결-확장-도전 기법 설명?

단계	설명
Connect(연결)	기존의 이해와 연결, 이 주제에 대해 내가 이전에 생각하고 있던 것
Extend(확장)	사고의 전환 및 새로운 이해, 어떤 계기로 생각이 변화했나요?(책, 내화, 경험 등)
Challenge(도전)	탐구를 위한 질문 던지기, 아직 더 깊이 탐구하고 싶은 질문이나 의문은 무엇인가요?

다. 연결-확장-도전 기법 활용 방법

주제	1학년 통합교과 하루 '실천하는 하루'
교수·학습 활동	• 매일 반복하는 나의 하루 일과 탐색 • 나의 하루 일과 중 매일 해야하는 것과 변화해야 하는 부분 상기 • 나의 하루 실천카드를 만들어 실천 다짐

주제	2학년 국어 서로 존중해요 '상대를 존중하며 대화하기'
교수·학습 활동	• 나의 경험 중 친구와 대화할 때 기분 좋았던 경험 상기 • 다른 친구들의 대화를 듣고 나의 말하기 중 변화하면 좋을 것 같은 부분 탐색 • 앞으로 상대방을 존중하며 대화하기 위한 나의 다짐 작성

주제	3학년 과학 자석의 이용 '단원의 도입(탐구질문 만들기)'
교수·학습 활동	• 자석 하면 떠오르는 것을 나의 삶과 연결하여 탐색 • 자석이 어디에 활용되는지 조사 • 자석을 이용해 편리한 장치를 설계

주제	6학년 도덕 작은 손길이 모여 따뜻해지는 세상 '봉사 실천하기'
교수·학습 활동	• 나의 생활 속에서 봉사를 해 본 경험 상기 • 봉사하며 살아가는 사람들의 사례를 탐구하고 느낀 점 표현 • 나의 주변에 봉사가 필요한 곳을 찾고 실천 계획을 세워 도전

라. 연결-확장-도전 기법을 활용한 수업 사례

1) 수업 개요

단원명	말과 글로 전하는 생각	학년	4학년
학습 주제	1분 에세이를 자신 있게 발표하기		
교수·학습 활동	이 수업은 4학년 국어과 '말과 글로 전하는 생각' 단원에서 친구들 앞에서 나의 생각을 자신 있게 발표하는 수업이다. 이때 발표할 글을 작성하게 되는데 이때 연결-확장-도전 기법으로 1분 에세이를 쓴다. 발표하기에 중점을 두는 차시이지만 발표를 위해 작성하는 글 또한 진지하게 작성해야 한다. 학생들이 어렵지 않게 글을 작성할 수 있도록 가교 역할을 하는 연결-확장-도전 기법으로 발표 내용을 더욱 풍성하게 표현할 수 있게 한다.		

2) 수업 절차

준비하기

- 지난 시간에 공부한 내용 상기하기
- 자신 있게 발표하는 방법 떠올리기

발표할 내용 작성하기

- 내가 말하고자 하는 주제 정하기
- 연결-도전-확장 기법으로 발표할 내용의 개요 작성하기

Connect (연결)	이 주제에 대해 내가 이전에는 어떻게 생각하고 있었나요?
Extend (확장)	어떤 계기로 생각이 변화했나요?
Challenge (도전)	더 깊이 탐구하고 싶은 것은 무엇인가요?

- 개요를 연결하여 1분 에세이 완성하기

자신 있게 발표하기

- 자신 있게 발표하는 방법에 맞추어 발표하기
- 다른 친구들의 발표 듣고 상호 피드백하기

발표 성찰하기

나의 발표에 대해 성찰하기

3) 활동지(온라인 구현)

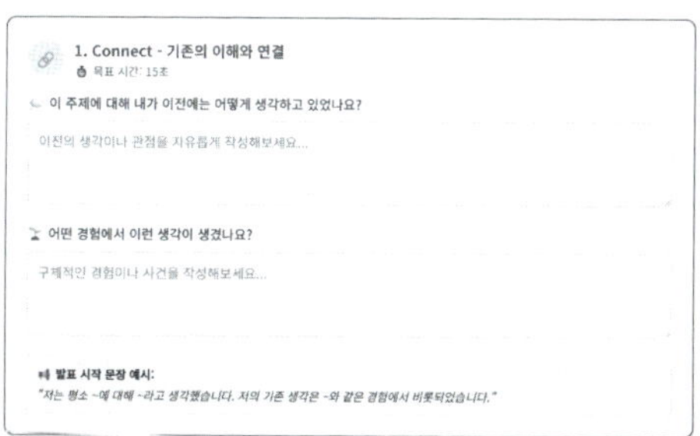

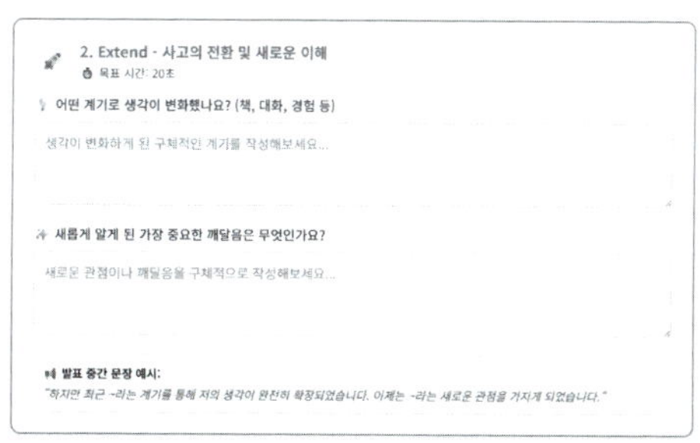

4) 학생 활동 예시

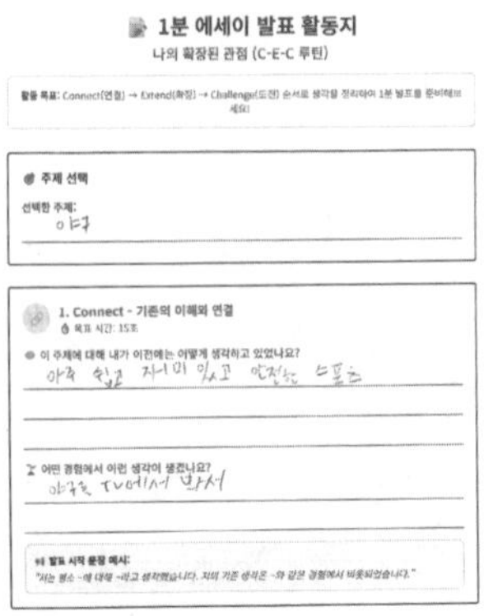

1분 에세이 발표 활동지

나의 확장된 관점 (C-E-C 루틴)

활동 목표: Connect(연결) → Extend(확장) → Challenge(도전) 순서로 생각을 정리하여 1분 발표를 준비해보세요!

주제 선택

선택한 주제:
야구

1. Connect - 기존의 이해와 연결

목표 시간: 15초

이 주제에 대해 내가 이전에는 어떻게 생각하고 있었나요?
아주 쉽고 재미있고 안전한 스포츠

어떤 경험에서 이런 생각이 생겼나요?
야구를 TV에서 봐서

발표 시작 문장 예시:
"저는 평소 ~에 대해 ~라고 생각했습니다. 저의 기존 생각은 ~와 같은 경험에서 비롯되었습니다."

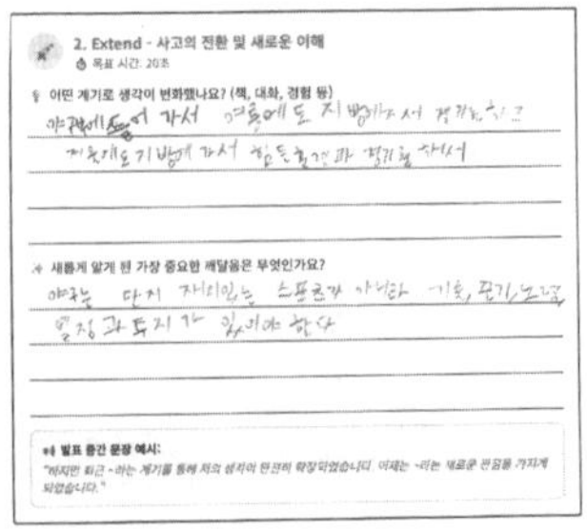

2. Extend - 사고의 전환 및 새로운 이해

목표 시간: 20초

어떤 계기로 생각이 변화했나요? (책, 대화, 경험 등)
야구부에 들어가서 여름에도 지방에 가서 경기를 하고 겨울에도 지방에 가서 힘든 훈련과 경기를 해서

새롭게 알게 된 가장 중요한 깨달음은 무엇인가요?
야구는 단지 재미있는 스포츠가 아니라 기술, 끈기, 노력, 열정과 투지가 있어야 한다

발표 중간 문장 예시:
"하지만 최근 ~라는 계기를 통해 저의 생각이 완전히 확장되었습니다. 이제는 ~라는 새로운 관점을 가지게 되었습니다."

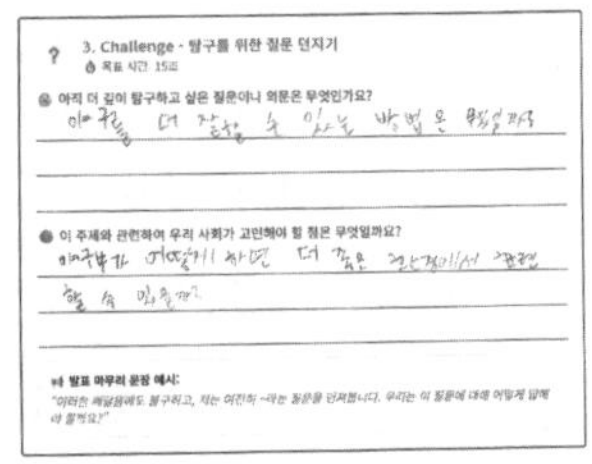

3. Challenge - 탐구를 위한 질문 던지기

목표 시간: 15초

아직 더 깊이 탐구하고 싶은 질문이나 의문은 무엇인가요?
야구를 더 잘할 수 있는 방법은 무엇일까?

이 주제와 관련하여 우리 사회가 고민해야 할 질문은 무엇일까요?
야구부가 어떻게 하면 더 좋은 환경에서 경험할 수 있을까?

발표 마무리 문장 예시:
"이러한 깨달음에도 불구하고, 저는 여전히 ~라는 질문을 던져봅니다. 우리는 이 질문에 대해 어떻게 답해야 할까요?"

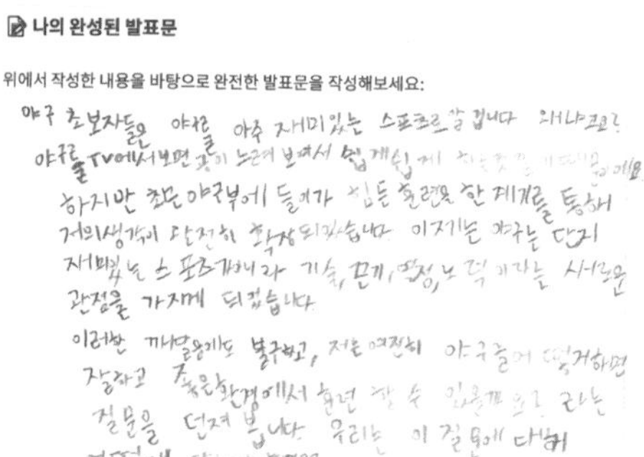

나의 완성된 발표문

위에서 작성한 내용을 바탕으로 완전한 발표문을 작성해보세요:

야구 초보자들은 야구를 아주 재미있는 스포츠로 알 겁니다 왜냐하면 야구를 TV에서 보면 공이 느리게 보여서 쉽게 [illegible] 때문입니다. 하지만 저는 야구부에 들어가 힘든 훈련을 한 계기를 통해 저의 생각이 완전히 확장되었습니다 이제는 야구는 단지 재미있는 스포츠가 아니라 기술, 끈기, 열정, 노력이 [illegible] 라는 새로운 관점을 가지게 되었습니다

이러한 깨달음에도 불구하고, 저는 여전히 야구를 어떻게 하면 잘하고 좋은 환경에서 훈련할 수 있을까요 라는 질문을 던져 봅니다 우리는 이 질문에 대해 어떻게 답해야 할까요?

2. Extend - 사고의 전환 및 새로운 이해

목표 시간: 20초

어떤 계기로 생각이 변화했나요? (책, 대화, 경험 등)

뉴스를 보다보니 먹는 것 뿐만 아니라 꾸준한 운동도 건강을 지키는 데 매우 중요하다는 것을 깨달았다. 요즘 청소년들이 운동을 하지 않아 비만도 많고, 여러 가지 체력 기능도 예전 학생들에 비해 많이 부족하다는 기사를 보았기 때문이다.

새롭게 알게 된 가장 중요한 깨달음은 무엇인가요?

먹는 것만큼이나 운동을 꾸준히 하는 것도 건강을 지키는 데 매우 중요한 습관이다.

나의 완성된 발표문

위에서 작성한 내용을 바탕으로 완전한 발표문을 작성해보세요:

먹는 것 만큼이나 운동을 꾸준히 하는 것도 건강을 지키는 데 매우 중요한 습관이다. 예전에는 골고루 먹으면 건강하다고 생각했다. 부모님과 선생님께서 야채, 고기 등 골고루 먹어야 건강하다고 말씀하시기 때문이다. 하지만 최근에 뉴스를 보다 보니 먹는 것 뿐만 아니라 꾸준한 운동도 건강을 지키는 데 매우 중요하다는 것을 깨달았다. 요즘 청소년들이 운동을 하지 않아 비만도 많고, 여러 가지 체력 기능도 예전 학생들에 비해 많이 부족하다는 기사를 보았기 때문이다. 어떤 운동을 얼마만큼 해야 하는지, 나에게 알맞은 운동은 무엇인지 궁금하다. 이러한 부분을 더 탐구하여 나에게 맞는 운동 습관을 만들고 건강을 위해 꾸준히 노력하겠다.

PART 03

깊이 있는 학습으로 이끄는 탐구 기법

• 성찰 및 관리 기능 •

의미

성찰 및 관리 기능의 하위 기능은 학습자가 학습의 의미와 목적을 인식하고 점검하는 학습 동기와 목표 설정, 학습 계획 수립과 실행의 성찰, 학습 활동과 결과의 성찰, 시간 및 정서 관리하기이다. 학습 관련 성찰뿐만 아니라 매일 생활 습관이나 패턴의 파악과 시간 관리 기능의 향상, 감정을 돌아보고 관리하는 기능까지 포함한다.

하위 기능

성찰 및 관리 기능 탐구 기법은 수업 활동의 전 과정 중 학습 결과를 성찰하거나 학습 참여 태도 시 자신이 인지한 것을 돌아보고 표현할 수 있는 기법을 중심으로 선정하였다. 성찰 기능 8가지와 관리 기능 2가지를 제시한다.

관련 탐구 기법

성찰 및 관리 기능 탐구 기법은 수업 활동의 전 과정 중 학습 결과를 성찰하거나 학습 참여 태도 시 자신이 인지한 것을 돌아보고 표현할 수 있는 기법을 중심으로 선정하였다. 성찰 기능 8가지와 관리 기능 2가지를 제시한다.

자기평가 (Self-assessment)	동료평가 (Group member Check)	출구 티켓 (Exit Ticket Exit Slips)	예전에는, 지금은 (I Used to Think, Now I Think)	별 둘 소원 하나 (2 Stars & 1 Wish)
탐색 과정 자기 성찰 (I Search Process Reflection)	하이쿠 성찰 (Haiku Reflective)	장미와 가시 (Rose & Thorn)	나의 하루 관리 (Daily Planner)	자기 성찰 빙고 (Self Reflection Bingo)

기대되는 효과 및 유의점

성찰 및 관리 기능 신장 관련 탐구 기법은 궁극적으로 학습의 주체가 학습자 자신이며 자신의 학습을 지원하는 방안을 스스로 찾고 지원을 요청하는 것까지 포함한다. 학습자 자신에 대한 이해와 학습에 함께 하는 친구와 교사 간 관계를 돌아볼 수 있도록 관점을 확대할 수 있는 접근이 필요하다. 성찰과 관리 기능 신장을 위해서도 학습자가 다양한 표현 방식으로 선택하여 활용할 수 있도록 기회를 주는 것이 필요하다.

1 자기평가(Self-assessment)

자기평가(Self-evaluation)는 자신의 성과나 결과에 대한 가치판단을 내리는 것이며, 자기평가(Self-assessment)는 학습 수행 과정 전반을 스스로 점검하고 성찰하는 뜻으로 쓰인다. 자기주도학습의 신장이나 과정중심 평가에서 많이 사용되는 자기평가(Self-assessment)는 학습 과정에서의 인지 정도와 전략, 태도 등을 스스로 평가하는 것을 말한다. 자신의 학습을 성찰하고 개선점을 찾기 위한 활동으로 평가 과정에서 교사의 피드백이 주어지는 것처럼 학생이 자신을 스스로 돌아보는 피드백이라 할 수 있다. 구체적인 기준 제시와 교사의 피드백이 함께 주어져야 학생의 자기평가 기법의 효과가 더해진다. 학년별, 교과 주제별 적합한 자기평가를 위해서는 성찰을 불러일으킬 수 있는 질문 제시도 중요하다.

가. 성찰 기능을 기르는 방법

자기평가는 성찰 기능 신장의 대표적 기법이다. 자신을 돌아본다는 것은 자신의 감정, 학습 관련 변화, 정체성 등 존재로서 모든 것을 포함하기에 자신의 다양한 면을 살펴볼 수 있는 접근이 필요하다.

나. 탐구를 촉진하는 방법

성찰 기능은 탐구의 과정에 사고가 어떻게 변하는지, 무엇을 알게 되었는지, 무엇을 더 알고 싶은지, 더 개선하고 싶은지를 살펴보아 더욱 탐구를 촉진하게 된다.

학습 관련 자기평가	자기평가의 다양한 방법
• 수업 전 자기평가 • 수업 중 자기평가 • 수업 후 자기평가	• 체크리스트 • 루브릭 • 저널/일지 • 문장 완성하기 • 이모티콘, 그림 등

다. 자기평가 기법 활용 방법

자기평가 제시 질문	나의 학습 준비는 어떠한가요?	방법	체크리스트
수업 전 체크리스트 자기 평가	• 어떤 수업이든 수업 전 체크리스트를 통해 자신의 수업 준비를 성찰 • 학기 초 안내 및 교실에 체크리스트 항목을 게시하여 수시 상기하기		

1	필요한 준비물을 챙겼다.	□
2	과제나 숙제를 했다.	□
3	지난 시간 내용이 생각난다.	□
4	오늘 무엇을 할지 예상된다.	□
5	수업에 적극 참여할 마음이 있다.	□

자기평가 제시 질문	나의 학습 활동 참여는 어떤가요?	방법	루브릭
수업 전 체크리스트 자기 평가	• 수업 중 학습 성찰에 대한 루브릭을 함께 만들거나 스스로 만들어 보도록 함. • 전 교괴에 활용 가능하며 학습자 수준에 따라 용어를 다르게 할 수 있음.		

수업 전 체크리스트 자기 평가	자기 평가 내용	항상	가끔	거의
	프로젝트에 아이디어를 제공한다.			
	친구들의 말을 경청하고 존중한다.			
	프로젝트에 필요한 자료를 찾는다.			
	모둠 친구들과 협력한다.			
	프로젝트에서 내가 맡은 부분을 한다.			

자기평가 제시 질문	나의 학습 활동은 어땠나요?	방법	저널, 문장 기술
수업 전 체크리스트 자기 평가	• 수업 후는 수업의 주제에 따른 개념의 이해, 알게 된 점, 더 알고 싶은 점 등 다양하게 평가할 수 있음. • 자기 평가의 영역을 수업 내용, 참여 태도, 삶에 적용 등으로 나누어 평가할 수 있음. - 프로젝트 수행을 위해 어떤 점에 기여했나요? - 자기 평가 항목 중 가장 잘 하는 부분은 어떤 것인가요? - 다음 프로젝트를 위해 더 개선해야 할 부분은 어떤 것인가요?		

라. 자기평가 기법을 활용한 수업 사례

1) 수업 개요

단원명	1. 글자를 만들어요	학년	1학년
학습 주제	시장에 있는 물건 이름에서 자음자와 모음자 찾기		
교수·학습 활동	이 수업은 1학년 국어과 '글자를 만들어요' 단원에서 시장에 있는 물건 이름에서 자음자와 모음자를 찾아보는 활동을 한다. 시장에 가 본 경험, 본 물건들을 이야기하고 채소가게, 과일과게, 생선가게에서 팔고 있는 물건들의 이름을 익힌다. 물건을 하나씩 짚으며 이름을 말해 본 후 물건 이름에서 자음자와 모음자를 찾아보는 것이다. 완성된 물건 이름에서 한 글자씩 분리하고 각 글자의 자음자와 모음자로 분리해 본다. 반대로 자음자와 모음자를 모아서 물건 이름을 완성해 보는 활동을 할 수도 있다.		

2) 수업 절차

수업 후 자기평가 안내하기

오늘은 자기평가를 공부를 다 마친 후 해 볼 것을 학습 시작전에 미리 알려주기

자기평가하기 준비하기

- 어떤 방법으로 자기평가 할지 방법 정하기
  - 체크리스트, 루브릭, 저널/일지, 문장 완성하기, 이모티콘, 그림 등
  - 학생들과 의논하여 정할 수도 있고 교사가 적절히 제시해 줄 수도 있음.

자기평가 방법 사례 보여주기

- 정해진 자기평가 방법을 어떻게 할 수 있는지 사례 보여주기
  - 오늘은 이모티콘과 주어진 낱말을 넣어 문장 완성하기로 자기평가를 해 볼 거예요. 오늘 공부한 것을 얼마나 이해했는지 이모티콘으로 표시하고, 새롭게 알게 된 점과 더 궁금한 점을 문징 완싱하기로 평가해 봅시다.
  - 이모티콘 네 가지 중에 선생님은 잘 이해했으니까 스마일 이모지에 동그라미 표시를 할 거예요. '시장 물건 이름은 다 자음자와 모음자로 되어 있다. 자음자로만, 모음자로만 되는 이름은 없었다.' 이렇게 적어 볼 거예요. 자 이제 여러분도 오늘 공부에 대해 자기평가를 해 보세요.

자기평가하기

3) 활동지

오늘 배운 것	시장 물건 이름에서 자음자와 모음자 찾기			
알게 된 정도				
알게 된 점	'자음자', '모음자' 낱말 넣어 문장 쓰기			

4) 학생 활동 예시

오늘 배운 것	시장 물건 이름에서 자음자와 모음자 찾기			
알게 된 정도				
	○			
알게 된 점	'자음자', '모음자' 낱말 넣어 문장 쓰기			
	물건 이름은 자음자와 모음자가 모여서 된다.			

* 이모티콘 및 예시 chat GPT 생성

2 동료평가(Group Member Evaluation)

동료평가(Group Member Evaluation)는 활동 중 평가 시기에 따라 평가(Evaluation)와 점검(Check)으로 구분할 수 있다. 학습에 참여하는 구성원의 학습 과정과 태도, 성취를 살펴보는 성찰 활동으로, 성찰 기능 신장에 중요하다. 특히 함께 문제를 파악하고 해결하는 프로젝트 학습, 각자의 역할을 충실히 함으로써 최선의 효과를 이루는 협동 학습 등에서 상호평가는 학습의 결과에 영향을 미친다. 상호평가는 학습의 주체성을 가진 개별 학습자를 상호 돌아보는 성찰 활동을 통해 자신의 성장과 타인의 성장을 도모하는 중요한 역할을 한다.

가. 성찰 기능을 기르는 방법

동료평가는 타인의 학습 과정과 성취에 협력하는 의미를 담고 있다. 과제에 따라 협업이 필요한 경우뿐만 아니라 개인 활동이라 하더라도 다른 사람의 결과물에 대한 자기의 평가와 성찰이 중요함을 알 필요가 있다.

나. 탐구를 촉진하는 방법

타인의 학습 과정과 결과, 참여 태도에 대한 평가와 성찰은 학습 주제에 대해 더 나은 방안을 찾고 모색하며 탐구를 깊게 한다. 상호평가는 다른 사람의 의견과 생각에 귀를 기울이고 의견을 존중하며, 협력할 수 있도록 서로 조정하고 탐구를 촉진하는 역할을 한다.

동료평가(Group Member Evaluation)	동료평가(Group Member Check)
• 팀원의 기여도, 책임감, 협력 태도를 평가 • 공정한 평가를 통해 책임감을 높임. • 활동 후반 또는 마무리에 평가 • 수치 평가나 점수로 평가	• 팀원의 역할 수행 여부를 점검 • 문제해결을 위한 조정 및 지원을 유도 • 주로 활동 중간에 실시 • 체크리스트, 간단한 의견 제시

다. 동료평가 기법 활용 방법

<table>
<tr><td>동료평가
제시 질문</td><td>친구와 함께 활동해 본 후, 친구를 평가해 보아요.</td></tr>
<tr><td>1학년 수업 중
팀원 역할
수행
동료평가</td><td>
<table>
<tr><th>동료평가 내용</th><th>아주 잘</th><th>조금 잘</th><th>좀 더 연습</th></tr>
<tr><td>말하기를 또박또박 잘했어요.</td><td></td><td></td><td></td></tr>
<tr><td>친구 말을 잘 들었어요.</td><td></td><td></td><td></td></tr>
<tr><td>문제를 함께 생각했어요.</td><td></td><td></td><td></td></tr>
<tr><td>친구와 사이좋게 활동했어요.</td><td></td><td></td><td></td></tr>
<tr><td>자기가 맡은 일을 했어요.</td><td></td><td></td><td></td></tr>
</table>
</td></tr>
</table>

동료평가 제시 질문	친구에게 하고 싶은 말을 써 주세요.
4학년 수업 중 팀원의 기여도, 협력 태도 동료평가	친구야, 네가____________________ ____해서 좋았어. 다음에는________________ __________하면 더 좋을 것 같아.

<table>
<tr><td>동료평가 제시 질문</td><td>동료평가 체크리스트를 작성해 봅시다.</td></tr>
<tr><td>6학년
수업 후 팀원의
활동 성취 수준
동료평가</td><td>이 상호평가에는 팀원의 활동에 대해 공정한 평가가 필요합니다.
친구에게 실제로 제시되는 평가 점수가 될 것입니다.
정직하고 책임감있는 태도록 평가해 주세요.

<table>
<tr><th>동료평가 내용</th><th>매우 잘함
(3점)</th><th>보통
(2점)</th><th>노력 필요
(1점)</th></tr>
<tr><td>과제에 적극 참여했나요?</td><td>☐</td><td>☐</td><td>☐</td></tr>
<tr><td>협력하며 예의 있게 행동했나요?</td><td>☐</td><td>☐</td><td>☐</td></tr>
<tr><td>자신의 의견을 분명하게 말했나요?</td><td>☐</td><td>☐</td><td>☐</td></tr>
<tr><td>친구의 의견을 경청했나요?</td><td>☐</td><td>☐</td><td>☐</td></tr>
<tr><td>역할을 책임감있게 수행했나요?</td><td>☐</td><td>☐</td><td>☐</td></tr>
</table>
</td></tr>
</table>

라. 동료평가 기법을 활용한 수업 사례

1) 수업 개요

단원명	2. 지구촌의 평화와 발전	학년	6학년
학습 주제	지구촌 갈등 해결을 위한 홍보 자료 만들기		
교수·학습 활동	이 수업은 6학년 사회과 '지구촌의 평화와 발전' 단원에서 지구촌 갈등 해결을 위해 노력할 점에 대해 이야기를 나누어 보고, 지구촌 갈등 해결을 위한 홍보 자료 만들기 활동을 하는 수업이다. '시리아 내전'이나 '스리랑카 내전' 등 여러 갈등의 모습을 살펴보고, 정치, 종교, 민족 간 갈등을 파악한 후 지구촌의 갈등은 어떻게 해결할 수 있을지 방안을 논의한다. 그 후 홍보자료를 어떻게 만들 것인지 방법을 정하고, '전쟁을 멈추어 주세요' 등과 같은 문구를 넣어 홍보물을 완성한다. 학생들은 캔바와 같은 디지털 도구와 픽토그램 등을 사용하여 홍보물을 완성한다.		

2) 수업 절차

동료평가 사전에 안내하기

오늘은 수업 활동 후 여러분의 참여와 활동 태도에 대해 동료평가를 할 거예요.

동료평가 틀 보여주기

• 체크리스트에 어떤 항목이 있는지 미리 알려주기
  - 동료평가 내용은 참여태도, 협력 태도, 예의와 존중, 의견 말하는 태도, 경청, 맡은 역할 수행에 대해 3, 2, 1점 체크리스트로 평가할 거예요. 평가는 나의 참여 태도를 높이는 것뿐만 아니라 친구의 학습도 도와주는 의미가 있기에 모두 잘 파악하고 활동 후 평가해 주세요.

학습 활동 후 상호평가 제시하기

자, 그럼 이제부터 친구 학습 활동에 대해 상호평가를 해 봅시다.
동료평가 친구는 모둠원 3명을 모두 평가합니다. 각자는 3장의 평가 체크리스트를 받게 됩니다.

동료평가하고 친구에게 체크리스트 전달하기

평가 후 체크리스트를 친구에게 전달해 주세요. 각자 자신의 점수를 합산해 보세요.

3) 활동지

* 활동명:
* 평가 대상자(친구 이름):
* 평가자(내 이름):

상호 평가 내용	매우 잘함 (3점)	보통 (2점)	노력 필요 (1점)	평가 점수
과제에 적극 참여했나요?	☐	☐	☐	
협력하며 예의있게 행동했나요?	☐	☐	☐	
자신의 의견을 분명하게 말했나요?	☐	☐	☐	
친구의 의견을 경청했나요?	☐	☐	☐	
역할을 책임감있게 수행했나요?	☐	☐	☐	

친구에게 한마디! 칭찬하고 싶은 내용, 더 나은 발전을 위한 내용 등

4) 학생 활동 예시

* 활동명: 지구촌 갈등 해결 홍보자료 만들기
* 평가 대상자(친구 이름): 박아름
* 평가자(내 이름): 김서라

상호 평가 내용	매우 잘함 (3점)	보통 (2점)	노력 필요 (1점)	평가 점수
과제에 적극 참여했나요?	☑	☐	☐	3
협력하며 예의있게 행동했나요?	☐	☑	☐	2
자신의 의견을 분명하게 말했나요?	☑	☐	☐	3
친구의 의견을 경청했나요?	☐	☑	☐	2
역할을 책임감있게 수행했나요?	☑	☐	☐	3

친구에게 한마디! 칭찬하고 싶은 내용, 더 나은 발전을 위한 내용 등

네가 '전쟁 없는 세상에서 살고 싶어요.' 라는 문구를 생각해서 정말 팀에 큰 도움이 되었어. 넌 책을 많이 읽어서 그런 생각을 잘하는 것 같아. 같은 팀이어서 좋았어.

3 출구 티켓(Exit Ticket, Exit Slips[13])

출구 티켓(Exit Ticket, Exit Slips) 기법은 차시 수업을 마친 후 해당 차시에서 배운 내용에 대해 알게 된 점을 단순히 점검하는 것뿐 아니라 더 생각해 보아야 할 점, 궁금한 점, 학습자가 자신의 삶에 적용할 수 있도록 지원하는 내용까지 포함되는 학습 후 성찰 활동이다. 수업 마무리 단계(수업 종료 3~5분 전)에서 제시되어 출구(Exit)라는 표현을 사용하며, 학생들이 간단한 질문에 답하거나 생각을 정리해서 제출하는 짧은 쓰기 활동이라 할 수 있다. 메모지 작성, 말하기, 이해한 것을 이미지로 그리기, 떠오르는 단어 적기 등으로 가능하다. Exit Ticket은 유무형의 티켓, Exit Slips은 작은 종이 조각이란 뜻이다.

13) Exit Slips 기법은 National Council of Teachers of English(NCTE)에서 운영하는 Read Write Think에서 개발되었음.

가. 성찰 기능을 기르는 방법

출구 티켓 기법은 학생이 자신의 학습 이해도를 확인하고, 수업 목표 도달 여부를 점검하는 기법으로 중요한 자기 성찰의 기회가 된다. 수업 중 활동처럼 깊이 있게 생각하며 오랜 시간을 들이지 않고 간단히 제시하여, 즉시 답할 수 있도록 부담감을 줄이는 내용으로 제시해야 한다.

나. 탐구를 촉진하는 방법

학생 스스로 학습 내용을 정리하며 더 알고 싶은 점, 궁금한 점을 살펴보는 것은 다음 탐구 활동을 위한 기반이 된다. 교사는 학생의 이해 수준, 흥미 등을 파악하여 지속적인 탐구의 연결고리를 제시할 수 있다.

Exit Ticket	Exit Slips
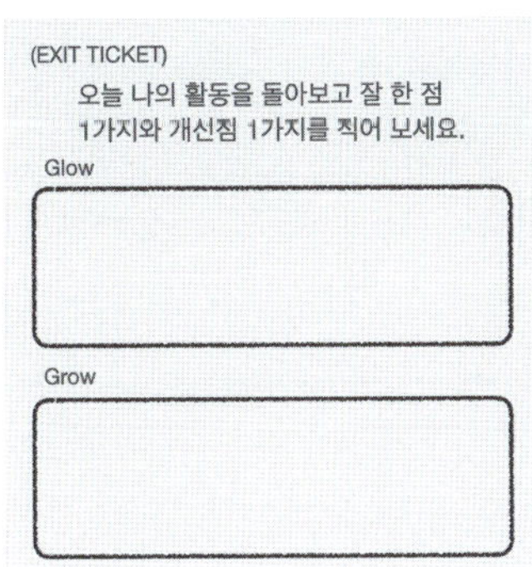 (EXIT TICKET) 오늘 나의 활동을 돌아보고 잘 한 점 1가지와 개선점 1가지를 적어 보세요. Glow Grow	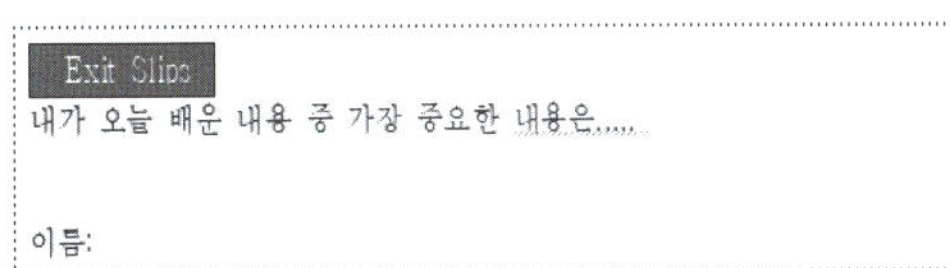 Exit Slips 내가 오늘 배운 내용 중 가장 중요한 내용은.... 이름:

다. 출구 티켓 기법 활용 방법

유형	체크박스형	질문	'오늘 수업에서 나는'
2학년 출구 티켓 예시	• 쪽지를 준비해 두고, 비교적 수업 내용이 간단하거나 단순한 개념 이해를 체크할 수 있는 교과에서 제시하기 • 익숙해지면 체크박스 내용 순서대로 1, 2, 3, 4번 손들어 표시하기로 변형하여 간단히 확인도 가능함. (수학 덧셈, 뺄셈 계산하기/ 화장실 사용법 익히기)		

2학년 출구 티켓 예시		
	□	열심히 참여했다.
	□	새로 알게 된 것이 있다.
	□	친구와 도와가며 공부했다.
	□	아직 잘 모르는 것이 있다.

유형	선택형 문항	질문	이 문제를 풀어 봅시다.
5학년 출구 티켓 예시	• 다음 중 약수가 아닌 것은? (1개 선택) (1) 6의 약수는 1 (2) 6의 약수는 3 (3) 6의 약수는 5 (4) 6의 약수는 6 • 오늘 수업 후 나의 수학 실력은? (✓) □ 매우 자신 있어요 □ 조금 더 연습해야 해요 □ 아직 어렵지만 열심히 해 볼게요		

유형	키워드형	질문	오늘 수업을 한 단어나 문장으로
6학년 출구 티켓 예시	• 오늘 수업을 가장 잘 나타내는 단어나 문장은? 그 이유는? • 내가 이해한 정도를 1~10으로 표시하기 • 오늘 배운 내용을 삶에 적용할 방법 1가지 제시하기 • 다음 시간 배울 내용 예상하고 이유 말하기 • 오늘 배운 내용 25글자 이내로 정리하기 - 오늘 수업에서 가장 좋았던 부분은?		

라. 출구 티켓 기법을 활용한 수업 사례

1) 수업 개요

단원명	지도로 만나는 우리 지역	학년	4학년
학습 주제	지도가 무엇인지 알아보기		
교수·학습 활동	이 수업은 4학년 사회과 '지도로 만나는 우리 지역' 단원에서 지도가 무엇인지 탐색하는 수업이다. 지도란 '땅의 모습을 그린 그림'이라는 개념을 확인한 후 학생들은 지도에 약속된 기호가 있는 것을 살펴본다. 지도의 특성이 무엇인지, 어떤 종류의 지도가 있는지도 살펴본다. 지도에서 사용되는 방위표, 등고선, 기호도 알아보고, 축척에 대해서도 배우게 된다. '보물지도', '나만의 지도' 만들기 활동을 함께 할 수 있다.		

2) 수업 절차

출구 티켓(Exit Slips) 안내하기
Exit Slips은 수업 종료 전 충분한 시간을 두고 제시하며 작성 내용을 안내하기
출구 티켓(Exit Slips)의 내용 살펴보기
오늘 출구티켓은 Exit Slips라고 부르는 활동이에요. 여러분이 오늘 수업 후 오늘 배운 것 중 가장 중요하다고 생각하는 것, 어떤 도움이 더 필요한지, 그리고 더 알고 싶은 것이 무엇인지 적어보는 거예요. 종이 조각을 선생님이 많이 준비해 두었는데 본인이 답하고 싶은 것을 고르거나 임의로 골라 작성할 수 있어요.
출구 티켓(Exit Slips) 고르기(정하기)
앞에 나와 출구 티켓(Exit Slips)를 하나씩 고르세요.
출구 티켓(Exit Slips) 작성하기
본인이 고른 종이에 답을 적은 후 한 곳에 모을 거예요.
출구 티켓(Exit Slips) 내용 공유하기
다시 한 장을 임의로 골라 친구의 출구 티켓(Exit Slips) 내용을 살펴 보아요.

3) 활동지

Exit Slips

내가 오늘 배운 내용 중 가장 중요한 내용은 ....

이름:

Exit Slips

내가 도움이 더 필요한 부분은 ....

이름:

Exit Slips

내가 더 알고 싶은 내용은 ....

이름:

4) 학생 활동 예시

Exit Slips

내가 오늘 배운 내용 중 가장 중요한 내용은 ....

지도가 약속된 기호와, 등고선, 방위표, 기호 등을 사용한다는 것이다.

Exit Slips

내가 도움이 더 필요한 부분은 ....

등고선은 정말 보기가 어려웠다. 축척은 무슨 뜻인지 잘 모르겠다.

Exit Slips

내가 더 알고 싶은 내용은 ....

다른 나라의 지도는 다 영어로 쓰여 있을까? 중국 지도는 중국어로 쓰여 있을지 궁금하다.

4 예전에는, 지금은(I Used to Think, Now I Think)[14)]

예전에는, 지금은 (I Used to Think, Now I Think) 기법은 학습 전후의 개념 지식에 대한 변화나 이해의 확장을 시각적으로 표현하는 방법이다. 글로도 쓸 수 있으며, 마인드맵이나 그림으로도 표현이 가능하다. 학습 이전과 이후의 전반적 비교로 개념 지식의 변화, 개념 이해의 변화, 감정, 메타인지의 변화 등을 비교해 보도록 하여 학습자의 학습 과정과 전후를 성찰할 수 있다. 학습자는 자신의 사고 변화를 살펴보며 오개념의 교정, 새로운 지식을 기존의 지식에 구성하는 과정을 거친다. T-Chart 활동을 변형하여 전과 후를 비교하는 활동으로 활용할 수도 있다. T-Chart 활동은 학습 개념에 대한 이전과 이후의 이해 변화 등을 다루는 활동이나 자신의 학습에 대한 이전, 이후를 비교한다는 면에서 예전에는, 지금은 활동과 유사하다.

14) 예전에는, 지금은 사고루틴은 하버드 교육대학원 Project Zero의 PZ Connect 프로젝트의 일환으로 개발되었음.

가. 성찰 기능을 기르는 방법

학습 이전에는 무엇을 안다고 생각했으며, 그것이 왜 틀렸는지에 대한 성찰은 자기 인식 능력을 신장시킨다. 오개념의 수정 외에도 자신의 학습에 대한 비판적 사고로 자기 교정 및 학습에 대한 주도성과 성찰을 기를 수 있다. 또한 학습을 통해 더욱 발전할 수 있고 변화하는 자신을 점검함으로써 성장 마인드셋(growth mindset)을 가질 수 있다.

나. 탐구를 촉진하는 방법

이제 무엇을 알게 되었다는 인식은 '다음에 난 무엇을 알게 될까?' 또는 '무엇을 더 알고 싶지?'로 연결되어 탐구를 더욱 촉진한다. 탐구 활동 중의 자료와 데이터를 분석하고, 초기 생각을 비교하며 비판적 사고를 신장하며 탐구를 촉진하게 된다. 다양한 방법으로 학습 이전과 이후를 살펴보며 성찰할 수 있도록 지원이 필요하다.

다. 예전에는, 지금은 기법 활용 방법

예전에는, 지금은 제시	공부하기 전 알고 있었던 것과 공부한 후 알게 된 점을 정리해 봅시다.
1학년 교수·학습 활동	• 우리 주변 물건의 이름 익히기(가방, 컵, 냉장고 등) • 문자와 소리의 구성 원리를 학습하고 한글을 배우는 수업임.  **공부하기 전**: 물건 이름은 그냥 글자로 있는 건 줄 알았다. → **공부한 후**: 자음과 모음이 만나 만들어졌다.

* 이미지 chat GPT 생성

<table>
<tr><td>예전에는,
지금은 제시</td><td>실험하기 전과 후에 생각을 정리해 봅시다.</td></tr>
<tr><td>4학년
교수·학습
활동</td><td>• 물의 변화 단원에서 물이 증발할 때의 특징 관찰하기 후 작성
• 3일 동안 비커에 담긴 물 높이 관찰하고 기록하기
<table>
<tr><th>실험 전 알고 있었던 점</th><th>실험 후 더 알게 된 점</th></tr>
<tr><td>물은 증발하기 때문에 물이 줄어들 것을 알고 있었다.</td><td>물이 예상보다 적게 줄어들어 날씨 때문에 온도와 습도 등의 영향을 받는다는 것을 알게 되었다.</td></tr>
</table>
</td></tr>
</table>

<table>
<tr><td>예전에는,
지금은 제시</td><td>예전에는, 지금은 기법으로 공부하며 알게 된 점, 생각한 점을 정리해 봅시다.</td></tr>
<tr><td>6학년
교수·학습
활동</td><td>• 민주주의의 발전과 시민 참여 단원, 5·18 민주화 운동에 대해 알아보는 학습
• 5·18 민주화 운동의 다양한 면 중 한 가지를 골라 정리하기
• 학생 수준에 따라 정리의 수준 달리하기
<table>
<tr><th>예전에는</th></tr>
<tr><td></td></tr>
</table>
<table>
<tr><th>지금은</th></tr>
<tr><td></td></tr>
</table>
<table>
<tr><th>예전에는</th><th>지금은</th></tr>
<tr><td></td><td></td></tr>
<tr><td></td><td></td></tr>
<tr><td></td><td></td></tr>
<tr><td></td><td></td></tr>
<tr><td></td><td></td></tr>
</table>
</td></tr>
</table>

라. 예전에는, 지금은 기법을 활용한 수업 사례

1) 수업 개요

<table>
<tr><td>단원명</td><td>여러 가지 도형</td><td>학년</td><td>2학년</td></tr>
<tr><td>학습 주제</td><td colspan="3">○ 모양의 이름 알고 다양한 방법으로 그려 보기</td></tr>
<tr><td>교수·학습
활동</td><td colspan="3">이 수업은 2학년 수학과 '여러가지 도형' 단원에서 ○을 알아보고 다양한 방법으로 그려 보는 수업이다. 생활 중 ○의 모양을 찾아보고, 이름을 '원'이라 하는 것을 배운다. 크기가 다른 원이지만 특징에 대해서는 시각적으로 찌그러진 부분이 없이 일정한 모양임을 알고 물건 본뜨기와 모양자를 활용하기 등으로 원을 그려 보는 수업이다. 수업 후 학생들은 예전에 알고 있던 점과 알게된 점을 생각하고 정리한다.</td></tr>
</table>

2) 수업 절차

예전에는, 지금은 양식 보여주기
• 오늘은 예전에는, 지금은 활동으로 이 양식을 활용할 거예요.   - 실물 또는 실물화상기, ppt로 제시하며 보여주기
예전에는, 지금은 작성 방법 설명하기
왼쪽에는 여러분이 원에 대해 알고 있었던 것, 생각했던 점, 오른쪽에는 오늘 원 모양을 살펴보고 알게 된 점, 생각이 바뀐 점 등을 적어보는 거예요. 가운데에는 무엇을 쓰면 좋을까요? 네에. '원'이라고만 써도 되고 '원 그리기'라고 해도 좋겠지요. 활동을 하며 생각했던 것이 어떻게 변했는지 잘 돌아보며 써 보아요. 그림도 같이 그려도 좋습니다.
예전에는, 지금은 작성하기
예전에는, 지금은 활동 공유 및 나누기
• 실물화상기를 이용하여 몇 학생의 결과물 보여주기 • 게시판에 다 같이 붙이고 살펴보기 • 짝과 나누기, 모둠끼리 나누기 등

3) 활동지

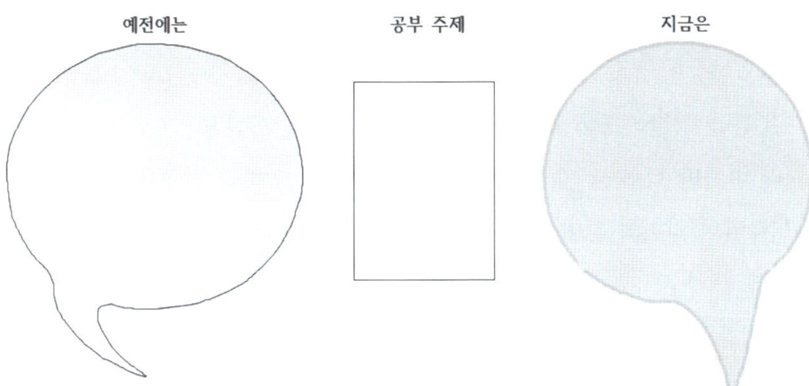

4) 학생 활동 예시

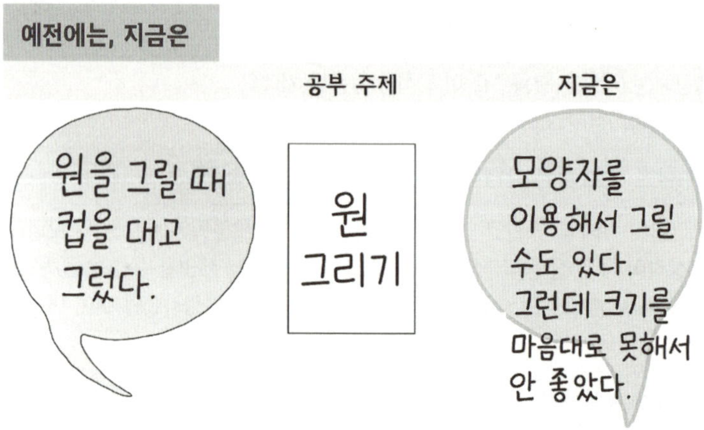

* 예시: chat GPT 생성

5 별 둘 소원 하나(2 Stars & 1 Wish)

별 둘 소원 하나(2 Stars & 1 Wish) 기법은 평가 기법에서 'Glow - 빛난 점, 잘한 점', 'Grow -성장이 필요한 점, 개선할 점'와 같이 Star는 잘한 점, Wish는 바라는 점, 개선할 점 등을 성찰하도록 할 수 있다. 잘한 점 2개와 개선점 1개로 하여 '2 Stars & 1 Wish'라 하지만 학년 및 개별 학습자 수준에 따라 숫자를 변경하여 활용할 수 있다. 빛나는 별의 의미와 같이 학습에서의 긍정적 측면(좋았던 점, 잘한 점, 배운 점, 자랑하고 싶은 점 등)과 바라는 점(다음에 더 잘하고 싶은 점, 더욱 나은 발전을 위해 바꾸고 싶은 점, 더욱 개선할 점, 더 해 보고 싶은 점 등)을 살펴볼 수 있다. 저학년 학생들을 위해서는 '별 둘 소원 하나'라는 표현으로 제시할 수 있다.

가. 성찰 기능을 기르는 방법

학습자가 자신의 학습인지 및 정서적 측면, 태도 등 모든 면에서 빛나듯 잘하는 점을 성찰하는 것은 자신에 대한 자존감을 높게 하고, 자신감을 가지도록 할 수 있다. 또한 개선점을 바라는 점(wish)으로 표현하여 더욱 편안하고 친근감 있게 발전을 위해 자신을 돌아볼 수 있도록 한다. 2 Stars & 1 Wish는 스스로의 학습 및 정서에 대한 성찰뿐만 아니라 친구를 돌아보는 상호평가에도 활용될 수 있으며 학급 전체의 성찰을 위해서도 유용한 기법이다.

나. 탐구를 촉진하는 방법

내가 스스로 해낸 점, 더 깊이 탐구해 보고 싶은 점, 더 나은 탐구를 위해 발전해야 할 점 등을 살펴봄으로써 탐구 활동에 대한 성찰 및 확장이 가능하다. 질문을 약간 변경하여 탐구에 초점을 맞추어 성찰하도록 유도할 수 있다.

다. 별 둘 소원 하나 기법 활용 방법

<table>
<tr><td>2 Stars &
1 Wish 제시</td><td>오늘 배움의 별 두 개와 소원 하나를 찾아봅시다.</td></tr>
<tr><td>1학년
교수·학습
활동</td><td>• 1학년 1학기 6단원 '또박또박 읽어요' 여러 가지 문장 읽기 활동 후
• 문장 따라 읽기 후 그림을 확인하며 문장 소리내어 읽기
<table>
<tr><th>구분</th><th>되돌아보기</th></tr>
<tr><td>★ Star 1</td><td>읽을 때 적당한 속도로 읽었다.</td></tr>
<tr><td>★ Star 2</td><td>자신감을 가지고 읽어서 목소리가 컸다.</td></tr>
<tr><td>✿ Wish</td><td>가족 앞에서 읽어 주고 싶다.</td></tr>
</table></td></tr>
</table>

<table>
<tr><td>2 Stars &
1 Wish 제시</td><td>2 Stars & 1 Wish 활동으로 학습 성찰을 해 봅시다.</td></tr>
<tr><td>4학년
교수·학습
활동</td><td>• 4학년 1학기 2단원 '우리 지역의 국가유산' 우리 지역의 국가유산 조사하기
• 우리 지역의 국가유산 중 조사하고 싶은 유산을 정하고 조사 방법을 정한 후 조사하고 정리하기
★ 오늘 활동 중 잘한 점: ______________________</td></tr>
</table>

<table>
<tr><td>4학년
교수·학습
활동</td><td>★ 뿌듯하고 칭찬하고 싶은 점:
___
✿ 더 잘하고 싶은 점:
___</td></tr>
</table>

<table>
<tr><td>2 Stars &
1 Wish 제시</td><td colspan="4">뮤지컬 발표에 대해 2 Stars & 1 Wish 활동을 해 봅시다.</td></tr>
<tr><td rowspan="3">6학년
교수·학습
활동</td><td colspan="4">• 6학년 창체 뮤지컬 공연 후 성찰하기
• 이제까지 배운 뮤지컬 공연 후 자기 학급의 공연에 대한 되돌아보기
• 학생들의 의견에 따라 3 Stars & 1 Wish 로 변형 작성가능함.</td></tr>
<tr><td>★</td><td>★</td><td>★</td><td>✿</td></tr>
<tr><td></td><td></td><td></td><td></td></tr>
</table>

라. 별 둘 소원 하나 기법을 활용한 수업 사례

1) 수업 개요

<table>
<tr><td>단원명</td><td>악기 연주</td><td>학년</td><td>6학년</td></tr>
<tr><td>학습 주제</td><td colspan="3">바른 자세와 주법으로 리코더 연주하기</td></tr>
<tr><td>교수·학습
활동</td><td colspan="3">이 수업은 6학년 음악과 '악기 연주' 단원에서 리코더를 연주하는 수업이다. 학생들은 리코더의 구조와 올바른 연주 자세를 탐색하고 텅잉 주법을 익혀 연주한다. 자신이 연주하고 싶은 곡을 고르고 그 곡을 정한 이유도 함께 나눌 수 있다. 또한 연주를 위해 어떤 준비를 해 왔는지 자신의 연습 시간 및 시기 등도 나눌 수 있다. 동료평가 및 상호평가를 통해 학생과 교사의 평가 의견도 잘 기억하여 성장에 반영할 수 있도록 한다. 리코더 연주를 마치고 자신의 음악 수업 활동을 2 Stars & 1 Wish로 성찰한다.</td></tr>
</table>

2) 수업 절차

2 Stars & 1 Wish 소개하기

오늘은 리코더 연주도 하고 친구들의 연주도 들어 본 후 2 Stars & 1 Wish 활동으로 학습 성찰을 해 볼 거예요. 별이 두 개가 있고, 바라는 점 한 가지를 쓰는 칸이 있어요.

2 Stars & 1 Wish 작성법 안내하기

2 Stars는 자신이 잘한 점, 발전한 점, 뿌듯하고 스스로 보람이 느껴지는 점 등을 살펴보고, Wish는 더 나은 발전을 위한 개선점이나 원하는 것, 바라는 도움이나 지원 등을 생각해 보는 거예요. 친구들의 연주를 들으면서도 생각해 보고 특히 나의 연주에 관한 그리고 리코더 배우기 수업 과정에 대한 생각들을 잘 살펴보세요.

2 Stars & 1 Wish 작성하기

필요에 따라 별을 더 추가하여 3 Stars로 해도 되고 바라는 점도 더 써도 좋아요.

2 Stars & 1 Wish 공유하기

- 게시판에 붙이고 전체 보기
- 게시판에 붙이고 친구들이 댓글 달아주기
- 짝과 나누기, 대표 학생 나누기, 실물화상기에 보여주며 각자 발표하기 등

3) 활동지

Star 1

Star 2

Wish

4) 학생 활동 예시

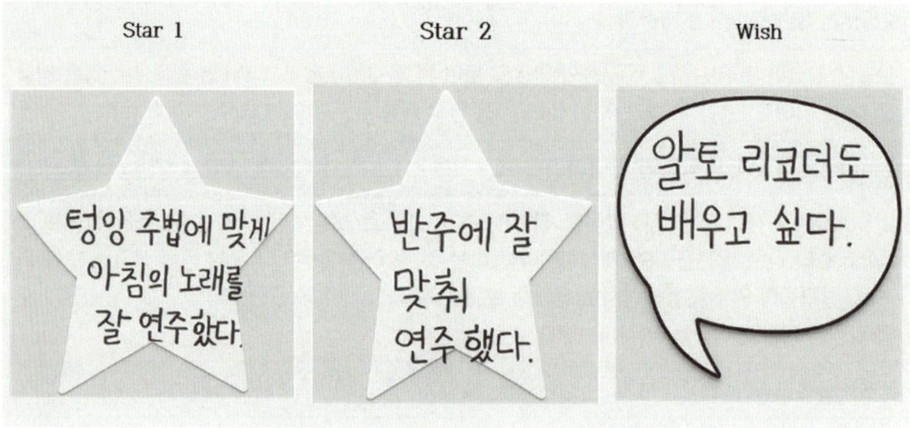

6 탐색 과정 자기 성찰(I Search Process Reflection)

탐색 과정 자기 성찰 기법(I Search Process Reflection)은 프로젝트나 탐구 단원의 학습을 마친 후 탐색의 과정을 되돌아보며 작성하는 활동이지만 한 차시의 학습 후에도 적용할 수 있다. 학생의 주도적 탐구 활동 과정을 돌아보는 성찰 과정을 통해 학습의 의미를 찾고, 향후 개선 방향을 생각해 볼 수 있다. 자신이 수행한 정보의 탐색과 문제해결 과정 전반을 되돌아보며 학습의 깊이를 더하고 학습의 주체로서 성장할 수 있도록 지원할 수 있다. 학년별 수준에 맞게 탐색 과정을 살펴보는 기준을 변형하여 제시할 수 있으며, 교사의 적절한 예시 표현을 통해 쉽게 접근할 수 있도록 지원이 필요하다. 탐색 목표, 정보 선택의 기준, 어려움의 극복 과정, 성찰 및 개선점 등의 요소를 성찰할 수 있도록 활동지의 항목을 다양하게 변형할 수 있다.

가. 성찰 기능을 기르는 방법

자신의 탐색 전략과 정보 처리 방식, 오류의 인식, 어려움을 인지하고 극복한 과정을 돌아보는 일련의 과정은 학생의 성찰 기능을 신장하는 좋은 방법이다. 학습 과정뿐만 아니라 자신의 학습에 대한 메타인지 강화 및 자기 주도 학습 능력을 신장하는 이점까지 있다.

나. 탐구를 촉진하는 방법

학생은 자신의 문제해결 과정과 정보 탐색 방법을 깊이 있게 돌아보며 자신의 탐구 역량을 강화할 수 있다. 또한 자신의 사고 과정을 점검하고 부족한 부분을 발견하여 다음 탐구를 개선할 수 있다. 문제해결 과정 점검을 통해 문제 상황에 대한 대응 능력을 기르고, 능동적인 탐구 자세를 갖추도록 강화할 수 있다.

다. 탐색 과정 자기 성찰 기법 활용 방법

<table>
<tr><td>탐색 과정
자기 성찰 제시</td><td>'다양한 하루' 학습을 돌아보며 탐색 과정 자기 성찰 활동을 해 봅시다.</td></tr>
<tr><td>1학년
교수·학습 활동</td><td>• 1학년 2학기 통합 '다양한 하루' 수업 후 활동
• 일하는 사람들의 다양한 하루를 탐색한 과정에 대한 성찰 정리
<table>
<tr><th colspan="3">탐색 과정 자기 성찰</th></tr>
<tr><td></td><td>탐색 질문</td><td>자료 찾기</td></tr>
<tr><td>일하는 사람들</td><td>사람들은 어떤 일을 할까?</td><td>책, 인터넷 검색, 친구 의견</td></tr>
<tr><td>알게 된 점</td><td>우체부, 배달부, 유튜버,
선생님, 농부</td><td>내가 모르는 것을 친구가
알 수도 있다.</td></tr>
</table></td></tr>
</table>

<table>
<tr><td>탐색 과정
자기 성찰 제시</td><td>이번 프로젝트에 관한 탐색 과정 자기 성찰 활동을 해 봅시다.</td></tr>
<tr><td>2학년
교수·학습
활동</td><td>

• 1학년 1학기 통합 '자연' 수업 후 활동
• 자연 단원을 학습하며 탐색한 과정을 돌아보기(그림으로 표현도 가능)

<table>
<tr><th colspan="4">탐색 과정 자기 성찰</th></tr>
<tr><th></th><th>탐색 질문</th><th>자료 찾기</th><th>활동</th></tr>
<tr><td>발전</td><td>자연엔 동물, 사람, 식물이 있다.</td><td>인터넷, 책, 사진 자료</td><td>도움을 주고 받는 동식물(무당벌레, 해바라기와 꿀벌)</td></tr>
<tr><td>도전</td><td>반려동물 입양 과정이 어려웠다.</td><td>식물이 자라는 데 필요한 것</td><td>화분에 씨앗 심기</td></tr>
<tr><td>어려움 해결</td><td>선생님께 질문</td><td>친구들과 나누기</td><td>흙 놀이 후 정리</td></tr>
</table>

</td></tr>
</table>

라. 탐색 과정 자기 성찰 기법을 활용한 수업 사례

1) 수업 개요

<table>
<tr><td>단원명</td><td>I'm in the sixth grade.</td><td>학년</td><td>6학년</td></tr>
<tr><td>학습 주제</td><td colspan="3">서수를 활용한 문장 표현 익히기</td></tr>
<tr><td>교수·학습
활동</td><td colspan="3">이 수업은 6학년 영어과에서 순서를 나타내는 표현을 익히는 단원이다. What grade are you in? Where is your classroom? 등의 질문과 I'm in the 6th grade. It's on the 2nd floor. 와 같이 대답하는 표현이다. 학생들은 학년, 층수, 날짜 표현 등 다양하게 활용되는 순서를 나타내는 말을 탐색하고 실생활에서 서수를 활용한 대화를 적용하고 표현할 수 있도록 한다. 달리기를 한 후 등수를 나타내거나 줄을 서고 순서를 말하는 놀이활동도 함께 진행한다.</td></tr>
</table>

2) 수업 절차

탐색 과정 자기 성찰 안내하기
이번 단원은 서수를 표현하여 대화하는 표현을 배웠습니다. 생활 등 다양한 상황에서 서수를 표현하는 경우를 살펴보았어요. 탐색 과정 자기 성찰 활동을 하며 단원 학습을 돌아봅시다.
탐색 과정 자기 성찰 활동지 소개 및 작성 예시 소개하기
이번 성찰 활동지는 다음과 같은 루브릭 형식으로 되어 있어요. 가로에는 질문하기, 자료를 찾고 정리하기, 내가 알게 된 것 정리하기가 있고 세로에는 나의 성장, 이것은 내가 잘하게 된 것을 말해요. 그리고 도전이 되었던 점, 개선하고 싶은 점이 있어요. 예를 들어 탐색 질문에 대해 도전이 되었던 점 칸에는 경우에 따라 스펠링이 달라지기 때문에 '왜 철자가 다 다를까?'라고 작성할 수 있겠어요.
탐색 과정 자기 성찰 활동지 작성하기
그럼 단원의 전 과정을 돌아보며 성찰 활동지를 작성해 봅시다.
탐색 과정 자기 성찰 활동 공유하기
게시판에 게시하고 메모지로 답글 적기, 모둠별 발표하기 등으로 공유

3) 활동지

탐색 과정 자기 성찰			
	서수 익히기	서수가 들어가는 문장	미션 활동
발전			
도전			
어려움 해결			

4) 학생 활동 예시

탐색 과정 자기 성찰			
	서수 익히기	서수가 들어가는 문장	미션 활동
발전	fifth, ninth 등 다른 철자를 잘 익혔다.	달리기 할 때 first place, second place 등을 배웠다.	학교 안 장소의 영어이름을 알게 되었다.
도전	twelfth가 어렵다. v가 f로 바뀐다.	학년을 묻는 질문의 대답 I'm in the 와 건물층수 It's on the 가 헷갈림.	교실 위치는 자신있게 말할수 있는데 교실의 영어 이름이 어렵다.
어려움 해결	여러 번 쓰고 말하기, 친구와 서로 불러주며 써 보기	질문과 대답 많이 말하기	서로 역할 나누어 시간 안에 장소 이름을 알아옴.

7 하이쿠 성찰(Haiku Reflective)[15)]

하이쿠 성찰(Haiku Reflective) 기법은 일본의 전통 시인 하이쿠의 양식으로, 5-7-5 음절 구조로 세 줄로 이루어진 글 양식이다. 일정한 음절로 학습 과정이나 학습 후 알게 된 점, 느낀 점 등 성찰 내용을 표현하는 것은 자신에게 중요하고 의미 있는 어휘를 선택하기에 쉽고도 어려운 활동일 수 있다. 그렇기에 단계적으로 접근하여 표현하도록 정련하는 과정이 필요하다. 우선은 관련된 학습 주제 및 학습 내용, 소감 등에 떠오르는 단어를 브레인스토밍(braining storming) 하여 생각을 정리한 후 필요한 음절 수를 적어 5음절, 7음절, 5음절의 단어를 선택하여 내용을 완성한다. 학생 개별 하이쿠 및 여러 학생의 하이쿠를 연결하여 확장할 수도 있고, 개인이 여러 개의 하이쿠를 작성할 수도 있다. 학생 수준에 따라 하이쿠의 수를 달리할 수 있다.

15) 하이쿠 성찰 기법은 National Council of Teachers of English(NCTE)에서 운영하는 Read Write Think에서 개발되었음.

가. 성찰 기능을 기르는 방법

하이쿠에는 짧은 시의 형식이나 학습 과정에서 느낀 감정, 관찰한 것, 알게 된 개념 등을 담아야 하기에 자연스럽게 성찰을 촉진하는 도구가 된다. 성찰 기법으로 하이쿠를 작성하게 될 것을 미리 안내하면 학생은 주의 깊은 관찰과 사고를 시작할 수 있다. 또한 작성 시 정제된 표현을 통해 자신을 더욱 이해하게 되어 성찰을 촉진할 수 있다.

나. 탐구를 촉진하는 방법

단순한 시 창작이 아니라 일상의 작은 순간이나 감정, 사고를 포착하기에 학생은 학습 과정이나 대상을 더욱 주의 깊게 관찰할 수 있다. 하이쿠를 작성하는 동안 학생은 알게 된 것을 어떻게 표현할지 스스로 질문의 과정을 거치며, 탐구의 결과를 표현하고 공유함으로써 학급 전체의 탐구를 촉진한다.

나. 하이쿠 성찰 기법 활용 방법

하이쿠 제시 질문	누구를 표현한 하이쿠일까요?
3학년 교수·학습 활동	• 학기 초 학생들이 서로를 알아 가는 시간에 활용 • 친구들의 이름을 익히고, 놀이 활동이나 학습 과정을 통해 시간을 보낸 후 서로 첫인상이나 모습을 본 후 표현해 보기 • 교사가 예시를 보여주고 활동하기 - 주제: 내 친구(우리 반 친구) 머리는 짧고(5음절) 목소리가 좋아요(7음절) 많이 웃겨요(5음절)

<table>
<tr><td>하이쿠
제시 질문</td><td>친구와 관련된 경험을 하이쿠로 표현해 봅시다.</td></tr>
<tr><td>4학년
교수·학습
활동</td><td>• 창체 또는 교과 연계로 '학교폭력 예방교육' 실시 후 활동하기
• 개인별 3연의 하이쿠로 학교폭력 예방교육 내용을 생각하며 나와 친구의 관계, 친구에 대한 생각, 다짐 등을 써 보기
- 주제: 친구가 있는 학교 생활
<table><tr><td>친구랑 싸워(5)
마음이 어두워져(7)
천둥이 치네(5)</td><td>내 곁의 보물(5)
같이 웃고 떠들면(7)
행복이 두 배(5)</td><td>나랑 다르다(5)
다르나 같이 크는(7)
친구란 신비(5)</td></tr></table></td></tr>
</table>

<table>
<tr><td>하이쿠
제시 질문</td><td>현장 체험 후 오늘 활동을 하이쿠로 정리해 봅시다.</td></tr>
<tr><td>5학년
교수·학습
활동</td><td>• '잡 월드' 현장 체험을 한 후 오늘의 활동 내용과 알게된 점, 느낌, 소감을 하이쿠로 정리하기
• 우리 반 하이쿠를 연결하여 학급 현장 체험 하이쿠 만들기(모둠별로 엮기)
- 주제: 다양한 직업을 알게 된 현장 체험
<table><tr><td>다양한 직업(5)
나의 미래 직업은(7)
꿈을 키우네(5)</td><td>불을 꺼야 해 (5)
위험을 무릅쓰고(7)
생명 구하기(5)</td><td>나는 요리사 (5)
재료로 요술 부리기(7)
맛의 세계로(5)</td></tr></table></td></tr>
</table>

라. 하이쿠 성찰 기법을 활용한 수업 사례

1) 수업 개요

<table>
<tr><td>단원명</td><td>3. 지속가능한 지구촌</td><td>학년</td><td>6학년</td></tr>
<tr><td>학습 주제</td><td colspan="3">지속가능한 미래를 위한 노력</td></tr>
<tr><td>교수·학습
활동</td><td colspan="3">이 수업은 6학년 사회과 '지속가능한 지구촌' 단원에서 지속가능한 미래를 만들기 위한 노력에 대해 알아보는 수업이다. 빈곤과 기아 퇴치를 위한 노력을 알아보고, 친환경적 생산 방식과 소비 방식의 확산을 위해 어떤 노력을 할 수 있는지 배운다. 학생들은 생활 속 친환경 제품을 찾아보기도 한다. 지구촌의 문제에 대해 살펴본, 그동안의 학습을 정리하며 어떤 노력을 할 수 있는지 실천적 방안을 찾도록 한다. 이런 수업 후 학습 성찰을 하이쿠로 정리한다.</td></tr>
</table>

2) 수업 절차

하이쿠 소개하기

하이쿠는 5-7-5음절로 배운 내용이나 생각을 표현하는 활동입니다. 5-7-5음절을 반드시 지켜야 하는 것은 아니나 가급적이면 음절 수로 표현해 보도록 생각을 정리해 보세요. 한두 글자의 차이는 괜찮아요.

단어 브레인스토밍하고 음절 수 적어 보기

지구촌의 문제를 생각하며 지속가능한 미래를 위한 노력이나 학습 과정에서 느낀 점, 배운 개념, 떠오르는 단어를 적어 보고 음절 수도 적어 봅시다.

하이쿠 초안 만들기

개인별로 3연 연작으로 하이쿠 초안을 적어 봅시다.

하이쿠 정리하기

생각과 질문, 느낌을 정리하며 하이쿠 성찰을 정리해 봅시다.

하이쿠와 어울리는 그림 그리기, 공유하기

원하는 경우 하이쿠와 어울리는 그림을 넣어 봅시다. 완성된 하이쿠를 자료 업로드, 게시, 낭독 등을 통해 공유해 봅시다.

3) 활동지

<하이쿠 성찰하기>

✹ 주제: 내가 전하고 싶은 이야기
- 단어 브레인스토밍:
- 음절 수 적어 보기:
- 하이쿠 초안:

1연	2연	3연
1행 (5): ________ 2행 (7): ________ 3행 (5): ________	1행 (5): ________ 2행 (7): ________ 3행 (5): ________	1행 (5): ________ 2행 (7): ________ 3행 (5): ________

- 하이쿠 최종:

1연	2연	3연
1행 (5): ________ 2행 (7): ________ 3행 (5): ________	1행 (5): ________ 2행 (7): ________ 3행 (5): ________	1행 (5): ________ 2행 (7): ________ 3행 (5): ________

4) 학생 활동 예시

<하이쿠 성찰하기>

❀ 주제: 내가 전하고 싶은 이야기
- 단어 브레인스토밍: 지속가능, 빈곤, 기아, 미래, 평화, 동물복지, 친환경, 인류, 가난, 배고픔, 영양 결핍, 깨끗한 지구, 환경, 공정무역, 차별
- 음절 수 적어 보기: 지속가능한(5), 배 고픈(3), 사람들(3), 함께 행복(4), 인류의 평화(5), 배가 고파요(5), 환경문제(4), 환경을 지켜요(6)...
- 하이쿠 초안:

1연	2연	3연
1행 (5): 나만 배불러 2행 (7): 누군가는 배고파 3행 (5): 함께 살려면	1행 (5): 지구는 아파 2행 (7): 쓰레기 줄이기 3행 (5): 물도 아끼기	1행 (5): 깨끗한 지구 2행 (7): 나도 후손도 살고 3행 (5): 함께 영원히

- 하이쿠 최종:

1연	2연	3연
1행 (5): 배고픔 없는 2행 (7): 함께 사는 세상 3행 (5): 음쓰 줄이기	1행 (5): 지구가 아파 2행 (7): 쓰레기도 줄이고 3행 (5): 물도 아껴요.	1행 (5): 영원한 지구 2행 (7): 깨끗하게 유지해 3행 (5): 후대에 주자

8 장미와 가시(Rose & Thorn)

장미와 가시(Rose & Thorn) 기법은 수업 활동에 대한 반성, 정서적인 성찰 등 학습 마무리 활동으로 사용되는 효과적인 자기 성찰 기법 중 하나이다. 장미(rose)는 장점, 좋았던 점, 성장한 점, 기쁘거나 유익하거나 즐거웠던 점 등을, 가시(thorn)는 단점이나 도전되는 점, 아쉬운 점, 다음에 개선하고 싶은 점 등을 돌아보는 것이다. 협력학습이나 프로젝트 마무리에도 유용하며, 학년에 따라 말이나 그림으로 표현하기, 글로 쓰고 발표하기, 정기적 기록, 쪽지에 작성하기 등 다양한 방법으로 할 수 있다. 저학년의 경우 장미와 가시, 고학년은 버드(bud: 싹)를 더하여 활동할 수 있다. 또는 학생 개개인의 선택에 따라 버드(싹)을 추가하거나 빼고 활동할 수 있다.

가. 성찰 기능을 기르는 방법

자신이 잘한 점, 즐거웠던 경험 되돌아보기를 통해 학생은 자존감을 형성하고, 자신의 감정을 자연스럽게 표현하는 활동을 통해 더욱 성찰을 강화할 수 있다. 이 기법을 통해 자기 인식을 촉진하고, 자기평가 능력을 강화하며, 표현 능력도 향상한다. 버드(bud: 싹)를 추가하여 앞으로 더욱 해 보고 싶은 것, 기대되는 것을 더 할 경우 성찰 기능의 깊이와 폭을 확장할 수 있다.

나. 탐구를 촉진하는 방법

단순한 소감 활동을 넘어 탐구의 과정으로 이어지도록 성찰의 과정을 구체화할 수 있다. 자기 인식과 감정의 표현, 자기평가, 성장 목표 설정의 순환 과정을 통해 학생은 성찰적 학습자로서 성장할 수 있다. 이러한 성장은 학습의 전 과정에서도 질문과 새로운 것에 대한 발견, 그것을 인지하는 자신에 대한 자각 등으로 학습 과정의 탐구를 더욱 촉진할 수 있다.

다. 장미와 가시 기법 활용 방법

장미와 가시 제시	오늘의 학습을 장미와 가시 기법 활동으로 돌아봅시다.
3학년 교수·학습 활동	• 3학년 2학기 사회 환경에 따라 다른 삶의 모습 단원 중 바다가 있는 고장 사람들의 생활 모습 살펴보기 학습 후 활동 - 바다가 있는 고장 사람들은 여가 활동도 즐기지만 날시에 따라 어려움을 겪는다는 것을 알았다. - 바다에 가면~ 이어 말하기 놀이가 좀 어려웠다. - 바다에 가면 그 고장 사람들의 생활을 눈여겨 보고 싶다.

장미와 가시 제시	'지구와 바다' 단원을 마치며 장미와 가시 활동을 해 봅시다.
4학년 교수·학습 활동	• 4학년 1학기 '지구와 바다' 단원 학습 후 활동 - 바닷물과 육지 물의 다른 점, 밀물과 썰물, 갯벌 학습을 확인 후 활동하기 밀물과 썰물로 인해 갯벌에는 다양한 생물이 산다는 것을 알게 되었다. 갯벌 살리기 홍보자료 만들기에서 협력이 좀 안 되어 아쉬웠다. 갯벌에 사는 다양한 생물을 직접 잡아보는 경험을 하고 싶다.

장미와 가시 제시	체육 수업을 마치고 장미와 가시 활동을 해 봅시다.
5학년 교수·학습 활동	• 종이컵을 이용한 활동으로 스피드 스태킹(Speed Stacking)을 해 본 후 활동 - 스피드 스태킹 경험을 되돌아보며 작성하기 갈수록 기록이 좋아져서 기분이 좋았다. 종이컵이어서 찌그러지는 경우가 있어 플라스틱 스태킹이 좋다고 생각했다. 스피드 스태킹 국제 대회에 나갈 수 있도록 실력을 쌓고 싶다.

라. 장미와 가시 기법을 활용한 수업 사례

1) 수업 개요

단원명	식물의 구조와 기능	학년	6학년
학습 주제	꽃의 구조와 기능		
교수·학습 활동	이 수업은 6학년 과학과 '식물의 구조와 기능' 단원에서 꽃의 구조와 기능에 대한 수업이다. 식물의 구조와 기능을 탐색하기 위해 뿌리, 줄기, 잎의 구조와 잎에서 만드는 물질 등을 확인하였고, 이 수업에서는 꽃의 구조와 기능을 알아본다. 꽃의 기능에 관한 동영상을 시청하고, 꽃받침과 꽃잎, 꽃잎 안쪽의 수술, 꽃의 가장 가운데 있는 암술을 확인한다. 이러한 네 구조로 이루어진 꽃과 그렇지 않은 꽃을 나누어 살펴본다. 벼꽃은 수술, 암술만 있고 꽃받침과 꽃이 없다. 식물의 구조에 따라 꽃의 구조는 다양하나, 꽃이 씨와 열매를 만드는 기능은 동일하다는 것을 학습한다.		

2) 수업 절차

장미와 가시 성찰하기 안내하기

이번 학습을 마치고 이에 대해 장미와 가시 기법으로 학습을 되돌아봅시다. 활동지와 같이 장미, 가시, 봉우리까지 작성해 봅니다. 장미 부분에는 학습한 내용, 자신의 학습 과정에서 생각한 점 중 좋았던 점, 성장한 점, 기쁘거나 즐거웠던 점을, 가시에는 도전되는 점, 어려웠던 점 등을, 버드(싹)에는 더욱 알고 싶은 점이나 개선하고 싶은 점으로 정리해 봅시다.

활동지 보여주며 학습 내용을 돌아보기

성찰하기 활동 이전에 이제까지 학습한 내용을 간단히 훑어 봅시다. 우리는 식물의 구조와 기능을 알아보기 위해 여러 종류의 꽃이 있고 그 구조가 다르다는 것을 배웠지요. 또한 꽃의 기능도 살펴보았습니다. 학습한 과정과 내용을 생각하며 장미와 가시 성찰 활동을 정리해 봅시다.

장미와 가시 성찰 활동지 작성하기

장미와 가시 성찰 활동 나누기

3) 활동지

* 이미지 chat GPT 생성

4) 학생 활동 예시

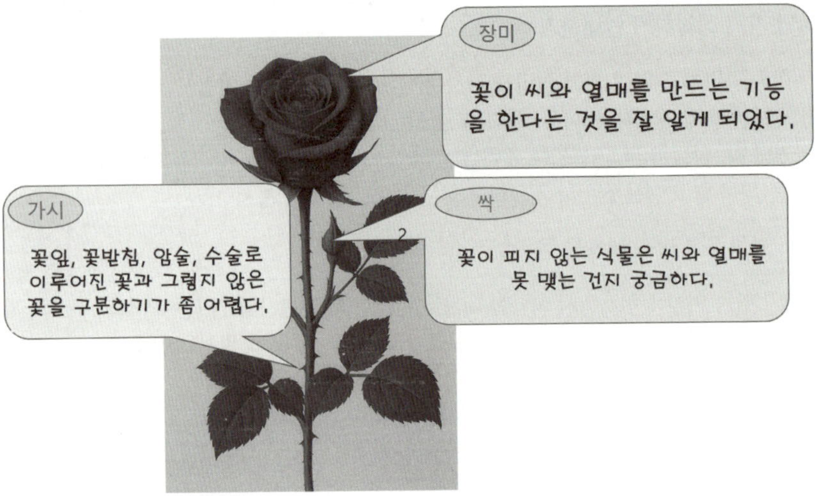

* 이미지 chat GPT 생성

9 나의 하루 관리(Daily Planner)

나의 하루 관리(Daily Planner) 기법은 학생이 스스로 하루 동안의 일정이나 하루를 어떻게 보냈는지, 보낼 것인지, 할 일, 목표, 감정 등을 기록할 수 있는 도구이다. 그림이나 체크박스, 간단한 문장으로 기술 가능하고, 제시된 양식을 기본으로 스스로 양식을 만들고 활용할 수도 있다. 교사가 어떻게 활용하고 있는지 제시하거나 다른 학생의 사례를 통해 동기를 부여할 수 있다. 시간에 대한 감각을 시각적으로 표현하기에, 하루라는 추상적 기간을 시각적으로 볼 수 있어 하루의 분석과 성찰을 이룰 수 있다. 자기 주도 학습 습관 형성 및 감정의 표현, 계획하고 실행하고 점검하는 규칙적인 생활로 이끌 수 있다. 정해진 양식은 없으나 학생 개개인의 성향에 따라 미리 계획하고 실행을 점검하는 방법과 하루를 보내고 내가 하루를 어떻게 보냈는지 점검해 보며 개선해 가는 방법 중 선택할 수 있다.

가. 성찰 기능을 기르는 방법

계획을 세우고 실천하거나, 실천한 것을 시각적으로 표현하고 분석하는 일은 자기 통제력 및 절제, 책임감을 신장시킨다. 자기관리 능력은 성찰 기능으로 더욱 신장되며, 자신의 사고와 감정을 돌아보는 성찰적 사고를 유도한다.

나. 탐구를 촉진하는 방법

계획-실행-성찰의 구조를 반복함으로써 학생은 자신의 학습을 눈에 보이게 하고 패턴을 인식하여 문제 인식 능력이 향상된다. 이러한 인식은 일회적 학습이나 단기간의 분석을 넘어 학생 자신의 생활에 대한 전반적 분석으로 프로젝트 학습이나 주제 탐구 활동 시 세부적으로 분석하고 담색하는 탐구를 촉진한다.

다. 나의 하루 관리 기법 활용 방법

<table>
<tr><td>나의 하루 관리 제시</td><td>나의 하루를 계획하고 확인해 봅시나.</td></tr>
<tr><td>5학년 교수·학습 활동</td><td>
• 형식: 시간표 형태, 5학년으로 시간대 예시를 주고 시간대를 자기가 기입
• 목표: 시간 감각 익히기, 나의 하루 목표 세우고 실천하기
<table>
<tr><td colspan="3">날짜: 20○○년 ○월 ○일 나의 하루 실천</td></tr>
<tr><td>시간</td><td>할 일</td><td>확인</td></tr>
<tr><td>07:00~08:00</td><td>필통 정리, 아침 먹기</td><td>☐</td></tr>
<tr><td>08:00~09:00</td><td>진우 만나서 등교하기</td><td>☐</td></tr>
<tr><td>09:00~12:10</td><td>오전 수업 열심히 하기</td><td>☐</td></tr>
<tr><td>12:10~12:50</td><td>점심 시간 강당에서 놀기</td><td>☐</td></tr>
<tr><td>12:50~14:20</td><td>배움 공책 쓰기</td><td>☐</td></tr>
<tr><td>14:20~16:00</td><td>학원 가기</td><td>☐</td></tr>
<tr><td>16:00~18:00</td><td>샤워하기, 간식, 쉬기</td><td>☐</td></tr>
<tr><td>18:00~21:00</td><td>저녁 식사, 가족과 대화</td><td>☐</td></tr>
<tr><td>21:00~22:30</td><td>독서, 과제 하기</td><td>☐</td></tr>
<tr><td>22:30~</td><td>양치, 자기 전 스트레칭</td><td>☐</td></tr>
</table>
</td></tr>
</table>

<table>
<tr><td>나의 하루
관리 제시</td><td>나의 하루를 시간대별로 정리하고 분석해 봅시다.</td></tr>
<tr><td>6학년
교수·학습
활동</td><td>• 형식: 시간표 형태, 6학년으로 양식을 주고 스스로 기록하기
• 목표: 시간 감각 익히기, 나의 하루 흐름 파악하기
<table>
<tr><td colspan="2">날짜: 20○○년 ○월 ○일 나의 하루 분석</td></tr>
<tr><td>시간</td><td>내가 한 일</td></tr>
<tr><td>08:00~08:30</td><td>줄넘기 100개</td></tr>
<tr><td>09:00~12:00</td><td>국, 수, 사, 체(풋살)</td></tr>
<tr><td>12:10~13:00</td><td>급식(조밥, 미역국, 김치, 오징어볶음, 불고기)</td></tr>
<tr><td></td><td></td></tr>
<tr><td></td><td></td></tr>
<tr><td></td><td></td></tr>
<tr><td></td><td></td></tr>
<tr><td></td><td></td></tr>
<tr><td></td><td></td></tr>
<tr><td></td><td></td></tr>
<tr><td>분석 의견</td><td></td></tr>
</table></td></tr>
</table>

라. 나의 하루 관리 기법을 활용한 수업 사례

1) 수업 개요

단원명	하루	학년	1학년
학습 주제	내가 보낸 하루		
교수·학습 활동	이 수업은 1학년 2학기 통합교과 '하루' 중 내가 보낸 하루에서 '나의 하루 관리 기법'을 적용한 수업이다. 하루 중 나의 다양한 모습을 그려 보거나 기분의 변화 등을 살펴보고, 내가 보낸 하루를 어떻게 간직할 것인지 탐색해 볼 수 있다. 나의 하루를 그림으로 표현하기도 하고, 노래로 만들어 보기도 한다. 감정 활동을 연계한 양식과 자신이 목표로 정한 활동을 잘했는지 스티커나 도장을 이용하여 확인해 볼 수 있다.		

2) 수업 절차

나의 하루 관리 기법 소개하기

오늘은 나의 하루 관리에서 하루의 감정을 다양하게 표현해 봅시다. 하루가 어땠는지 표현하는 다양한 방법을 이야기해 봅시다(색깔을 고르고 이유 이야기하기, 떠오르는 이미지로 그림 그리기, 나의 감정과 비슷한 동물 표정 고르기 등). 오늘은 이 중에서 나의 하루 기분을 네 가지로 살펴보며 정리해 봅시다.

나의 하루 관리 활동지 확인하기

오늘 활동지에는 오늘의 기분을 과일, 동물, 색깔 등으로 표현해 보고 왜 그렇게 표현했는지 이유도 생각해 보아요. 그리고 가장 기억에 남는 일도 적어 볼 거예요. 그 다음은 잘한 일 한 가지, 그리고 내일 이렇게 해 보겠다는 마음을 적어 봅니다.

나의 하루 관리 활동 준비하기

어렵게 여겨지는 부분이나 궁금한 것이 있나요? 선생님은 오늘 하루 웃고 있는 사과예요. 우선 기분은 좋았어요. 왜냐하면, 우리 반 친구들이 급식 시간 규칙을 잘 지켰거든요. 그리고 왜 사과를 그렸냐면 사과는 달기도 하지만 신맛이 있어요. 오늘 하루 중 신맛은 쉬는 시간 한 친구가 넘어진 일이 있었기 때문이에요. 이런 식으로 활동지를 정리해 봅시다.

나의 하루 관리 활동지 작성하기

나의 하루 관리 활동지 공유하기: 학생들의 의견을 묻고 필요시 공유하기

3) 활동지

나의 하루 관리

나의 하루는 어땠나요? 날짜: 20○○년 ○월 ○일 ○요일		
	하루의 감정	이유
과일		
동물		
색깔		

4) 학생 활동 예시

나의 하루 관리

나의 하루는 어땠나요?　　날짜: 20○○년 ○월 ○일 ○요일		
	하루의 감정	이유
과일		포도송이처럼 재미있는 일이 많았다.
동물		친구들을 만났다.
색깔	 핑크	기분이 좋았다.

10 자기 성찰 빙고(Self Reflection Bingo)[16)]

자기 성찰 빙고(Self Reflection Bingo) 기법은 빙고게임을 활용하여 학생의 하루 또는 일주일을 돌아보는 활동이다. 나의 하루를 돌아보는 키워드 질문에 따라 학생들은 3×3, 4×4 등으로 빙고판에 자신이 돌아본 내용들을 정리하고, 한 명씩 발표할 때 친구와 같은 것이 있으면 표시를 할 수 있다. 몇 줄 빙고로 게임을 할 것인지 미리 정하고, 빙고가 완성되면 '빙고'를 외친다. 학생들은 내가 돌아본 성찰 내용에 다른 친구들도 동일하게 느낀 점이 있다거나 다른 면이 있음을 확인하며, 자신의 성찰 기능을 신장할 수 있다. 학습 또는 생활, 어떤 주제로도 가능하다. 가령 자랑스러웠던 행동을 돌아보기, 최근 감사했던 일 쓰기, 오늘 기분을 색으로 표현하기(이유도 함께) 등의 주제나 오늘 하루 내가 했던 많은 일들을 간단한 문장으로 쓰기 등으로 빙고 성찰판을 정리할 수 있다.

16) 자기 성찰 빙고 기법은 National Council of Teachers of English(NCTE)에서 운영하는 Read Write Think에서 개발되었음.

가. 성찰 기능을 기르는 방법

성찰 빙고라는 구조화된 틀을 사용함으로써 학생은 제한된 칸 안에 넣을 성찰 내용을 정리하고 시각적으로 볼 수 있다. 게임 형식을 통해 자신이 먼저 빙고 칸을 채우는 선택의 경험을 통해 학생은 주체성을 높일 수 있다. 놀이 요소를 활용함으로써 성찰에 대한 부담을 줄이며 심리적으로 안전한 상태에서 성찰 기능을 신장할 수 있다.

나. 탐구를 촉진하는 방법

단순히 하루를 돌아보거나 학습을 돌아보는 사고에 머무르지 않고 질문에 따라 개인의 경험을 되짚어 보는 질문으로 구성하여 접근함으로써 학습자의 탐구를 촉진한다. 자신의 삶을 탐구의 대상으로 삼아 성찰하는 활동이기에 행동에 영향을 준 요인들을 탐구할 수 있다.

다. 자기 성찰 빙고 기법 활용 방법

<table>
<tr><td>자기 성찰
빙고 제시</td><td>이번 주 내가 잘한 점을 자기 성찰 빙고에 정리해 봅시다.</td></tr>
<tr><td>2학년
교수·학습
활동</td><td>• 한 주 나의 생활을 돌아보기(학교 및 가정, 또는 학교, 가정으로 나누어서)
• 기억 모양 빙고가 되면 “빙고” 외치기
<table><tr><td>양치질</td><td>휴지줍기</td><td>공부</td></tr><tr><td>책상 줄 맞추기</td><td>고운 말</td><td>일찍 자기</td></tr><tr><td>게임 규칙지키기</td><td>심부름</td><td>많이 웃기</td></tr></table></td></tr>
</table>

<table>
<tr><td>자기 성찰
빙고 제시</td><td>나의 하루를 돌아보며 자기 성찰 빙고판에 적어 봅시다.</td></tr>
<tr><td>3학년
교수·학습
활동</td><td>• 3×3 자기 성찰 빙고판에 적기
• 친구들과 하나씩 나누며, 같은 표현이 있는 곳에 표시하기
• 세 줄 빙고가 되면 "빙고" 외치기
• 친구들의 다양한 성찰 문장을 살펴보기
<table><tr><td>웃었다.</td><td>친구에게 고맙다고 했다.</td><td>친구를 도와주었다.</td></tr><tr><td>선생님 말씀을 잘 들었다.</td><td>급식을 먹었다.</td><td>기분이 좋았다.</td></tr><tr><td>밖에서 놀았다.</td><td>줄넘기를 했다.</td><td>미안하다고 했다.</td></tr></table></td></tr>
</table>

<table>
<tr><td>자기 성찰
빙고 제시</td><td>오늘 배운 것 중 기억에 남는 것을 자기 성찰 빙고 활동지에 적어 봅시다.</td></tr>
<tr><td>4학년
교수·학습
활동</td><td>• 오늘 배운 교과 및 내용 확인하고 한 교과 정하기(예: 체육시간 피구)
• 배운 내용 중 기억나는 것을 자기 성찰 빙고판에 적기
• 대각선 X자 빙고가 되면 '빙고' 외치기
<table><tr><td>피구 공던지기</td><td>공 받기</td><td>피하기</td></tr><tr><td>피구 규칙</td><td>아웃인 경우</td><td>살아나는 법</td></tr><tr><td>머리에 던지지 않기</td><td>몸 움직이기</td><td>공 던질 곳 정하기</td></tr></table></td></tr>
</table>

라. 자기 성찰 빙고 기법을 활용한 수업 사례

1) 수업 개요

<table>
<tr><td>단원명</td><td>합동과 대칭</td><td>학년</td><td>5학년</td></tr>
<tr><td>학습 주제</td><td colspan="3">합동인 도형의 성질 알아보기</td></tr>
<tr><td>교수·학습
활동</td><td colspan="3">이 수업은 5학년 수학과 '합동과 대칭' 단원에서 합동인 도형의 특징을 찾아보는 수업이다. 합동인 도형에서 겹치는 부분 찾기, 대응점, 대응변, 대응각을 알아본다. 이를 통해 합동인 도형의 성질을 알아보고 합동인 도형의 성질을 이용하여 문제를 해결해 본다. 합동의 성질을 알아보기 위해 도형을 포개어 보고, 완전히 겹치는지 확인한다. 정확히 겹쳐진다는 표현 외에 대응변의 길이와 대응각의 크기가 각각 같다는 점을 이해한다.</td></tr>
</table>

2) 수업 절차

자기 성찰 빙고 활동 안내하기
오늘 수학 시간 배운 내용을 돌아보며 알게 된 것을 자기 성찰 빙고판에 정리해 봅시다. 오늘 성찰 빙고판은 3×3 빙고로 9칸입니다. 배운 내용을 생각하며 9가지 알게 된 점을 적어 보세요. 나중 친구들이 적은 것을 함께 살펴 보며 빙고 놀이를 할 거예요. 간단한 낱말로 적어도 되고, 문장으로 써도 좋습니다.
예시어 보여주기
오늘 주제는 합동인 도형의 특징이었어요. 예를 들어 대응각이 있을 수 있겠지요. 물론 합동도 될 수 있어요. 그럼 9가지로 정리해 보세요.
자기 성찰 빙고 놀이하기
그럼 지금부터 빙고 놀이를 해 봅시다. 먼저 선생님이 하나를 제시할게요. 같거나 비슷한 내용이면 동그라미, 가위표 등으로 표시를 합니다. 김게 칠히지는 마세요. 무엇을 썼는지 볼 수 있도록 표시합니다. 선생님의 제시어는 '합동'입니다. '합동'이 있는 사람은 표시하세요. 그럼 여러분 중에 한 명을 정할게요. '호찬'이가 할게요. 호찬이는 다음 친구를 한 명 정해 주세요.
자기 성찰 빙고 정리하기
빙고가 되지 않았던 낱말에는 무엇이 있는지 말해 볼까요? 많은 친구들이 적지 않은 내용도 중요합니다. 오히려 더 자세하고 세부적인 것을 알게 되었다는 뜻이니까요. 그럼 빙고 활동을 파일에 정리하겠습니다.

3) 활동지

자기 성찰 빙고

4) 학생 활동 예시

자기 성찰 빙고

합동	대응각	대응변
도형	완전히 겹쳐진다.	대응점
크기가 같다.	포개다.	서로 짝이 된다.

참고문헌

박재현, 백정이, 양경희, 최영인. (2019). 협력적 소통 능력 평가 틀 구안. 리터러시 연구, 10(6), 75-111.

심효선. (2023). 국제 바칼로레아(IB PYP) ATL에 대한 교수 · 학습적 접근방식 탐색: Zimmerman의 자기조절학습을 중심으로. 초등교육연구, 36(1), 1-23.

장혜영, 윤수영, 손은영, 정인숙, 김봉선. (2019). 수업에 바로 적용하는 듣기 · 말하기, 토의 · 토론 방법. 한국학술정보.

Marschall, C. & French, R (2018). Concept-Based Inguiry in Action: Strategies to Promote Transferable Understanding; CA: Corwin. 신광미 · 강현석 공역(2021). 생각하는 교육과정과 수업을 위한 개념 기반 탐구학습의 실전 -전이 가능한 이해의 촉진 전략-. 학지사.

Ron Ritchhart, Mark Church, Karin Morrison. (2023). 생각이 보이는 교실. 사회평론 아카데미.

The California High School Speech Association's Curriculum Committee (2004). *Speaking across the curriculum*. IDEA.

Perkins, D. (2003). *King Arthur's Round Table: How Collaborative Conversations Create Smart Organizations*. Hoboken, NJ: John Wiley & Sons, Inc.

Flavell, J. H. (1976). Metacognitive aspects of problem solving. In L. B. Resnick (Ed.), The Nature of Intelligence. Hillsdale, NJ: Lawrence Erlbaum Associates.

Graffam, B. (N.d.). *A Carousel Activity: Engaging the Learner on Multiple Levels of Learning.* AWS. https://campussuite-storage.s3.amazonaws.com/prod/1559107/a32ad7b8-90dc-11ec-98ec-0ad3f63f6779/2448633/b16512de-09b4-11ed-b370-02679c9b5d8d/file/Carousel%20Activity.pdf

Harvard Project Zero. (2018). *Ladder of feedback.* Retrieved July 20, 2025, from https://pz.harvard.edu/resources/ladder-of-feedback

Harvard Project Zero. (n.d.). *PZ's Thinking Routines Toolbox.* Retrieved July 20, 2025, from https://pz.harvard.edu/thinking-routines

National Council of Teachers of English (NCTE). readwritethink.org

찾아보기

ㅊ

ㅋ

ㅌ

ㅍ

ㅎ

깊이 있는 학습을 위한 탐구 기법

초판발행 2025년 9월 30일

지은이 조호제 · 김혜숙 · 박은하 · 박혜수 · 안은정 · 유현진 · 최은아
펴낸이 노 현

편 집 소다인
기획/마케팅 김한유
표지디자인 이영경
제 작 고철민 · 김원표

펴낸곳 ㈜ 피와이메이트
서울특별시 금천구 가산디지털2로 53, 210호(가산동, 한라시그마밸리)
등록 2014. 2. 12. 제2018-000080호
전 화 02)733-6771
f a x 02)736-4818
e-mail pys@pybook.co.kr
homepage www.pybook.co.kr
ISBN 979-11-7279-169-8 93370

copyright©조호제 외 6인, 2025, Printed in Korea

* 파본은 구입하신 곳에서 교환해 드립니다. 본서의 무단복제행위를 금합니다.

정 가 22,000원

박영스토리는 박영사와 함께하는 브랜드입니다.